KB145268

이스티오 첫걸음

이스티오 첫걸음

서비스 메시를 통한 연결, 보안, 제어 그리고 관찰

리 칼코트 · 잭 부처 지음 이상근 옮김

i!i
에이콘

에이콘출판의 기틀을 마련하신 故 정완재 선생님 (1935-2004)

지은이 소개

리 칼코트 Lee Calcote

혁신적인 제품과 기술의 리더로, 효율적인 솔루션으로 엔지니어에게 힘을 실어주는 데 열정적이다. Layer5의 창립자이며 클라우드 네이티브 운동의 선두에 서 있다. 솔라윈즈 SolarWinds, 씨게이트Seagate, 시스코Cisco, 슈나이더 일렉트릭Schineider Electric에서 오픈소스, 고급 기술과 신흥 기술에 관해 집중적으로 경력을 쌓아 왔다. 고문, 저자, 강연자로서 관련 커뮤니티에서 Docker Captain, Cloud Native Ambassador, Google Summer of Code Mentor로 활동하고 있다.

잭 부처 Zack Butcher

Tetrate의 창립 엔지니어이며 이스티오 프로젝트의 핵심 공헌자다. IE6용 웹 애플리케이션 개발에서 서비스 관리, 접근 제어 및 구글 클라우드 플랫폼의 중앙 리소스 계층 작업에 이르기까지 항상 어려운 문제에 매혹됐다. Tetrate는 소규모 회사로, 시스템 아키텍처, 판매, 쓰기와 말하기를 포함해 회사의 많은 책무를 지고 있다.

감사의 글

니키 맥도널드, 존 데빈스, 버지니아 윌슨, 코빈 콜린스, 데보라 베커 그리고 오라일리출판사의 다른 팀에 감사한다.

우리의 원고가 책이 될 수 있도록 검토한 모든 사람, 특히 기술 감수자 마일스 스타인하우저, 기리쉬 랑가나단, 재스 멜스에게 감사를 전한다.

리는 개인적으로 감사를 표한다.

질, 당신의 용기와 사랑은 내가 서 있는 기반이다. 내 친구 G 박사, 이제 막 시작일 뿐이다. 함께해줘서 감사하다. 키이스, 나는 우리가 함께하는 시간을 소중하게 생각하고, 네가 내게 보여주는 진정한 우정은 나의 안식처다.

이상근(brad@lambdalabs.io)

숭실대학교에서 컴퓨터학을 전공했으며, 동대학 대학원에서 공학박사 학위를 받았다. 세부 전공은 분산 처리이며, 분산 컴퓨팅 아키텍처와 워크플로 엔진을 주로 연구했다. 개발자로 10년 이상 다양한 경력을 쌓았고 엔터프라이즈 잡 스케줄러, 렌더팜 관리 시스템, 클라우드 데이터베이스 프로비저닝 서비스, 빅데이터 관련 시스템, 클라이언트 사이드 로드 밸런싱 등 다양한 개발 경험을 가지고 있다. 최근에는 마이크로서비스 아키텍처와 서비스 메시가 가져올 IT 시스템의 큰 변화에 주목하고 있으며 애플리케이션 아키텍트로 일하고 있다. 번역서로 『엔터프라이즈 환경을 위한 마이크로서비스』(에이콘, 2020)가 있다.

옮긴이의 말

현재 서비스 메시는 마이크로서비스를 기반으로 클라우드 네이티브 애플리케이션을 개발하는 가장 진보된 아키텍처다. 물론 가장 발전했다고 해서 모든 문제점을 해결해주진 못한다. 최신 기술이기 때문에 해결해야 할 난제도 많다.

그러나 개인적으로 서비스 메시를 평가하자면 클라이언트 라이브러리 기반 로드 밸런싱 기능을 C++와 Java 두 가지 언어로 개발하면서 고생한 경험과, 클라우드 네트워크의 모든 문제점을 해결해줄 것으로 기대했던 SDN이 풀지 못했던 문제의 해답을 어느 정도 제시한다는 점에서 다른 이들보다 좀 더 높은 점수를 줄 수 있겠다.

이스티오는 서비스 메시를 가장 강력하게, 가장 쿠버네티스다운 방식으로 구현한 구현체라고 할 수 있다. 2018년 오픈스택 서밋에서 처음 이스티오를 알게 됐을 때의 신선한 충격은 아직도 생생하다.

이스티오는 쿠버네티스의 일부나 확장팩으로 보더라도 전혀 어색하지 않게 자연스럽게 쿠버네티스에 통합된다. 바꿔 말하면 이스티오를 제대로 이해하고 활용하기 위해서는 쿠버네티스를 잘 알아야 한다. 당장 이스티오를 사용하기 어렵다면 쿠버네티스나 가상 네트워킹을 조금 공부해보면 큰 도움이 될 것이다.

현재 이스티오에는 과도한 트래픽으로 인한 부하 등 여러 문제가 존재하지만, 빠른 개발 속도를 볼 때 이러한 문제점은 곧 개선될 것으로 보인다. 또 이러한 문제를 해결하는 과정에서 보여줄 통찰력은 서비스 메시를 직접 적용하지 않더라도 지켜볼 가치가 있을 것이다. 따라서 향후 몇 년 동안은 이스티오와 서비스 메시가 보여주는 발전에 주목해 보기를 독자들께 당부드린다.

한 가지 팁을 드린다면 이스티오를 잘 이해하려면 VirtualService, ServiceEntry, DestinationRule, Gateway 이 네 가지 리소스가 쿠버네티스를 어떻게 확장하는지, 서비스 메시의 제어판인 컨트롤 플레인을 구성하는 믹서와 파일럿의 차이는 무엇인지에 초점을 맞추는 것이 좋다.

VirtualService, ServiceEntry, DestinationRule, Gateway 네 가지 리소스의 이름은 번역할 수도 있지만, 이스티오의 리소스 타입이라기보다는 일반적인 개념으로 받아들여질 수도 있어 따로 번역하지 않고 그대로 뒀음을 밝힌다. 그러나 대문자로 시작하지 않고 일반적인 개념으로 사용된 경우는 '게이트웨이'와 같이 우리말로 번역했다.

마지막으로 번역 과정에서 항상 도움을 준 에이콘출판사와 이지은, 임다혜, 정재은 편집자께 감사를 전하고 싶다. 이스티오를 접하는 모든 분들께 조금이라도 도움이 되기를 바란다.

차례

6장   보안과 ID   135

들어가며

이 책의 대상 독자

사이드 프로젝트와 핵심 작업에 구별 없이 서비스 메시는 클라우드 기본 인프라에 필요한 도구다. 이 책은 이스티오를 시작하려는 사람을 대상으로 하며, 이스티오와 서비스 메시를 다룬다. 독자가 도커나 쿠버네티스에 익숙하면 좋겠지만 네트워킹 또는 리눅스에 관한 기본 지식이 있으면 이스티오를 배우기에 충분하다. Go나 다른 프로그래밍 언어 지식이 있으면 좋지만 꼭 필요하진 않다.

프로메테우스Prometheus, 예거Jaeger, 그라파나Grafana, 메셔리Meshery, Envoy 및 OpenTracing 과 같은 다양한 클라우드 기본 도구와 주제를 다룬다. 이러한 도구와 주제에 익숙하다면 이상적이나 책 내용을 소화하는 데는 예비 지식만으로 충분하다.

이 책을 쓴 이유

서비스 메시의 시대는 현대 애플리케이션의 아키텍처를 변화시키고 쉽게 배포할 수 있도록 돕는 새로운 지능형 네트워크 서비스 계층으로 안내한다. 이스티오는 많은 서비스 메시 가운데 하나이지만 기능과 특징이 다양해서 상세한 가이드가 필요하다.

이 책의 목적은 이스티오를 시작하기 위한 단계별 가이드를 제공하는 것이다. 마치 독자의 팔을 끝까지 감싸서 한쪽 손가락 끝이 다른 쪽 손끝에 닿도록 돕는 것처럼 말이다. 각 개념은 이전에 다룬 개념을 바탕으로 논리적이고 체계적으로 설명한다. 이스티오는 변경되는 부분이 많고 커뮤니티가 활발해 책에서 모든 고급 사례를 다루기는 어렵다. 대신 핵심 빌딩 블록과 프로젝트의 지속적인 측면에 중점을 두고 독자에게 적절한 추가 리소스를 안내할 것이다.

이 책의 마지막 장에 이르렀을 때 모든 이스티오의 주요 기능에 익숙하고 자신의 환경에서 자신 있게 이스티오를 배포할 수 있을 것이다.

편집 규약

 팁이나 제안을 나타낸다.

 일반적인 메모를 나타낸다.

 경고 또는 주의를 나타낸다.

독자 서비스

예제 코드 다운로드

코드 예제, 연습 등 보충 자료는 https://oreil.ly/istio-up-and-running에서 다운로드할 수 있다. 또한 에이콘출판사의 도서정보 페이지 http://www.acornpub.co.kr/book/istio-up-and-running에서도 다운로드할 수 있다.

저작권 침해

우리는 저작자 표시를 높게 평가하지만 요구하지는 않는다. 저작자 표시에는 일반적으로 제목, 저자, 출판사 및 ISBN이 포함된다. 예를 들면 다음과 같다. "Istio: Lee Calcote and Zack Butcher(O'Reilly) Copyright 2020 Lee Calcote and Zack Butcher, 978-1-492-04378-2."

일반적으로 예제 코드가 제공되는 경우 프로그램 또는 문서에서 코드를 사용할 수 있다. 코드의 상당 부분을 재생산하지 않는 한 허가를 받기 위해 문의하지 않아도 된다. 일례로 이 책에서 여러 덩어리의 코드를 사용하는 프로그램을 작성하는 것은 권한이 필요하지 않다. 오라일리출판사 책의 예제를 담은 CD-ROM을 판매하거나 배포하려면 허가가 필요하다. 이 책을 인용하고 예제 코드를 인용해 질문에 대답하기 위한 허가는 필요하지 않다. 이 책의 상당량의 예제 코드를 제품 설명서에 넣으려면 허가가 필요하다.

코드 예제 사용이 공정 사용 또는 위의 허가를 벗어난 것으로 판단되면 permissions@oreilly.com으로 언제든지 문의하라.

오탈자

이 책에 대한 웹 페이지가 있으며 정오표, 예제 및 추가 정보가 나와 있다. 링크는 다음과 같다. http://www.oreilly.com/catalog/9781492043782

질문

이 책과 관련해 질문이 있다면 bookquestions@oreilly.com으로 문의하길 바란다. 한국어판에 관한 질문은 에이콘출판사 편집 팀(editor@acornpub.co.kr)이나 옮긴이의 이메일로 문의하길 바란다.

오라일리의 책, 강좌, 회의와 뉴스에 관한 자세한 내용은 다음 링크를 참조하라.

웹사이트: http://www.oreilly.com
페이스북: http://facebook.com/oreilly
트위터: http://twitter.com/oreillymedia
유튜브: http://www.youtube.com/oreillymedia

표지 설명

표지 속 동물은 사빈 갈매기^{Xema sabini} 혹은 우리말로 목테갈매기다. 이 작은 갈매기는 알래스카 북부, 누나부트 및 그린란드의 북극 툰드라 환경에서 번식기를 마치고 나면 북아메리카와 남서아프리카의 풍족한 해안 서식지로 퍼져 나간다.

성체는 짙은 회색을 띠고 목에는 검은색 고리가 있다. 펼쳐진 날개 상단은 옅은 회색을 띠며 날개 끝부분은 검은 바탕 안에 흰색 삼각형이 있다. 또한 붉은 눈, 짙은 회색 다리와 발 그리고 끝부분이 노랑색인 검은 부리가 있다. 첫 해의 어린 새들은 성체보다 갈색을 특징으로 하는 더 둔한 깃털을 가지고 있다. 이 새들의 평균 길이는 12인치가 넘는다 (길이가 2피트인 친숙한 청어 갈매기^{herring gull}에 비해서는 작다).

이 작은 갈매기는 둥지를 짓는 동안 곤충을 먹지만, 그해의 나머지 기간 동안 해안에서 보낼 때는 작은 물고기나 갑각류, 플랑크톤을 먹는다. 페루 북서쪽 해안에서 내려오는 페루 해류와 같은 찬 해류가 이 새들을 서식지로 끌어들인다. 아프리카 남서쪽의 벵겔라는 심해에 영양분을 공급해 많은 종류의 해양 생물에게 먹이를 제공한다.

영국 과학자 윌리엄 엘포드 리치^{William Elford Leach}가 이 새의 학명을 붙였다. 이 새의 종 이름은 이 새를 처음으로 설명한 에드워드 사빈^{Edward Sabine}에서 따왔다. 리치는 이 새가 새로운 속(Xema 속의 유일한 구성원으로 남아 있다)을 필요로 할 정도로 독특하다는 사실을 발견했다. 19세기 영국의 동물학과 분류학에서 중요한 인물인 리치는 그의 특별한 문화적, 과학적 전통과 더불어 동료와 지인의 이름을 사용한 아나그램을 사용해 기발하고 개인적인 이름을 지정하는 것으로 유명했다.

오라일리 표지의 많은 동물들이 위험에 처해 있다. 그들 모두는 세상에 중요하다.

컬러 일러스트는 월간 조류학 잡지 『British Birds』의 흑백 조각을 기반으로 카렌 몽고메리^{Karen Montgomery}가 작업했다.

## 1장

서비스 메시 소개

서비스 메시란 무엇인가?

서비스 메시는 조건과 토폴로지의 끊임없는 변경과 관계없이 기대하는 네트워크 동작 형태를 강제해, 네트워크로 연결된 워크로드를 위한 정책 기반 네트워크 서비스를 제공한다. 변경되는 조건의 예로 로드, 구성, 리소스(클러스터 내 및 클러스터 간 리소스의 인프라와 응용프로그램 토폴로지에 영향을 미치는 요소 포함) 그리고 배포되는 작업 부하를 들 수 있다.

기초

서비스 메시는 기존의 모놀리식 (또는 다른) 워크로드를 현대화하고 마이크로서비스를 분산시킬 수 있는 접근 가능한 인프라 계층이다. 서비스 메시는 접근 가능한 인프라스트럭처 계층으로, 전체 기능을 수행한다. 서비스 메시는 모놀리식 환경에서도 유용하지만 모놀리식 환경에 활발하게 적용하는 것은 마이크로서비스와 컨테이너의 이행(확장 가능하고 독립적으로 제공되는 서비스를 설계하는 클라우드 고유의 접근 방식)에 반한다는 비난에 직면한다. 마이크로서비스는 내부 애플리케이션 간 통신을 네트워크를 통해 전송되는 서비스 간 원격 프로시저 호출^{RPC, Remote Procedure Call}의 메시로 폭발적으로 확장시켰다. 소프트웨어를 반복적이고 지속적으로 전달하고 새로운 기능(일반적으로는 서비스형)을 신속하게 개발해야 하는, 독립된 서비스 팀에게 각각 언어와 기술 선택의 자유를 부여하는 점도 마이크로서비스의 여러 이점 가운데 하나다.

네트워킹 분야가 너무 넓어서 비슷한 개념 사이에 미묘하고 거의 인식할 수 없는 많은 차이가 있다는 점은 새삼스러운 사실은 아니다. 개발자 중심의 서비스 우선 네트워크를 제공하는 것이 서비스 메시의 핵심이다. 애플리케이션 개발자가 코드에 네트워크 문제(예: 복원성)를 해결해야 할 필요성을 제거하는 것이 주된 관심사다. 또한 정책을 통해 네트워크 동작, 노드 ID 및 트래픽 흐름을 선언적으로 정의하는 기능을 운영자에게 제공한다.

서비스 메시가 소프트웨어 정의 네트워킹^{SDN, Software Defined Networking}의 환생처럼 보일 수 있지만, 네트워크 관리자 중심의 접근 방식이 아니라 개발자 중심의 접근 방식에 중점을 둔다는 점이 가장 크다. 오늘날의 서비스 메시는 (하드웨어 기반 구현이 향후에 등장할 수도 있지만) 전적으로 소프트웨어 기반이다. 의도 기반 네트워킹^{intent-based networking}이란 용어는 물리적 네트워킹 분야에 주로 사용되지만, 선언적 정책 기반 제어 서비스 메시가 제공된다면 서비스 메시를 클라우드 네이티브 SDN에 비유할 수도 있다. 그림 1-1은 서비스 메시 아키텍처의 개요를 보여준다(2장에서 클라우드 네이티브가 무엇을 의미하는지 설명한다).

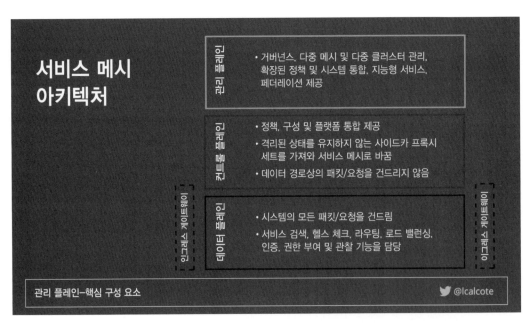

그림 1-1 컨트롤 플레인이 없다면 서비스 메시가 아님

서비스 메시는 서비스 프록시를 사용해 구축된다. 데이터 플레인의 서비스 프록시는 트래픽을 전달한다. 파드 네임스페이스에서 iptable 규칙을 사용해 트래픽을 투명하게 가로챈다.

서비스 배포와 결합된 이 균일한 인프라 계층은 일반적으로 서비스 메시라고 한다. 이스티오^{Istio}는 모든 네트워크 경로에 프록시를 체계적으로 주입해 각 프록시를 서로 인식하고 중앙집중식으로 제어함으로써 이기종 마이크로서비스를 통합 서비스 메시로 전환한다. 즉, 서비스 메시를 형성한다.

서비스 메시로 항해하기

직면한 과제가 마이크로서비스 선단을 관리하는 일이든 기존의 컨테이너가 아닌 서비스를 현대화하는 일이든, 서비스 메시로 항해하는 자신을 발견할 수 있을 것이다. 배포된 마이크로서비스가 많을수록 더 큰 도전에 직면한다.

클라이언트 라이브러리: 첫 번째 서비스 메시?

마이크로서비스 관리의 복잡한 작업을 처리하기 위해 일부 조직에서는 클라이언트 라이브러리를 프레임워크로 사용해 구현을 표준화하기 시작했다. 일각에서 이 라이브러리는 최초의 서비스 메시로 간주된다. 그림 1-2는 라이브러리를 사용하기 위해, 선택된 라이브러리를 확장하거나 라이브러리의 기본 구성 요소를 활용하는 애플리케이션 코드를 아키텍처에 포함해야 함을 설명한다. 또한 이 아키텍처에서 라이브러리를 실행하려면 다양한 언어별 프레임워크 애플리케이션 서버의 잠재적인 도움이 필요하다.

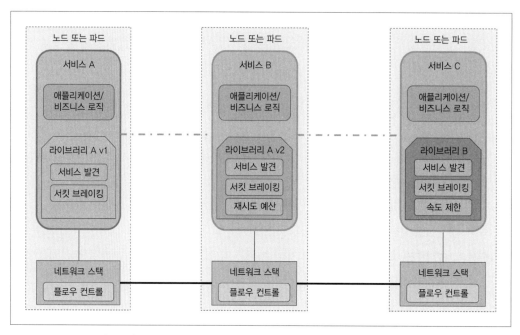

그림 1-2 애플리케이션 로직과 결합된 클라이언트 라이브러리를 사용하는 서비스 아키텍처

클라이언트 라이브러리를 만들면 얻을 수 있는 두 가지 이점은 소비되는 리소스를 각각의 모든 서비스에 관해 로컬로 취급할 수 있다는 점과 개발자가 기존 라이브러리를 선택하거나 새로운 언어별 라이브러리를 만드는 것 중 자유롭게 선택해 셀프 서비스할 수 있다는 점이다. 그러나 시간이 지남에 따라 클라이언트 라이브러리 사용의 단점으로 인해 서비스 메시가 등장했다. 가장 큰 단점은 애플리케이션 코드와 인프라 관심사의 밀접한 결합이다. 클라이언트 라이브러리의 불균일한 언어별 디자인은 기능과 동작이 일관되지 않아 관찰성이 떨어지며, 상호 제어 가능하고 보안을 손상시킬 수 있는 서비스들을 개선하기 위한 맞춤형 관행을 필요로 한다. 이러한 언어별 복원 라이브러리는 조직에 전사적으로 채택하기 위해 너무 큰 비용이 필요하거나, 브라운필드 애플리케이션에 통합하기 어렵거나, 혹은 기존 아키텍처에 실용적으로 통합하기가 전적으로 불가능할 수도 있다.

네트워킹은 어렵다. 다음 재시도 시간을 계산할 때 지터^{jitter}와 지수 백 오프 알고리즘을 도입해 클라이언트 경합을 제거하는 클라이언트 라이브러리를 만드는 것은 쉬운 일이 아니며, 버전과 언어가 다양한 클라이언트 라이브러리에서 동일한 동작을 보장하려고 시도조차 하기 어렵다. 업그레이드는 코드 변경이 필요하고, 새로운 애플리케이션 릴리스로 잠재적인 애플리케이션의 중단 시간이 발생하기 때문에 대규모 환경에서 클라이언트 라이브러리의 업그레이드를 조정하는 일은 어렵다.

그림 1-3은 각 애플리케이션 인스턴스 옆에 서비스 프록시를 사용해 애플리케이션에 더 이상 서킷 브레이킹, 시간 초과, 재시도, 서비스 발견, 로드 밸런싱 등의 언어별 복원 라이브러리가 필요하지 않은 방법을 보여준다. 서비스 메시는 마이크로서비스를 구현하는 조직이 모든 단일 플랫폼에 대한 라이브러리 및 패턴의 가용성에 대한 걱정 없이 개별 작업에 가장 적합한 프레임워크 및 언어를 사용하는 꿈을 마침내 실현할 수 있다는 약속을 전하는 것처럼 보인다.

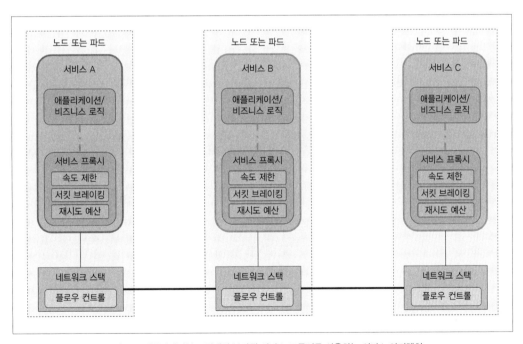

그림 1-3 애플리케이션 로직에서 분리된 서비스 프록시를 사용하는 서비스 아키텍처

왜 필요한가?

이 시점에서 이런 생각이 들 것이다. "컨테이너 오케스트레이터가 이미 존재한다. 또 다른 인프라스트럭처 계층이 필요한 이유는 무엇일까?" 마이크로서비스라든가 컨테이너 메인 스트림을 통해 컨테이너 오케스트레이터는 클러스터(노드 및 컨테이너)에 필요한 많은 것을 제공한다. 이들은 주로 (불가피하게) 인프라 수준의 스케줄링, 발견 및 헬스 체크에 중점을 두며, 충족시키지 못하는 요구 사항은 마이크로서비스가 구현하도록 남겨 둔다. 서비스 메시는 컨테이너-오케스트레이터에 의존하거나 다른 서비스 발견 시스템과의 통합에 의존해 서비스 간 통신을 안전하고 빠르며 안정적으로 만드는 전용 인프라 계층이다. 서비스 메시는 컨테이너 오케스트레이터 위에 별도의 계층으로 배포할 수 있지만 컨트롤 및 데이터 플레인 구성 요소는 컨테이너화된 인프라와 독립적으로 배포될 수 있으므로 컨테이너 오케스트레이터가 반드시 필요하지는 않다. 3장에서는 데이터 플레인 구성 요소인 (서비스 프록시를 포함한) 노드 에이전트가 컨테이너가 아닌 환경에 배포되는 방법을 살펴본다.

이스티오 서비스 메시는 일반적으로 최선의 선택으로 채택된다. 앞서 말한 조직의 직원들은 주로 네트워크 트래픽 계측을 통해 관찰할 수 있는 서비스 메시를 채택하고 있다. 특히 많은 금융기관에서 서비스 간 트래픽 암호화를 관리하기 위한 시스템으로 서비스 메시를 채택하고 있다.

촉매제가 무엇이든 각 조직은 빠르게 적용하고 있다. 그리고 서비스 메시는 단지 클라우드 네이티브 환경에서만 유용한 것이 아니라 마이크로서비스가 실행하는 상당한 작업에 도움을 준다. 모놀리식 서비스(베어메탈 또는 가상 머신, 온프레미스 또는 오프프레미스에서 실행)를 실행하는 많은 조직이 기존 아키텍처가 서비스 메시를 통한 배포로 받는 현대화된 개선으로 인해 서비스 메시를 사용할 것으로 강력히 예상된다.

그림 1-4는 컨테이너 오케스트레이터의 기능을 설명한다(별표는 필수 기능을 나타낸다). 서비스 메시는 일반적으로 이러한 기본 계층에 의존한다. 하위 계층 포커스는 컨테이너 오케스트레이터가 제공한다.

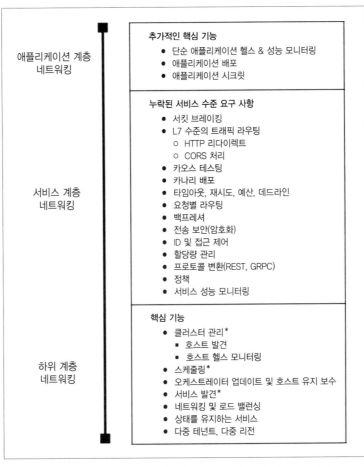

그림 1-4 컨테이너 오케스트레이션 기능과 포커스 대 서비스 수준 요구 사항

이미 컨테이너 플랫폼에 이런 것들을 갖고 있지 않은가?

컨테이너는 언어에 종속되지 않은 일반적인 애플리케이션 패키징과 기본적인 수명주기 관리 기능을 단순화해 제공한다. 컨테이너 오케스트레이터는 언어에 종속되지 않은 일반적인 플랫폼으로써 클러스터를 구성하고 리소스를 효율적으로 예약하며 더욱 높은 수준의 애플리케이션 구조(배포, 서비스, 서비스 선호도, 반 선호도, 헬스 체크, 확장 등)를 관리한다. 38쪽에 있는 표 1-1은 컨테이너 오케스트레이터가 일반적으로 서비스 발견 메커니즘(가상 IP 주소를 사용한 로드 밸런싱)을 제공하는 방법을 보여준다. 지원되는 로드 밸런싱 알고리즘은 일반적으로 단순형(라운드 로빈, 랜덤)이며 백엔드 파드와 통신하기 위한 단일 가상 IP 역할을 한다.

쿠버네티스는 상태 및 그루핑 술어(라벨 및 셀렉터)와 일치하는지에 따라 그룹의 인스턴스 등록/제거를 처리한다. 그런 다음 서비스는 구현에 관계없이 서비스 발견 및 로드 밸런싱을 위한 DNS를 사용할 수 있다. 특별한 언어별 라이브러리나 등록 클라이언트가 필요하지 않다. 컨테이너 오케스트레이터를 사용하면 간단한 네트워킹 문제를 애플리케이션 및 인프라로 옮길 수 있게 돼 집단적인 인프라 기술 생태계보다 더 높은 계층에 집중할 수 있다.

이제 서비스 메시가 기본 계층을 보완하는 방법을 이해했다. 다른 계층은 어떨까?

지형과 생태계

서비스 메시 지형(https://oreil.ly/57P0j)은 급격한 툴링 생태계로, 클라우드 기본 애플리케이션으로 강등되지 않는다. 실제로 컨테이너가 아닌 비마이크로서비스 워크로드에 많은 가치를 제공한다. 배포에서 서비스 메시가 수행하는 역할과 그 가치를 이해하면 서비스 메시를 선택해 기존 툴링과 통합할 수 있다.

지형

서비스 메시를 어떻게 선택해야 할까? 현재 이용 가능한 많은 서비스 메시 가운데 이들의 중요한 차이로 인해 사람들이 실제로 서비스 메시가 무엇인지 아닌지 식별하기가 쉽지 않다. 시간이 지남에 따라 더 많은 기능이 수렴돼 더 쉽게 특성화하고 비교할 수 있다.

흥미롭게도 놀라운 것은 아니지만 많은 서비스 메시가 Envoy 및 NGINX와 같은 동일한 프록시 중 일부를 기반으로 한다.

생태계

서비스 메시가 다른 생태계 기술과 어떻게 조화를 이루는가에 관해서는 이미 클라이언트 라이브러리와 컨테이너 오케스트레이터를 살펴봤다. API 게이트웨이는 유사한 요구를 해결하며 일반적으로 컨테이너 오케스트레이터에 에지 프록시로 배포된다. 에지 프록시는 컨테이너 인프라의 안정성, 가용성, 확장성을 위해 컨테이너 오케스트레이터를 사용하면서 L4(Layer 4)에서 L7(Layer 7) 관리로 서비스를 제공한다.

API 게이트웨이(및 기반 프록시)는 기존 시스템에서부터 클라우드 호스팅되는 마이크로서비스 API 게이트웨이에 이르기까지 많은 것을 복잡하게 하는 방식으로 서비스 메시와 상호작용한다. 후자는 컨테이너 오케스트레이터 기본 통합 및 개발자 셀프 서비스 기능을 통합하고 기존 L7 프록시를 래핑하는 방식을 사용하는 마이크로서비스 지향의 오픈소스 API 게이트웨이 모음으로 표현할 수 있다(예: HAProxy, Traefik, NGINX 또는 Envoy).

서비스 메시와 관련해 API 게이트웨이는 조직 또는 네트워크 외부의 트래픽을 받아들이고 내부적으로 배포하도록 설계됐다. API 게이트웨이는 서비스를 관리된 API$^{managed\ API}$로 노출하며, 서비스 트래픽 안팎으로 노스-사우스 트래픽을 전송하는 데 중점을 둔다. API 게이트웨이는 중앙 프록시를 통해 트래픽이 이동해야 하며 네트워크 홉을 추가하기 때문에 서비스 메시(이스트-웨스트) 내 트래픽 관리에 적합하지 않다. 서비스 메시는 주로 서비스 메시 내부의 이스트-웨스트 트래픽을 관리하도록 설계됐다.

상호 보완적인 특성을 고려할 때 API 게이트웨이와 서비스 메시를 조합해 배치하는 경우가 많다. API 게이트웨이는 다른 API 관리 기능과 함께 분석, 비즈니스 데이터, 부가 제공자 서비스 및 버전 관리 구현을 처리한다. 오늘날 서비스 메시 기능, API 게이트웨이 및 API 관리 시스템 사이에는 겹치는 부분과 갭이 존재한다. 서비스 메시가 새로운 기능을 획득함에 따라 사례가 더 많이 중복된다.

중요하며 오류 발생 가능한 네트워크

앞서 말한 바와 같이 마이크로서비스 배포에서 네트워크는 모든 트랜잭션, 비즈니스 로직 호출 및 애플리케이션에 관한 모든 요청에 직접적이고 중요하게 관여한다. 네트워크의 안정성과 대기 시간은 최신 클라우드 네이티브 애플리케이션의 주요 관심사 중 하나다. 하나의 클라우드 네이티브 애플리케이션은 수백 개의 마이크로서비스로 구성될 수 있으며, 각각은 컨테이너 오케스트레이터가 지속적으로 다시 스케줄링 가능한 많은 인스턴스를 가진다.

네트워크의 중심성을 이해하면 네트워크는 최대한 지능적이고 복원성을 가져야 하며 다음과 같아야 한다.

- 장애를 피해 트래픽을 라우팅해 클러스터의 총 신뢰도를 높인다.

- 대기 시간이 긴 경로나 콜드 캐시를 가진 서버처럼 원치 않는 오버헤드를 피한다.

- 서비스 간 흐르는 트래픽이 사소한 공격에 대비해 안전해야 한다.

- 예기치 않은 종속성과 서비스 통신 실패의 근본 원인을 알기 쉽게 해, 통찰력을 제공한다.

- 연결 수준만이 아니라 세분화된 서비스 동작으로 정책을 적용할 수 있다.

또한 로직을 모두 애플리케이션에 작성하고 싶지는 않을 것이다.

서비스 우선 네트워크인 L5(Layer 5) 관리 기능을 원할 것이다. 다시 말해 서비스 메시를 원할 것이다.

서비스 메시의 가치

현재 서비스 메시는 마이크로서비스를 연결, 보안, 관리, 모니터링하는 균일한 방법을 제공한다.

관찰 가능성

서비스 메시는 가시성, 복원성 및 트래픽 제어는 물론 분산 애플리케이션 서비스에 대한 보안 제어를 제공한다. 여기서 많은 가치가 약속된다. 서비스 메시는 투명하게 배포되며 애플리케이션 코드를 변경하지 않고도 트래픽을 파악하고 제어할 수 있다(자세한 내용은 2장 참조).

이러한 관점에서 1세대 서비스 메시는 가치를 제공할 큰 잠재력을 가진다. 특히 이스티오가 말이다. 컨테이너와 컨테이너 오케스트레이터처럼 서비스 메시가 어디에서나 채택될 때 어떤 2세대 기능이 생길지는 기다려 봐야 한다.

트래픽 제어

서비스 메시는 네트워크 트래픽에 대한 세분화된 선언적 제어를 제공한다. 그 예로 요청이 카나리아 릴리스를 수행하도록 라우팅될 위치를 결정한다. 복원성 기능에는 일반적으로 서킷 브레이킹circuit-breaking, 대기 시간 인식 로드 밸런싱, 궁극적으로는 일관된 서비스 발견, 재시도, 타임아웃 및 데드라인이 포함된다(자세한 내용은 8장 참조).

보안

조직에서 서비스 메시를 사용하면 전사적으로 보안, 정책 및 규정 준수 요구 사항을 적용할 수 있는 강력한 도구를 얻는다. 대부분의 서비스 메시는 서비스 간 통신 보안을 위한 키와 인증서 관리를 위해 인증 기관CA, certificate authority을 제공한다. 메시의 각 서비스에 검증 가능한 ID를 할당하는 것은 어떤 클라이언트가 다른 서비스를 요청 가능한지 결정하고 해당 요청 트래픽을 암호화하는 데 중요하다. 인증서는 서비스마다 생성되며 해당 서비스에 대한 고유한 ID를 제공한다. 일반적으로 서비스 프록시(5장 참조)는 서비스를 대신해 서비스의 ID를 획득하고 인증서의 수명 주기 관리(생성, 배포, 새로고침, 해지)를 수행하는 데 사용된다(자세한 내용은 6장을 참조한다).

기존 인프라 현대화(배치 개선)

많은 사람들이 실행하는 서비스 수가 많지 않다면 배포 구조에 서비스 메시를 추가할 필요가 없다고 생각한다. 이는 사실이 아니다. 서비스 메시는 실행 중인 서비스 수에 관계없이 많은 가치를 제공한다. 서비스 메시가 제공하는 가치는 실행하는 서비스 수와 서비스가 배포되는 위치 수에 따라 증가한다.

일부 그린 필드 프로젝트는 처음부터 서비스 메시를 통합하는 사치를 누리지만 대부분의 조직은 메시에 올려야 하는 기존 서비스(모놀리스 또는 기타)가 존재한다. 이러한 서비스는 컨테이너가 아니라 VM 또는 베어메탈 호스트에서 실행될 수 있다. 서비스 메시가 현대화에 도움을 주므로 애플리케이션을 다시 작성하거나 마이크로서비스 또는 새로운 언어를 채택하거나 클라우드로 이동하지 않고도 서비스 인벤토리를 업그레이드할 수 있다.

파사드 서비스를 사용해 모놀리스를 분해할 수 있다. 서비스 개발에 레거시 모놀리스를 둘러싼 스트랭글러strangler 패턴을 적용해 좀 더 개발자에게 친숙한 API 세트를 노출할 수도 있다.

서비스 메시를 채택함에 따라 관찰 서비스(예: 메트릭, 로그 및 추적)와 각 서비스(마이크로서비스 여부)에 대한 종속성 또는 서비스 그래프를 얻을 수 있다. 추적과 관련해 서비스 내에서 필요한 유일한 변경 사항은 특정 HTTP 헤더를 전달하는 것이다. 서비스 메시는 최소한의 코드 변경으로 기존 인프라에 균일하고 보편적인 관찰 가능성 추적을 개선하는 데 유용하다.

L5에서 디커플링 서비스

메시의 가치를 소화할 때 고려할 중요한 사항은 서비스 팀 디커플링 현상과 이것이 가능한 전달 속도다(그림 1-5 참조).

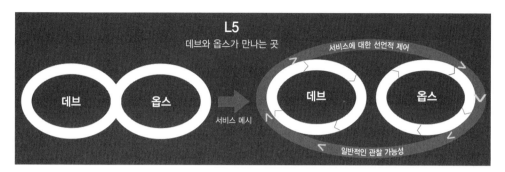

그림 1-5 데브와 옵스가 만나는 L5(Layer 5)

마이크로서비스가 기능 팀을 분리하는 데 도움이 되는 것처럼 서비스 메시를 생성하면 운영자가 애플리케이션 기능 개발 및 릴리스 프로세스와 분리돼 운영자가 서비스 계층의 실행 방식을 선언적으로 제어할 수 있다. 서비스 메시를 생성하는 것은 팀을 분리할 뿐만 아니라 팀 간 책임 확산을 제거하고 업계 내 여러 조직에서 실무 표준의 균일성을 가능하게 한다. 다음 작업 목록을 고려하자.

- 서킷 브레이킹 시점을 파악하고 활용하자.

- 엔드 투 엔드 서비스 데드라인을 확립하자.

- 분산 추적이 생성되고 백엔드 모니터링 시스템으로 전파되는지 확인하자.

- 베타 버전의 서비스에 대한 "Acme" 계정 사용자의 접근을 거부한다.

개발자 또는 운영자 가운데 누구의 책임인가? 답변은 조직마다 다를 수 있다. 업계에서 일반적으로 인정되는 관행은 존재하지 않는다. 서비스 메시는 이러한 책임의 균열을 겪거나 한 팀이 책임감 부족을 이유로 다른 팀을 비난하지 않도록 한다.

이스티오 서비스 메시

이제 이스티오 서비스 메시로 향하는 여정을 시작하자.

이스티오의 기원

이스티오는 구글, IBM 및 리프트에서 처음 만든 서비스 메시의 오픈소스 구현이다. 이 조직들 간 협력과 노력으로 시작돼 다른 많은 조직과 개인의 기여를 통합해 빠르게 확장됐다. 이스티오는 방대한 프로젝트다. 클라우드 네이티브 생태계에서는 쿠버네티스 다음으로 두 번째 목표 범위를 가진다. 프로메테우스[Prometheus], 오픈텔레메트리[OpenTelemetry], Fluentd, Envoy, 예거[Jaeger], Kiali 및 많은 기여자 작성 어댑터와 같은 수많은 CNCF[Cloud Native Computing Foundation] 주도 프로젝트를 포함한다.

다른 서비스 메시와 마찬가지로 이스티오를 사용하면 서비스 아키텍처에 복원성과 관찰 가능성을 투명하게 추가할 수 있다. 서비스 메시는 애플리케이션이 메시상에서 실행되는 것을 인식할 필요가 없으며, 이스티오의 디자인 역시 이 점에서 다른 서비스 메시와 다르지 않다. 이스티오는 입력, 인터서비스[interservice] 및 출력 트래픽 사이에서 애플리케이션 대신 네트워크 트래픽을 투명하게 가로채고 처리한다.

이스티오는 Envoy를 데이터 플레인 구성 요소로 사용해 서비스 프록시 인스턴스가 함께 배포되도록 애플리케이션을 구성하게 도와준다. 이스티오의 컨트롤 플레인은 데이터 플레인 프록시, 운영자를 위한 API, 보안 설정, 정책 확인 등의 구성 관리를 제공하는 몇 가지 요소로 구성된다. 이 책의 뒷부분에서 이러한 컨트롤 플레인 구성 요소를 다룬다.

원래 쿠버네티스에서 실행되도록 설계됐지만 이스티오의 디자인은 배포 플랫폼에 구애를 받지 않는다. 따라서 이스티오 기반 서비스 메시는 OpenShift, Mesos 및 Cloud Foundry와 같은 플랫폼뿐만 아니라 VM 및 베어메탈 서버와 같은 기존의 배포 환경에도 배포할 수 있다. 이스티오와 Consul의 상호 운용성은 VM 및 베어메탈 배포에 도움이 될 수 있다. 모놀리스 또는 마이크로서비스 둘 중 어느 것을 실행해도 이스티오를 적용할 수 있다. 실행하는 서비스가 많을수록 이점이 더 크다.

이스티오의 현재 상태

이스티오는 진화하는 프로젝트로서 건전한 릴리스 빈도를 갖는다. 이는 오픈소스 프로젝트 속도와 건강을 측정하는 한 가지 방법이다. 그림 1-6은 이스티오가 프로젝트로 공개된 2017년 5월부터 2019년 2월까지의 커뮤니티 통계를 보여준다. 이 기간 동안 약 2,400개의 포크(프로젝트에 기여하거나 자체 프로젝트의 기반으로 코드를 사용하는 과정에서 프로젝트 사본을 만든 깃허브^{GitHub} 사용자)와 약 15,000개의 스타(프로젝트를 즐겨찾기하고 활동 피드에서 프로젝트 업데이트를 확인)를 받았다.

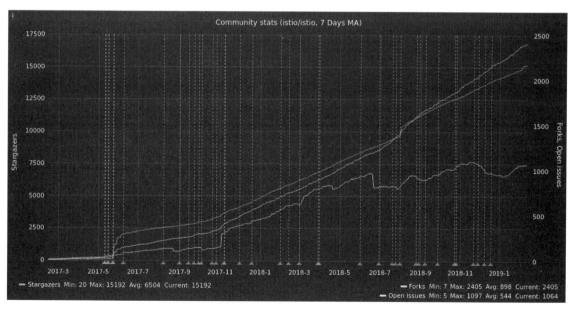

그림 1-6 이스티오 기여 통계

단순 스타 수, 포크 및 커밋은 속도, 관심 및 지원 측면에서 프로젝트 상태를 적절히 나타낸다. 이러한 각 원시 메트릭을 향상시킬 수 있다. 시간이 지남에 따라 커밋, 검토 및 병합 비율을 리포팅하면 프로젝트 속도를 더 잘 나타낼 수 있다. 프로젝트 속도는 프로젝트 자체와 타임라인에 따라 가장 정확하게 측정된다. 프로젝트의 건전성을 결정할 때 릴리스 활동이 일관되는지에 따라 이러한 활동 비율이 증가 또는 감소하는지 확인해야 한다. 저품질 메이저 또는 마이너 기능 릴리스를 개선하기 위해 얼마나 자주 그리고 얼마나 많은 패치가 릴리스되는가?

빈도

많은 소프트웨어 프로젝트와 마찬가지로, 이스티오의 버전 체계는 친숙한(Semantic Versioning(https://semver.org)) 스타일(예: 버전 1.1.1)로 표시되며 다른 프로젝트와 마찬가지로 이스티오는 다음처럼 고유한 릴리스 빈도, 지원 기대 수명(표 1-1 참조)에 대한 뉘앙스를 정의한다. 매일 그리고 매주 릴리스가 제공되지만 지원되지 않으며 신뢰할 수 없다. 그러나 표 1-1에서 보듯 월별 스냅샷은 비교적 안전하며 일반적으로 새로운 기능이 포함된다. 그러나 프로덕션에서 이스티오를 사용하려는 경우 "LTS"(Long-Term Support) 태그가 지정된 릴리스를 찾자. 이 글을 쓰는 시점에서 1.2.x는 최신 LTS 릴리스다.

표 1-1 Istio의 빌드와 릴리스 빈도(Istio 문서 페이지(https://oreil.ly/szQfK) 참조)

유형	지원 수준	품질 및 권장 사용
일일 빌드	지원 없음	위험. 완전히 신뢰할 수 없음. 실험에 유용
스냅샷 릴리스	최신 스냅샷 릴리스에 관해서만 지원	안정적일 것으로 예상되나, 프로덕션에서 사용은 필요에 따라 제한돼야 함. 일반적으로 최첨단 사용자 또는 특정 기능을 원하는 사용자만 채택
LTS 릴리스	다음 LTS 후 3개월까지 지원 제공	프로덕션 환경에 안전하게 배포할 수 있음. 사용자는 가능한 빨리 이 릴리스로 업그레이드하는 것이 좋음
패치	해당 Snapshot / LTS 릴리스와 동일	사용자는 주어진 릴리스에 관해 즉시 패치 릴리스를 채택하도록 권장됨

참고로 쿠버네티스 마이너 릴리스는 약 3개월마다 릴리스하므로 각 마이너 릴리스 분기는 약 9개월 동안 유지된다.

이에 비해 우분투는 운영체제이기 때문에 기능 릴리스 속도보다 안정성을 우선해야 하므로 2년마다 4월에 LTS 릴리스를 공개한다. LTS 릴리스가 훨씬 더 많이 사용된다는 점은 주목할 가치가 있다(모든 우분투 설치의 95%는 LTS 릴리스다).

도커는 시간 기반 릴리스 일정을 사용하며 일반적으로 타임 프레임은 다음과 같다.

- 도커 CE 에지 릴리스는 매월 수행한다.

- 도커 CE 안정판 릴리스는 필요에 따라 패치 릴리스와 함께 분기별로 수행한다.

- 도커 EE 릴리스는 필요에 따라 패치 릴리스와 함께 1년에 두 번 수행한다.

업데이트와 패치 릴리스는 다음과 같다.

- 도커 EE 릴리스는 릴리스된 후 최소 1년 동안 패치와 업데이트를 받는다.

- 도커 CE 안정판 릴리스는 다음 도커 CE 안정판 릴리스 후 한 달 동안 패치나 업데이트를 받는다.

- 도커 CE 에지 릴리스는 후속 도커 CE 에지 또는 안정 릴리스 후에 패치나 업데이트를 받지 못 한다.

릴리스

원래 계획은 이스티오가 분기마다 포인트 버전(. 아래의 마이너 버전)을 릴리스한 다음 n개의 패치를 릴리스한다는 것이다. 스냅샷은 지원되는 릴리스가 아니고 주요 변경 사항이 있을 수 있다는 점을 제외하면 포인트 릴리스와 거의 동일한 품질 수준을 충족하는 월별 릴리스로 설계됐다. 모든 릴리스의 역사는 깃허브의 이스티오 릴리스 페이지(https://oreil.ly/2fZ4x)에서 확인할 수 있다. 표 1-2는 10개월 동안의 이스티오 릴리스 주기를 나타낸다.

표 1-2 2018년 6월부터 2019년 4월까지 이스티오 릴리스 주기

릴리스 일	릴리스 번호	마지막 릴리스부터 일
4/16/19	1.1.3	11
4/5/19	1.1.2	0
4/5/19	1.0.7	11
3/25/19	1.1.1	6
3/19/19	1.1.0	3
3/16/19	1.1.0-rc.6	2
3/14/19	1.1.0-rc.5	2
3/12/19	1.1.0-rc.4	4
3/8/19	1.1.0-rc.3	4
3/4/19	1.1.0-rc.2	5
2/27/19	1.1.0-rc.1	6
2/21/19	1.1.0-rc.0	8
2/13/19	1.1.0-snapshot.6	0
2/13/19	1.0.6	19
1/25/19	1.1.0-snapshot.5	0
1/25/19	1.1.0-snapshot.4	48
12/8/18	1.0.5	11
11/27/18	1.1.0-snapshot.3	6
11/21/18	1.0.4	26
10/26/18	1.0.3	3
10/23/18	1.1.0-snapshot.2	26
9/27/18	1.1.0-snapshot.1	21
9/6/18	1.0.2	8
8/29/18	1.1.0-snapshot.0	5
8/24/18	1.0.1	24
7/31/18	1.0.0	8
7/23/18	1.0.0-snapshot.2	3
7/20/18	1.0.0-snapshot.1	22

릴리스 일	릴리스 번호	마지막 릴리스부터 일
6/28/18	1.0.0−snapshot.0	27
6/1/18	0.8.0	

기능 현황

진정한 애자일 스타일에서 이스티오 기능은 개별적인 자체 수명주기(개발dev/알파alpha/베타beta/안정판stable)를 거친다. 표 1-3처럼 일부 기능은 안정화되고 다른 기능은 추가 또는 개선되고 있다.

표 1-3 이스티오의 기능 현황 카테고리(https://oreil.ly/qV8b0 참조)

	알파	베타	안정판
목적	데모 가능. 엔드 투 엔드로 작동하지만 제한이 있음	더 이상 토이가 아님. 프로덕션 적용 가능	신뢰할 수 있고 프로덕션을 위해 강화됨
API	이전 버전과의 호환성을 보장하지 않음	API 버전은 신뢰할 수 있고 프로덕션 환경에서 가치를 제공	API 버전이 관리되며 이전 버전과의 호환성을 위해 자동 버전 변환 제공
성능	정량화 또는 보장되지 않음	정량화 또는 보장되지 않음	성능(대기 시간/확장성)이 정량화되고 문서화되며 리그레션에 대비됨
지원 중단 정책	없음	약함: 3개월	확실하며 확고함: 변경 1년 전에 통지

전망

워킹그룹은 규모에 맞게 이스티오를 실행해 얻은 교훈과 사용자의 사용성 피드백을 통합해 v2 아키텍처를 향한 디자인을 반복하고 있다. 앞으로 점점 더 많은 사람들이 서비스 메시에 관해 배운다면 채택의 용이성으로 클라우드 네이티브 여행 → 컨테이너 → 오케스트레이터 → 메시의 세 번째 단계에 성공적으로 도달하는 데 핵심적인 도움을 줄 것이다.

이스티오가 아닌 것

이스티오는 다른 서비스 메시에서 찾을 수 있거나 컨트롤 플레인 소프트웨어에서 제공하는 특정한 기능들을 고려하지 않는다. 이 기능들이 변경될 수 있거나 서드파티 소프트웨어를 통해 일반적으로 더 잘 처리할 수 있기 때문이다.

분산 추적을 용이하게 하는 것을 제외하면 이스티오는 화이트 박스 애플리케이션 성능 모니터링^{APM, Application Performance Monitoring} 솔루션 기능을 제공하지 않는다. 이스티오와 함께 사용되는 네트워크 트래픽 및 서비스 요청을 감싸는 추가적인 원격 측정의 생성은 추가적인 블랙박스 가시성을 제공한다. 이스티오와 함께 제공되는 메트릭 및 로그는 소스, 대상, 대기 시간 및 오류를 포함한 네트워크 트래픽 흐름에 대한 통찰력을 제공한다. 다시 말해 개별 작업 또는 클러스터 수준 로깅에 의해 노출되는 사용자 지정 애플리케이션 메트릭이 아닌 최상위 서비스 메트릭을 제공한다.

이스티오 플러그인은 서비스 수준 로그를 클러스터 수준 로깅에 사용하는 것과 동일한 백엔드 모니터링 시스템(예: 플루언트디^{Fluentd}, 일래스틱서치^{Elasticsearch}, 키바나^{Kibana})과 통합한다. 또한 이스티오는 이미 사용 중일 수도 있는 유틸리티(예: 프로메테우스)와 동일한 메트릭 수집과 경보를 사용한다.

단순한 마이크로서비스가 아니다

쿠버네티스가 모든 것을 하진 않는다. 미래의 인프라가 완전히 쿠버네티스 기반일까? 아마 아닐 것이다. 컨테이너 외부에서 실행되도록 설계된 모든 애플리케이션이 (현재는 어쨌든) 쿠버네티스에 적합한 것은 아니다. 수십 년 전의 메인 프레임이 오늘날에도 여전히 사용되고 있다는 점을 고려하면 정보 기술의 꼬리는 상당히 길다.

만병통치약과 같은 기술은 없다. 모놀리스는 대부분의 애플리케이션이 한곳에 모여 있으므로 이해가 쉽다. 하나의 시스템 (또는 제한되거나 정체된 시스템 세트) 내에서 서로 다른 부분의 상호작용을 추적할 수 있다. 그러나 개발 팀 및 코드 라인 측면에서 모놀리스는 확장성이 없다.

비분산 모놀리스는 오랫동안 주변에 존재할 것이다. 서비스 메시는 현대화에 도움이 되고 혁신적인 아키텍처를 용이하게 하는 파사드를 제공할 수 있다. 모놀리스 앞에 지능형 파사드로 서비스 메시 게이트웨이를 배치하는 것은 경로 기반 (또는 다른) 요청을 멀리해 모놀리스를 교묘하게 만드는 주된 접근 방식이 될 것이다. 이 접근 방식은 점진적이며, 모놀리스의 일부를 현대적인 마이크로서비스로 마이그레이션하도록 이끌거나, 단순히 완전한 클라우드 네이티브 재설계를 보류하기 위한 미봉책 역할을 한다.

용어

다음은 반드시 익혀야 할 이스티오 관련 주요 용어다.

클라우드

특정 클라우드 서비스 제공업체

클러스터

공통 API 마스터를 가진 쿠버네티스 노드 세트

구성 저장소

이스티오 쿠버네티스 배포본의 etcd 및 단순 파일시스템처럼 컨트롤 플레인 외부에 구성을 저장하는 시스템

컨테이너 관리

쿠버네티스, OpenShift, Cloud Foundry, Apache Mesos 등과 같은 소프트웨어 스택에서 제공하는 OS 가상화로 느슨하게 정의됨

환경

컴퓨팅 환경은 Azure 클라우드 서비스(https://oreil.ly/mDkY5), AWS(https://aws.amazon.com/), Google Cloud Platform (https://oreil.ly/39fXT), IBM Cloud(https://oreil.ly/N-1xd), Red Hat Cloud computing (https://oreil.ly/ZCMj_) 등 다양한 IaaS

벤더 또는 VM 및 온프레미스 또는 호스팅 데이터 센터에서 실행되는 물리 머신 그룹을 통해 제공된다.

메시

일반적인 관리 제어 기능을 가진 워크로드의 세트. 동일한 관리 주체(예: 컨트롤 플레인)하에 존재

다중 환경(일명 하이브리드)

다음 인프라 구성 요소의 구현과 배포가 서로 다른 이기종 환경을 설명함

네트워크 경계

예: 한 구성 요소는 온프레미스 인그레스를 사용하고 다른 구성 요소는 클라우드에서 작동하는 인그레스를 사용함

ID 시스템

예: 한 구성 요소에는 LDAP이 있고 다른 구성 요소에는 서비스 계정이 있음

DNS와 같은 네이밍 시스템

예: 로컬 DNS, Consul 기반 DNS

VM/컨테이너/프로세스 오케스트레이션 프레임워크

예: 한 구성 요소는 로컬로 관리되는 온프레미스 VM을 가지고 다른 구성 요소는 서비스를 실행하는 쿠버네티스 관리하의 컨테이너를 가짐

멀티테넌시

동일한 이스티오 서비스 메시 컨트롤 플레인에서 실행되는 논리적으로 격리됐지만 물리적으로 통합된 서비스

네트워크

직접 연결된 엔드포인트 세트(VPN^{Virtual Private Network}을 포함 가능)

안전한 네이밍

서비스 이름과 서비스를 구현하는 워크로드에 대한 실행 권한을 가진 워크로드 주체들principals 간 매핑을 제공

서비스

서비스 메시 내에서 관련된 행위들로 묘사되는 그룹. 서비스는 서비스 이름을 사용해 네이밍되며 로드 밸런싱 및 라우팅과 같은 이스티오 정책이 서비스 이름에 적용된다. 서비스는 일반적으로 하나 이상의 서비스 엔드포인트에 의해 구체화된다.

서비스 엔드포인트

네트워크에 도달 가능한 서비스 표현. 엔드포인트는 워크로드에 의해 노출된다. 모든 서비스에 서비스 엔드포인트가 존재하지는 않는다.

서비스 메시

공통적인 정책 시행 및 원격 분석 수집을 허용하는 공유 이름 및 ID 집합. 서비스 이름과 워크로드 주체는 메시 내에서 고유하다.

서비스 이름

서비스 메시 내에서 서비스를 식별하는 고유한 서비스 이름. 서비스는 이름을 바꿀 수 없으며 ID를 유지한다. 각 서비스 이름은 고유하다. 서비스는 여러 버전을 가질 수 있지만 서비스 이름은 버전 독립적이다. 서비스 이름은 이스티오 구성에서 `source.service` 및 `destination.service` 속성으로 접근 가능하다.

서비스 프록시

애플리케이션 서비스 대신 트래픽 관리를 처리하는 데이터 플레인 구성 요소다.

사이드카

동일한 논리적 스케줄링 단위로 그룹화된 애플리케이션 컨테이너와 유틸리티 컨테이너를 공동 스케줄링하는 방법론. 쿠버네티스의 경우 파드를 말한다.

워크로드

이스티오의 운영자가 배포한 프로세스/바이너리는 일반적으로 컨테이너, 파드 또는 VM과 같은 엔티티로 표현된다. 워크로드는 0개 이상의 서비스 엔드포인트를 노출시킬 수 있다. 워크로드는 0개 이상의 서비스를 소비할 수 있다. 각 워크로드는 연관된 단일 정규화 서비스 이름을 갖지만 추가 서비스 이름으로 표현될 수도 있다.

워크로드 이름

서비스 메시 내에서 워크로드를 식별하는 고유 이름이다. 서비스 이름 및 워크로드 주체와 달리 워크로드 이름은 강력하게 검증된 속성이 아니며 접근 제어 목록[ACL, Access Control List]을 시행할 때 사용해서는 안 된다. 워크로드 이름은 이스티오 구성에서 source.name 및 destination.name 속성으로 접근 가능하다.

워크로드 주체

워크로드 실행 환경하에서 검증 가능한 권한을 식별한다. 이스티오 서비스 대 서비스 인증은 워크로드 주체를 생성하는 데 사용된다. 기본적으로 워크로드 주체는 SPIFFE ID(http://spiffe.io) 형식을 준수한다. 여러 워크로드가 워크로드 주체를 공유할 수 있지만 각 워크로드는 단일 표준 워크로드 주체를 가진다. 이들은 이스티오 구성에서 source.user 및 destination.user 속성으로 접근 가능하다.

존(이스티오 컨트롤 플레인)

이스티오에 필요한 실행 중인 구성 요소 세트. 여기에는 갤리[Galley], 믹서[Mixer], 파일럿[Pilot], 시타델[Citadel]이 포함된다.

- 단일 존은 단일한 논리적 갤리 저장소로 표현된다.

- 동일한 갤리에 연결된 모든 믹서 및 파일럿은 작동 위치에 관계없이 동일한 존의 일부로 간주된다.

- 다른 모든 존이 오프라인이거나 연결 불가능한 경우에도 단일 존은 독립적으로 작동 가능하다.

- 단일 존은 단일 환경만 포함할 수 있다.

- 존은 서비스 메시에서 서비스 또는 워크로드를 식별하는 데 사용되지 않는다. 각 서비스 이름 및 워크로드 주체는 개별 존이 아닌 서비스 메시 전체에 속한다.

- 각 존은 단일 서비스 메시에 속한다. 서비스 메시는 하나 이상의 존에 걸쳐서 존재할 수 있다.

- 클러스터(예: 쿠버네티스 클러스터) 및 다중 환경 지원과 관련해 존은 여러 인스턴스를 가질 수 있다. 그러나 이스티오 사용자는 더 간단한 구성을 우선해야 한다. 각 클러스터 또는 환경에서 컨트롤 플레인 구성 요소를 실행하고 구성을 존당 하나의 클러스터로 제한하는 것은 비교적 간단하다.

보안, 규정 준수, 관찰 가능 및 복원력이 뛰어난 마이크로서비스를 실행하려면 운영자와 독립된 제어 및 유연한 툴킷이 필요하다. 개발자는 인프라 문제로부터 자유롭고 서로 다른 프로덕션 기능을 실험 가능하며 전체 시스템에 영향을 주지 않고 카나리아 릴리스를 배포하는 기능이 필요하다. 이스티오는 트래픽 관리를 마이크로서비스에 추가하고 보안, 모니터링, 라우팅, 연결 관리 및 정책과 같은 부가 기능의 기반을 만든다.

일관된 관찰 가능성에 대한 클라우드 네이티브 접근 방식

2장은 서비스 메시의 렌즈를 통해 일관된 관찰 가능성을 위한 클라우드 네이티브 접근 방식을 안내한다. 2장은 클라우드 네이티브 개념, 관찰 가능성 그리고 균일한 관찰 가능성 이 세 절로 구성된다. 첫 번째 절은 다양한 측면을 특성화해 클라우드 네이티브의 비결정질 개념^{amorphous concept}을 살펴본다. 그런 다음 서비스 모니터링 행위와 관찰 가능한 서비스 특성의 차이점을 살펴본다. 마지막 절은 실행 중인 서비스에 대한 보편적이고 일관된 통찰력을 제공하는 자동 생성된 원격 측정^{telemetry} 기능의 힘에 관해 살펴본다. 서비스 메시는 클라우드 네이티브 제품이므로 클라우드 네이티브가 실제로 의미하는 바를 정의해 토론을 시작한다.

클라우드 네이티브는 무엇을 의미하나?

포괄적 용어인 '클라우드 네이티브'는 기술과 프로세스의 조합이다. 기계와 사람의 효율성에 관한 요구에 따라 클라우드 네이티브 기술은 애플리케이션 아키텍처, 패키징 및 인프라에 걸쳐 존재한다. 클라우드 네이티브 프로세스는 전체 소프트웨어 수명주기를 구현한다. 클라우드 네이티브 프로세스는 역사적으로 분리된 조직 기능과 수명주기 단계(예: 아키텍처, QA, 보안, 문서화, 개발, 운영, 유지 등)를 항상은 아니지만 종종 개발 및 운영이라는 두 가지 기능으로 축약하기도 한다. 개발 및 운영은 일반적으로 데브옵스^{DevOps} 관행과 문화를 사용해 소프트웨어를 서비스로 제공하는 이들의 두 가지 주요 기능이다.

클라우드 네이티브 소프트웨어는 일반적으로 항상 서비스로 제공되지는 않는다.

 더 많은 서비스를 배포할수록 서비스 메시를 사용해 얻을 수 있는 투자 대비 수익(return on investment)이 커진다. 클라우드 네이티브 아키텍처는 더 많은 수의 서비스로 안내하므로 클라우드 네이티브의 의미를 이해할 필요가 있다. 서비스 메시는 컨테이너가 아닌 모놀리식 서비스와 같은 워크로드에도 가치를 제공한다. 추가된 가치의 예는 이 책 전체를 통해 강조된다.

클라우드 네이티브 애플리케이션은 일반적으로 퍼블릭 또는 프라이빗 클라우드에서 실행된다. 최소한 프로그래밍적으로 다룰 수 있는 인프라에서 실행된다. 즉, 애플리케이션을 클라우드로 들어올리고 이동한다고 해서 클라우드 네이티브가 되지는 않는다.

클라우드 네이티브 애플리케이션의 특징은 다음과 같다.

- 프로그래밍적으로 다룰 수 있는 인프라에서 실행되며 컴퓨팅, 네트워크 및 스토리지 리소스에서 하나 이상의 추상화 계층에 의해 물리적 리소스와 동적으로 분리된다.

- 애플리케이션의 실행 위치가 아니라 애플리케이션의 작동 방식에 중점을 두고 분산 및 분권화된다. 서비스 중단 없이 서비스를 원활하게 업그레이드 가능하도록 (롤링) 업데이트를 허용하는 소프트웨어 라이프 사이클 이벤트로 구성된다.

- 복원성과 확장성이 뛰어나 단일 장애 지점 없이 중복 실행되고 지속적으로 생존할 수 있도록 설계된다.

- 자체 계측 혹은 기본 계층에서 제공하는 계측을 통해 관찰할 수 있다. 동적 특성을 고려할 때 분산 시스템은 상대적으로 검사하거나 디버그하기가 더 어려우므로 관찰 가능성을 고려해야 한다.

클라우드 네이티브로 가는 길

대부분의 조직에서 클라우드 네이티브로 가는 길은 개조 또는 재작성을 통해 기존 서비스에 클라우드 네이티브 원칙을 적용하는 혁신적인 행위다. 다른 조직들은 클라우드 기본 원칙과 도구가 일반적으로 사용 가능하고 승인된 후 프로젝트를 시작할 수 있을 만큼 충분히 운이 좋다. 클라우드 네이티브로의 여정에서 서비스 메시는 기존 서비스를 다루거나 새 서비스를 작성할 때, 소유하거나 운영해야 할 서비스 수 증가에 따라 증가하는 상당한 가치를 제공한다. 서비스 메시는 컨테이너 오케스트레이션을 배포한 다음에 오는 논리적 단계다. 그림 2-1은 다양한 클라우드 네이티브 경로를 간략하게 보여준다.

일부 서비스 메시는 다른 서비스 메시보다 배포하기 쉽고 일부 메시는 다른 메시보다 더 많은 가치를 제공한다. 배포하는 서비스 메시의 종류에 따라 특정한 수의 마이크로서비스를 배포할 필요가 있을 것이다. 서비스 메시(및 그에 대한 확장)는 이러한 보편적인 문제를 단순히 제공한다는 점에서 개발자의 일반적인 애플리케이션 레벨 고려 사항(예: 비용 회계나 가격 계획)을 완화시킨다.

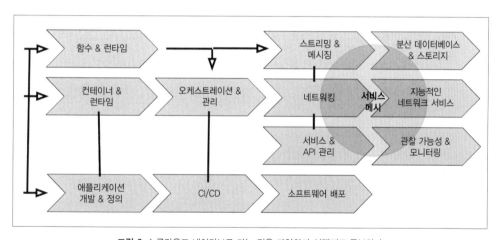

그림 2-1 클라우드 네이티브로 가는 길은 다양하며 선택지도 풍부하다.

팀의 경험 수준과 특정 프로젝트에 따라 클라우드 네이티브 경로는 소프트웨어 개발 프로세스, 운영 방식, 애플리케이션 아키텍처, 패키징 및 런타임 및 애플리케이션 인프라의 다양한 조합을 사용한다. 클라우드 고유의 특성을 보이는 애플리케이션과 팀은 그림 2-2에서 강조된 단일, 조합 또는 모든 접근 방식을 사용한다.

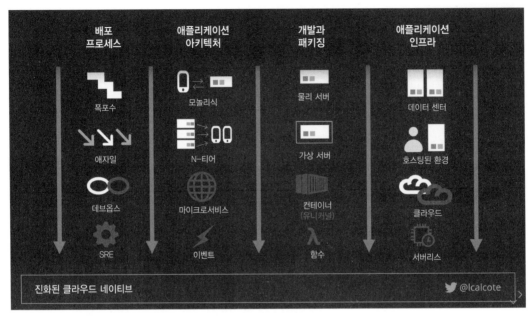

그림 2-2 프로세스와 기술(아키텍처, 패키징, 인프라)을 통한 클라우드 네이티브로의 진화

패키징과 배포

클라우드 네이티브 기술은 종종 마이크로서비스(서비스 엔드포인트를 통해 제공), 내장 컨테이너(스케줄러를 통해 제공), 함수 보강(이벤트 알림을 통해 제공)의 형태를 취한다. 기계의 효율적인 활용과 전달 속도에 대한 엔지니어의 필요에 따라 패키징 패턴이 진화한다. 클라우드 네이티브 경로는 더 높은 수준의 리소스 격리를 통해 구현되는 더욱 더 작은 배포 단위를 지원한다. 가상화와 컨테이너화를 통한 격리는 더 작은 패키지를 통해 바이너리를 좀 더 빠듯하게 서비스에 올릴 수 있으므로 높은 수준의 효율성을 제공한다.

베어메탈 서버로부터 VM, 컨테이너, 유니커널, 함수에 이르는 패키징의 각 발전 단계는 실제 배포 횟수를 측정해보면 빈도의 큰 격차를 보여준다. 일부 패키지 유형은 이식성, 상호 운용성, 격리, 효율성 등을 더욱 잘 보장한다. 예를 들어 컨테이너는 VM보다 높은 수준의 이식성과 상호 운용성을 제공한다. 함수는 가볍고 분리 가능하며 확장성이 뛰어나지만 이식성과 관련해 여러 유형의 패키징 중에서 가장 높은 수준의 락인을 보여준다. 서비스 메시는 호스트 OS에 직접 배포, VM, 컨테이너, 유니커널 또는 함수 등 어떤 패키징을 선택하든지 관계없이 연결, 제어, 관찰, 보안을 제공할 수 있다.

애플리케이션 아키텍처

애플리케이션 아키텍처가 취하는 형태보다 더 중요한 것은 클라우드 네이티브 애플리케이션 아키텍처가 보여주는 특징이다. 클라우드 네이티브의 중심은 임시성^{ephemerality}과 적극적으로 스케줄링되는 워크로드 그리고 명시적으로 기술된 종속성, 이벤트 기반, 수평 확장, 상태 비저장 및 상태 저장 서비스 간 완전한 분리 등을 통한 느슨한 결합 같은 특성이다. 클라우드 네이티브 애플리케이션은 일반적으로 선언적이며 복원성, 가용성 및 관찰 가능성을 선행 설계 문제로 통합하는 아키텍처 접근 방식을 보여준다.

클라우드 네이티브 기술을 통해 조직은 퍼블릭, 프라이빗 및 하이브리드 클라우드와 같은 동적 환경에서 확장 가능한 애플리케이션을 구축하고 실행할 수 있다. 이런 애플리케이션은 인프라와 인터페이스하기 위한 선언적 API를 중심으로 한다. 클라우드 네이티브 기술은 복원력 있으며 관리 가능하고 관찰 가능성을 제공하는 느슨하게 연결된 시스템$^{loosely\ coupled\ system}$의 구축을 가능하게 한다. 이스티오 및 기타 오픈소스 서비스 메시는 클라우드 네이티브 애플리케이션을 위해 설계된 차세대 네트워킹을 제공한다.

개발과 운영 프로세스

개발자와 운영자 경험은 코드와 구성 요소 재사용과 높은 수준의 자동화를 촉진하는 클라우드 네이티브 디자인과 프로세스 철학의 핵심이다. 운영자는 IaC$^{Infrastructure\ as\ Code}$를 통해 클라우드 네이티브 애플리케이션과 인프라를 배포, 모니터링, 확장하는 방법을 적극적으로 자동화한다.

마이크로서비스를 강력한 자동화와 함께 사용하면 엔지니어는 일반적으로 마이크로서비스 구축 및 배포를 위한 다중의 지속적 통합^{CI} 및 지속적 전달^{CD} 파이프라인을 사용해 최소한의 노력으로 영향이 큰 변경 사항들을 자주 그리고 예측 가능하게 반영할 수 있다.

높은 수준의 세밀한 관찰 가능성은 사이트 안정성 엔지니어^{site reliability engineer}가 모니터링하고 관리하는 시스템과 서비스의 핵심 초점이다. 이스티오는 메시를 통해 전송된 요청에 관련된 메트릭, 로그 및 추적을 생성해 코드 변경 없이 메트릭을 만들고 로그와 추적 생성(추적에서 컨텍스트 전파를 위해 저장)을 가능하게 해 서비스 계측을 용이하게 한다.

이스티오를 포함한 일반적인 서비스 메시는 개발과 운영 사이에 전용 인프라 계층을 추가해 서비스 독립적인 제어를 제공함으로써 서비스 통신 계층의 공통 관심사를 분리한다. 서비스 메시가 없다면 네트워크 트래픽을 제어하고, 형성하고, 접근 제어에 영향을 미치며, 어떤 서비스가 다운스트림 서비스와 통신하는지에 대한 새로운 애플리케이션 구축이 필요하기 때문에 운영자가 여전히 개발자와 많은 관심사들로 묶여 있어야 한다. 데브와 옵스의 분리는 자율적이고 독립적인 반복을 위해 중요하다.

클라우드 네이티브 인프라

퍼블릭, 하이브리드 및 프라이빗 클라우드는 클라우드 네이티브의 정의에 있어 명백한 핵심이다. 간단히 말해서 클라우드는 소프트웨어 정의된 인프라^{software-defined infrastructure}다. 인프라의 기본 인터페이스로 API를 사용하는 것이 클라우드의 주요 개념이다. 네이티브로 통합된 워크로드는 인프라와 무관한 네이티브가 아닌 워크로드 대신 이러한 API(또는 이러한 API의 추상화)를 사용한다. '클라우드 네이티브'의 정의가 발전함에 따라 클라우드 서비스 자체도 발전한다. 일반적으로 클라우드 서비스는 IaaS에서 관리 서비스로, 서버리스로 발전했다. 대부분의 FaaS 컴퓨팅 시스템이 컨테이너 내에서 실행되는 경우 이러한 FaaS 플랫폼은 서비스 메시에서 실행될 수 있으며 균일한 관찰 가능성을 활용할 수 있다.

클라우드 네이티브 기술과 프로세스는 기계 효율성과 리소스 활용을 획기적으로 향상시키면서 유지 관리 및 운영과 관련된 비용을 줄이고 애플리케이션의 전반적인 민첩성과 유지 관리성을 크게 향상시킨다. 컨테이너 오케스트레이터를 사용하면 인프라 요구 사항을 해결할 수 있지만 모든 애플리케이션 또는 서비스 수준 요구 사항을 충족시키지는 못한다. 서비스 메시는 클라우드 네이티브 애플리케이션이 충족시키지 못하는 서비스 수준 요구 사항에 적합한 도구 계층을 제공한다.

관찰 가능성은 무엇인가?

새로운 용어에 대한 올바른 정의는 일반적인 명명법(및 이해)을 촉진하고 토론을 피할 뿐만 아니라 중요하다. 관찰 가능한 시스템과 모니터링되는 시스템의 개념은 산업계에서 오랫동안 논의됐다. 명확히 하기 위해 모니터링(동사^{verb})을 수행된 기능, 활동으로 정의하자. 반면 관찰 가능성(부가 명사$^{an\ adjunct\ noun}$)은 시스템의 속성이다.

시스템의 관찰 가능성을 말할 때, 시스템이 모니터링할 신호를 얼마나 잘 그리고 어떤 방식으로 제공하는지 설명한다. 관찰 가능한 소프트웨어는 일반적으로 정보(원격 측정/측정)를 캡처하고 노출하도록 설계돼 복잡한 소프트웨어를 추론 가능하도록 한다.

반대로 모니터링은 시간이 지남에 따른 시스템 및 해당 구성 요소의 동작과 출력을 관찰하고 확인해 시스템 상태를 평가하는 작업이다. 시스템을 모니터링하는 기능은 관찰 가능한 속성의 수(관찰 가능성)에 의해 향상된다. 모니터링은 상태가 참인지 아닌지를 검증한다(예: 시스템의 성능 저하 여부).

모니터링 가능한 조건으로 모니터링 능력인 모니터링 가능성^{monitorability}(명사)을 고려하자. 모니터링은 일반적으로 관찰 가능한 엔드포인트 폴링을 통해 실패를 감시한다. 간단히 말해 초기 모니터링 시스템은 가동 시간^{uptime}을 복원력을 측정하는 핵심 지표로 지정한다. 최신 모니터링 툴링은 대기 시간, 오류(실패한 요청 비율), 트래픽 양(웹 서비스에 대한 초당 요청 수 또는 키/값 저장소에 대한 초당 트랜잭션 검색 수) 및 포화도^{saturation}(자원이 어떻게 활용되는지 측정)와 같은 최상위 서비스 메트릭을 지향한다. 최신 모니터링 시스템은 비정상적인 동작을 식별하고 용량 위반을 예측하는 등의 분석 기능을 포함한다. 서비스 메시는 원격 측정을 통한 생성, 집계, 추론을 통해 관찰 가능성 및 모니터링 중 일부를 제공하고 서로 연결한다. 다양한 서비스 메시는 모니터링 툴링을 기능 또는 쉬운 애드온으로 통합한다.

"모니터링"과 "모니터링 가능성"을 사용하면 토론이 끝이 없을 것이다. 자매어 "관찰" 및 "관찰 가능성"의 관계도 동일하며, 이 동사 및 동사의 명사 부가어(noun adjunct)는 서로 동의어로 취급될 수도 있다. 벤더들이 주장하고 만들고 휘두르고 입장을 표명할 새로운 용어를 제공해야 한다. 토론에 용어와 정의가 부족하면 피냐타(piñata)가 없는 성인식(quinceañera)과 같다.

관찰 가능성은 개발자용이고 모니터링은 운영자용인가? 어쩌면 그게 요점이다. 서비스 메시가 도입될 때까지 시스템을 관찰 가능하게 하고 모니터링을 수행할 책임이 누구에게 있는지 확실하지 않았다. 대부분의 팀은 주어진 서비스에 관한 서비스 수준 목표를 정의하고 제공하는 책임이 누구에게 있는지 다르게 답변한다.

이러한 책임은 종종 확산된다. 서비스 메시는 하위 계층 인프라와 상위 계층 애플리케이션 서비스 사이에 관리 계층(Layer 5(L5))을 도입해 개발, 전달 팀을 분리한다.

원격 측정의 기둥들

관찰 가능성은 이벤트 및 오류 형태의 로그를 포함할 수 있다. 추적은 스팬 및 주석 형태이고 메트릭은 그림 2-3에 묘사된 바와 같이 히스토그램, 게이지, 요약 및 카운터 형태다.

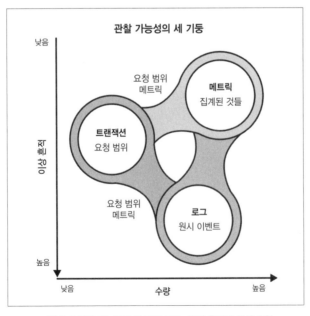

그림 2-3 관찰 가능성의 세 가지 기둥: 원격 측정의 핵심 유형

로그

로그는 메트릭과 같은 데이터에 관해 추가 컨텍스트를 제공하며 디버깅에 적합하므로 중앙에 저장할 로그와 결과적으로 로테이팅할 로그를 조정할 때 올바른 균형을 맞추기 어렵다. 그러나 로그는 볼륨 사용량이 가장 많고 스토리지가 가장 많이 필요한 경향이 있으므로 성능면에서 비용이 많이 든다. 구조화된 로깅은 순수한 문자열 기반 로그 처리에 고유한 단점은 없지만 로그 기반 모니터링 공급업체의 가격 모델에서 알 수 있듯이 훨씬 더 많은 스토리지를 차지하고 쿼리 및 처리 속도가 느리다. 로깅에 대한 일부 모범 사례는 할당량 적용 및 동적 로그 생성 속도 조정을 포함한다.

메트릭

로그와 달리 메트릭은 지속적인 오버헤드를 가지며 경보[alert]에 유용하다. 로그와 메트릭을 종합하면 개별 시스템에 대한 통찰력을 얻을 수 있지만 여러 시스템을 통과한 요청의 생애를 파악하기는 어렵다. 이것은 분산 시스템에서 일반적이다. 메트릭은 강력하게 설정할 수 있고, 메트릭 집계를 통해 존재하는 것은 알지만 잘 모르는 사실들[known-unknowns]을 식별하기에 유용한 다양한 통찰력을 얻을 수 있다. 메트릭에 대한 높은 압축률은 작은 풋 프린트를 갖도록 하고 스토리지에 최적화되며(우수한 고릴라[Gorilla] 구현은 2.37바이트로 샘플을 줄일 수 있음) 장기 보존을 통해 과거 추세를 사용 가능하게 한다.

추적

추적은 요청이 다양한 서비스에 걸쳐 처리될 때 요청 세그먼트(스팬)를 세부적으로 추적 가능하게 해준다. 추적은 애플리케이션에서 사용하는 서드파티 라이브러리도 계측해야 하므로 (다른 이유들도 있지만) 소개를 더 미루기 어렵다. 분산 추적은 비용이 많이 들 수 있다. 따라서 대부분의 서비스 메시 추적 시스템은 관찰된 추적의 일부만 캡처하기 위해 다양한 형태의 샘플링을 사용한다. 추적을 샘플링하면 성능 오버헤드 및 스토리지 비용은 절감되지만 가시성을 희생해야 한다. 샘플링 속도는 추적이 캡처되는 빈도(일반적으로 서비스 요청량에 대한 백분율로 표시)와 균형을 이룬다.

각 샘플링 알고리즘에는 트레이드 오프가 존재한다. 이러한 알고리즘은 헤드 기반과 테일 기반의 두 가지 범주로 분류되는 경향이 있다. 헤드 기반의 일관된 샘플링(또는 선행 샘플링)은 트레이스 시작 시 트레이스당 한 번의 샘플링 여부를 결정한다. 테일 기반 샘플링은 요청 실행이 끝날 때 샘플링을 결정하므로 추적 저장 여부에 대한 추가 기준을 반영할 수 있다. 다음은 몇 가지 다른 샘플링 알고리즘이다.

확률적 샘플링(Probabilistic sampling)

　이 결정은 특정 확률로 동전 던지기를 기반으로 한다.

속도 제한 샘플링(Rate limiting sampling)

　이 결정은 시간 간격당 고정된 수의 추적만 샘플링되도록 속도 제한기를 사용한다.

적응 샘플링(Adaptive sampling)

　이 결정은 생성된 실제 추적의 양을 미리 설정한 생성 속도에 맞추기 위해 샘플링 파라미터를 동적으로 조정한다.

컨텍스트 기반 샘플링(Context-sensitive sampling)

　이것은 임시 또는 디버그 샘플링에 사용된다(예: 특정 헤더를 사용해 지정된 요청을 샘플링해야 한다고 추적 계측에 신호를 보낸다).

대부분의 최신 추적 시스템은 헤드 기반 샘플링을 구현하지만 일부 최신 시스템은 테일 기반 샘플링을 사용한다. 두 가지 접근 방식 중 어느 경우라도 애플리케이션 및 인프라 오버헤드가 부과되므로 원격 분석의 ROI를 측정하는 것이 중요하다(즉, 이 신호에 관해 매년 비교해야 할까?). 샘플링 동작 조정을 위해 다양한 샘플링 알고리즘을 사용할 수 있으며 관리 플레인에서 추적 백엔드에 미치는 영향을 무시할 수 있다.

원격 측정 기둥 결합

최대한 관찰 가능한 시스템은 재현 검사^synthetic check, 최종 사용자 경험 모니터링(실제 사용자 모니터링) 및 분산 디버깅 도구를 포함한 각 내부 신호를 활용한다. 블랙박스 테스트 및 재현 검사는 아직 관찰하지 못한 모든 항목에 대한 완벽한 검증이므로 여전히 필요하다.

그림 2-4는 프로덕션 환경에서 원격 측정 수집을 스토리지, 성능(CPU, 메모리 및 요청 대기 시간) 오버헤드 비용 측면과 느리거나 오류를 포함한 응답 수정을 위해 수집한 정보

의 유용성이라는 측면에서 비교한 스펙트럼을 보여준다.

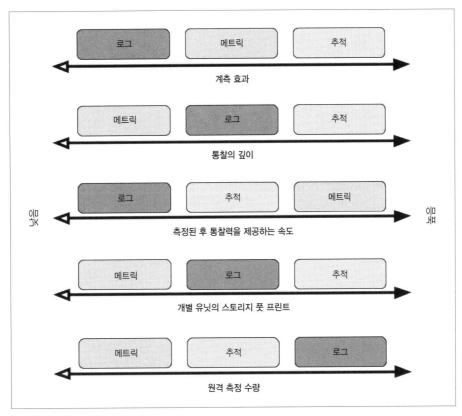

그림 2-4 각 기둥에서 제공한 값과 비용을 비교한 비교 스펙트럼

논란의 여지 없이 메트릭이 최고의 ROI를 제공한다. 일부 서비스 메시가 분산 추적을 용이하게 한다면 분산 추적은 (제공된 통찰력 수준에 비해) 최소 투자로 가장 큰 가치를 제공한다고 주장할 수 있다. 이상적으로는 계측을 통해 상세 수준과 샘플링 속도의 다이얼을 돌려 오버헤드 비용과 원하는 관찰 가능성을 제어할 수 있다.

많은 조직에서 분산 추적, 로깅, 보안, 접근 제어 등을 위한 개별 모니터링 솔루션을 사용한다. 서비스 메시는 이러한 관찰 가능성 문제를 중앙 집중화하고 지원한다. 이스티오는 그림 2-5와 같이 메시로 전송된 요청을 기반으로 여러 원격 신호를 생성하고 전송한다.

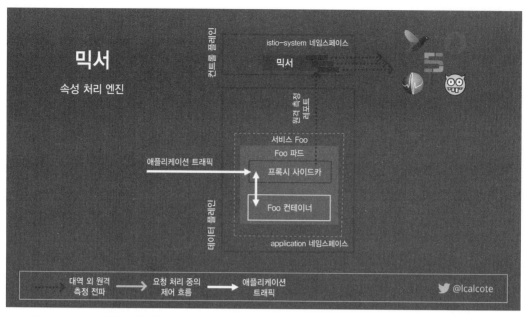

그림 2-5 이스티오 믹서는 어댑터를 통해 원격 측정 신호를 수집해 백엔드 모니터링, 인증 및 할당량 시스템에 전송할 수 있다.

분산 시스템에서 관찰 가능성이 왜 핵심인가?

분산 시스템을 실행할 때 로그, 메트릭, 추적을 집계하고 연관시키는 기능은 애플리케이션이 실행되는 이질적인 인프라에서 애플리케이션 내에서 발생하는 일을 추론하는 핵심이다. 분산 시스템을 동작시킬 때 실패가 발생할 수 있고 이러한 존재는 알지만 잘 모르는 것들의 일부를 처리해야 한다는 점은 이해될 것이다. 실패가 발생하는 모든 방법(알려지지 않은 불확실한 것unknown-unknowns)을 미리 알 수 없다. 따라서 (인프라의 맥락에서) 애플리케이션의 동작에 대한 새로운 질문과 이유를 확인할 수 있도록 시스템의 세부적인 관찰 및 디버깅이 가능해야 한다. 사용 가능한 많은 신호 중에서 가장 모니터링해야 할 신호는 무엇인가?

서비스 소유자는 이러한 복잡하고 상호 연결된 시스템을 탐색하고 계측에서 제공되는 원격 분석을 기반으로 비정상anomalies을 설명해야 한다. 내부 관찰 가능 장치와 외부 모니터링의 조합을 통해 서비스 메시가 서비스 운영을 조명할 수 있으며, 그렇게 하지 않으면 눈 뜬 장님이 될 수 있다.

어떤 KPI가 가장 중요한가?

널리 사용되는 방법론마다 측정할 핵심 성과 지표(KPI, Key Performance Indicators)에 관한 설명과 측정법이 다르다.

- USE는 "사용률(utilization), 포화도(saturation) 및 오류(error)"를 나타낸다. 그것들은 리소스 범위(예: CPU, 메모리 등)다.
- RED는 "속도(rate), 오류(error) 및 기간(duration)"을 나타내며 요청 범위다. 기간은 평균이 아니라 분포를 의미한다고 명시된다.
- 4가지 황금 신호는 대기 시간, 요청, 포화도 및 오류다.

USE, RED 및 4가지 황금 신호와 같은 인기 있는 방법론을 검토하면 요청, 대기 시간 및 오류가 공통적임을 알 수 있다.

요청

시스템에 얼마나 많은 요구가 있는지 측정하고 초당 요청 수로 측정된다.

지연 시간

일반적으로 성공한 요청의 대기 시간과 실패한 요청의 대기 시간을 분리해 요청 처리에 걸리는 시간이다.

오류

요청이 실패하는 비율이다.

모니터링은 일정 기간 동안 단순히 시스템 상태를 관찰해 수행하는 활동이다. 관찰 가능성(관찰 가능한 상태)은 시스템의 내부 상태가 외부 출력에 대한 지식에서 얼마나 잘 추론될 수 있는지 측정한 것이다. 즉, 어떤 것을 관찰할 수 있는 정도의 척도다.

인프라 로직을 애플리케이션 코드에 작성해 분산 시스템 문제를 극복하려고 시도하는 대신 서비스 메시로 이러한 과제를 관리할 수 있다. 서비스 메시는 서비스 관리 책임을 중앙 집중화해 중복 계측을 피하고 서비스 전반에 걸쳐 관찰 가능성을 보편적이고 균일하게 한다.

서비스 메시를 통한 균일한 관찰 가능성

통찰력(관찰 가능성)은 서비스 메시를 배포하는 가장 큰 이유다. 서비스 메시는 즉각적인 통찰력 수준을 제공할 뿐만 아니라 균일하고 보편적인 통찰력을 제공한다. 분산 추적, 로깅, 보안, 접근 제어, 미터링 등을 위한 개별 모니터링 솔루션을 사용하는 것에 익숙할 것이다. 서비스 메시는 메시를 통과하는 요청, 메트릭 및 로그를 생성해 이러한 별도의 유리창을 통합하고 집중적으로 지원한다. 이스티오는 데이터 플레인에서 자동으로 생성된 스팬 식별자를 활용해 종속성, 요청량 및 실패율을 시각화하기 위해 분산 추적의 기준선을 제공한다. 이스티오의 기본 속성 템플릿(9장의 속성 부분에서 자세히 다룬다)은 글로벌 요청량, 글로벌 성공률 및 버전, 소스 및 시간별 개별 서비스 응답에 대한 메트릭을 생성한다. 전체 클러스터에서 메트릭이 어디에서나 사용되면 새로운 통찰력을 얻을 수 있으며 개발자가 이러한 메트릭을 생성하기 위한 계측 코드가 없어도 된다.

통찰력의 보편성 및 통일성(그리고 요청 동작에 대한 제어)의 중요성은 클라이언트 라이브러리 사용으로 인해 발생하는 문제들로 잘 설명될 수 있다.

클라이언트 라이브러리

클라이언트 라이브러리(때때로 마이크로서비스 프레임워크라고도 함)는 마이크로서비스에 복원성을 불어넣고자 하는 개발자를 위한 구시대적 도구다. 서비스가 적시에 응답하지 않을 때 요청 시간 초과 또는 종료 및 재시도와 같은 복원력 기능을 제공하는 인기 있는 언어별 클라이언트 라이브러리가 많이 존재한다(https://layer5.io/landscape/).

마이크로서비스가 클라우드 네이티브 애플리케이션 디자인에서 발판을 마련함에 따라 모든 서비스에서 동일한 인프라와 운영 로직을 다시 작성하지 않아도 된다는 점에서 클라이언트 라이브러리도 인기를 끌고 있다. 마이크로서비스 프레임워크의 한 가지 문제점은 앞서 언급한 인프라 및 운영 문제를 코드와 결합한다는 것이다. 이로 인해 서비스 전체에서 코드가 중복되고 다른 라이브러리가 제공하는 내용과 작동 방식이 일치하지 않는다. 그림 2-6에서 볼 수 있듯이 동일한 라이브러리 또는 다른 라이브러리의 여러 버전을 실행할 때 서비스 팀이 라이브러리를 업데이트하도록 하는 것은 어려운 과정이 될 수 있다. 이러한 분산 시스템 문제가 서비스 코드에 포함된다면 엔지니어에게 라이브러리(수는 몇 개 안될 수 있지만 다양한 수준으로 사용될 수 있다)를 업데이트하고 수정하도록 요구해야 한다. 일관된 최신 버전을 배포하려면 시간이 다소 걸릴 수 있다. 일관성을 달성하고 시행하는 것은 어려운 일이다.

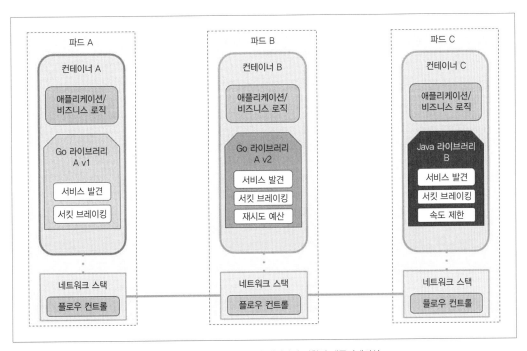

그림 2-6 인프라 제어 로직과 긴밀하게 결합된 애플리케이션

모니터링 시스템과 인터페이스

애플리케이션 관점^{application's vantage point}에서 서비스 메시는 주로 서비스 간 통신의 블랙박스 모니터링(시스템 외부에서 시스템 관찰)을 제공하며 애플리케이션의 화이트박스 모니터링(시스템 내부에서 시스템 관찰-내부에서 측정 보고)은 마이크로서비스의 책임으로 남겨둔다. 데이터 플레인을 구성하는 프록시는 메시 전체에 걸쳐 균일하고 철저한 관찰 가능성을 제공하는 메트릭, 로그 및 추적을 생성하기 위해 (투명하게 대역 내에서) 잘 배

치된다. 이스티오는 이 원격 측정을 변환하고 선택한 모니터링 시스템으로 전송하는 어댑터를 제공한다.

전송 속도, 잠재적인 글로벌 규모 및 적절한 리소스 활용에 대한 요구에 따라 클라우드 네이티브 애플리케이션은 일반적으로 공유 인프라에 관한 불변의 격리된 임시 패키지로 실행된다.

클라이언트 라이브러리 및 마이크로서비스 프레임워크에는 해결해야 할 문제가 있다. 서비스 메시는 이러한 문제를 서비스 프록시로 옮기고 애플리케이션 코드와 분리한다.

프로덕션 환경에서 애플리케이션을 쉽게 모니터링할 수 있는가? 많은 애플리케이션이 슬프게도 일부 애플리케이션은 관찰 가능성을 향후 고려 사항으로 남겨둔 채 설계됐다. 이상적으로는 관찰 가능성이 백업, 보안, 감사 가능성auditability처럼 규모에 맞게 앱을 실행하는 중요한 요소 중 하나이므로 관찰 가능성을 미리 고려해야 한다. 이러한 방식으로 트레이드 오프를 의식적으로 만들 수 있다. 환경에서 관찰 가능성을 미리 고려했는지 여부에 관계없이 서비스 메시는 많은 가치를 제공한다.

원격 측정은 비용이 있다. 가장 통찰력 있는 신호만 수집하기 위해 다양한 기술과 알고리즘이 사용된다.

## 3장

이스티오 한눈에 보기

컨테이너 배포 작업이 성숙함에 따라 많은 조직이 그들의 환경 내에서 서비스 메시를 활용할 것이다. 이 주제는 클라우드 네이티브 에코 시스템 내에서 큰 파장을 일으킨다. 현재 많은 관리자와 운영자, 아키텍트, 개발자가 서비스 메시를 어떻게, 언제, 왜 채택해야 하는지에 대한 이해와 지침을 찾고 있으므로 이스티오를 살펴보자.

2장에서 배운 대로 이스티오는 다른 서비스 메시와 마찬가지로 최신 인프라에 새로운 계층을 도입해 세분화된 제어를 통한 강력하고 확장 가능한 애플리케이션을 구현할 수 있는 잠재력을 제공한다. 마이크로서비스를 실행하는 경우 더 많은 마이크로서비스를 배포할수록 이러한 문제가 더욱 악화된다. 어쨌든 마이크로서비스를 실행하지 않고 있을 수도 있겠지만 말이다. 마이크로서비스 배포에서 서비스 메시의 가치가 가장 밝게 드러나긴 하지만, 이스티오는 VM 및 베어메탈 서버상의 OS에서 직접 실행되는 서비스도 처리할 수 있다.

서비스 메시 아키텍처

높은 수준에서 보면 이스티오를 포함한 서비스 메시 아키텍처는 일반적으로 컨트롤 플레인과 데이터 플레인의 두 플레인으로 구성되며, 세 번째(관리) 플레인은 기존/인프라 시스템에 존재할 수 있다. 이스티오의 아키텍처는 이런 패러다임을 준수한다. 그림 3-1은 플레인별 관심사 구분을 보여준다.

서비스 메시 배포 모델 및 진화적 아키텍처를 통한 접근 방식에 관한 자세한 내용은 서비스 메시를 향한 엔터프라이즈 경로(https://oreil.ly/TTO4p)를 참조하자.

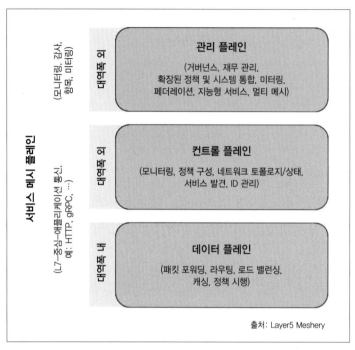

출처: Layer5 Meshery

그림 3-1 이스티오 및 기타 서비스 메시는 두 플레인으로 구성된다. 세 번째 플레인은 일반적으로 이기종 환경에서 부가적인 네트워크 인텔리전스와 간편한 관리를 위해 배포된다.

플레인

이스티오의 데이터 플레인은 요청의 모든 패킷을 가로채며 상태 확인, 라우팅, 로드 밸런싱, 인증, 권한 부여 및 관찰 가능한 신호 생성을 담당한다. 대역 내에서 작동하면 서비스 프록시가 투명하게 추가되고 애플리케이션에서 서비스 간 호출을 수행할 때 애플리케이션은 데이터 플레인의 존재를 인식하지 못한다. 데이터 플레인은 클러스터 내 통신뿐만 아니라 인바운드(인그레스)와 아웃바운드(이그레스) 클러스터 네트워크 트래픽을 담당한다. 트래픽이 메시에 들어오든 나가든 관계없이 애플리케이션 서비스 트래픽은 먼저 처리를 위해 서비스 프록시로 전달된다. 이스티오를 사용하면 iptables 규칙을 사용해 트래픽을 투명하게 가로채고 서비스 프록시로 리다이렉트한다. 이스티오 데이터 플레인은 시스템의 모든 패킷/요청을 처리하며 서비스 검색, 상태 확인, 라우팅, 로드 밸런싱, 인증, 권한 부여와 관찰 가능성을 담당한다.

이스티오의 컨트롤 플레인은 서비스 프록시를 위한 단일 관리 지점을 제공하는데, 서비스 프록시는 효율적으로 관리하려면 프로그래밍 방식의 구성이 필요하며 서비스가 환경 전체(예: 컨테이너 클러스터)에서 다시 스케줄링될 때 구성이 실시간으로 업데이트돼야 한다. 컨트롤 플레인은 메시의 서비스를 위한 정책 및 구성을 제공하고 격리된 상태 비저장 프록시 세트를 사용해 서비스 메시로 전환한다. 컨트롤 플레인은 메시의 네트워크 패킷을 직접 건드리지 않는다. 컨트롤 플레인은 대역 외에서 작동한다. 컨트롤 플레인은 일반적으로 상호작용 가능한 CLI 및 사용자 인터페이스를 가지며 각 인터페이스는 프록시 동작을 전체적으로 제어하기 위한 중앙집중식 API에 대한 접근을 제공한다. 컨트롤 플레인 API를 통해(예: CI/CD 파이프라인) 컨트롤 플레인 구성의 변경을 자동화할 수 있으며, 실제로는 구성이 가장 자주 버전 제어되고 업데이트된다.

이스티오 컨트롤 플레인은 다음을 수행한다.

- 운영자가 원하는 라우팅/복원성 동작을 지정할 수 있도록 API를 통한 메시의 서비스에 관한 정책 및 구성 제공
- 격리된 상태 비저장 사이드카 프록시 세트를 서비스 메시에 결합
  - 로컬화된 구성을 사용하기 위한 데이터 플레인용 API
  - 데이터 플레인용 서비스 검색 추상화
- 할당량 및 사용 제한을 통해 사용 정책을 지정하기 위해 API를 사용
- 인증서 발급과 교체를 통한 보안 제공
- 워크로드 ID를 할당
- 라우팅 구성 처리

— 시스템의 패킷/요청을 건드리지 않는다.

— 네트워크 경계 및 접근 방법 지정

— 원격 측정 수집 통합

이스티오 컨트롤 플레인 구성 요소

이 절에서는 각 컨트롤 플레인 구성 요소의 기능을 개략적으로 소개한다. 이후 장에서는 각 구성 요소의 동작과 구성, 문제 해결 기능에 관해 자세히 설명한다.

파일럿

이스티오 메시로 만든 배의 머리다. 데이터 플레인에 대한 서비스 실행 상태와 위치를 추적하고 표시해 기반 플랫폼(예: 쿠버네티스)과 동기화 상태를 유지한다. 파일럿은 환경의 서비스 발견 시스템과 인터페이스하고 데이터 플레인 서비스 프록시에 대한 구성을 생성한다(나중에 istio-proxy를 데이터 플레인 구성 요소로 검토한다).

이스티오가 발전함에 따라 파일럿의 더 많은 부분이 확장 가능한 프록시 구성 제공에 초점을 둘 것이고 기반 플랫폼과의 인터페이스에는 덜 집중할 것이다. 파일럿은 다양한 소스의 구성 및 엔드포인트 정보를 통합하고 이를 xDS 개체로 변환해 Envoy 호환 구성을 제공한다. 다른 구성 요소인 갤리는 결국 기본 플랫폼과 직접 인터페이스해야 한다.

갤리

갤리는 이스티오의 구성 집계와 배포 구성 요소다. 갤리의 역할이 발전함에 따라 구성 수집과 유효성 검사를 통해 기본 플랫폼 및 사용자가 제공한 구성과 다른 이스티오 구성 요소를 격리시킨다. 갤리는 메시 구성 프로토콜^{MCP, Mesh Configuration Protocol}을 구성 제공하거나 배포 메커니즘으로 사용한다.

믹서

믹서는 이스티오의 Stackdriver 또는 New Relic 등의 인프라 백엔드가 나머지 부분과 독립적으로 동작할 수 있도록 인프라 백엔드를 추상화하는 컨트롤 플레인 구성 요소다. 믹서는 전제 조건 확인, 할당량 관리 및 원격 분석 보고에 대한 책임을 진다. 믹서는 다음을 수행한다.

- 플랫폼 및 환경 이동성을 지원함

- 정책 평가 및 원격 분석 보고를 담당해 운영 정책 및 원격 분석을 세부적으로 제어함

- 풍부한 구성 모델을 가짐

- 인텐트 기반 구성intent-based configuration으로 추상화해 대부분의 인프라 문제를 해결

서비스 프록시 및 게이트웨이는 믹서를 호출해 요청을 진행할 수 있는지 사전 검사하고 (확인), 발신자와 서비스 간의 통신이 허용되는지 혹은 할당량을 초과했는지를 확인하고 요청이 완료된 후 원격 분석을 보고하기 위한 사전 조건 검사를 수행한다(리포팅). 믹서는 기본 및 서드파티 어댑터 세트를 통해 인프라 백엔드에 인터페이스한다. 어댑터 구성에 따라 어떤 원격 측정이 어떤 백엔드로 언제 전송될지 결정된다. 서비스 메시 운영자는 믹서의 어댑터가 속성 처리 및 라우팅 엔진으로 작동한다면 어댑터를 인프라 백엔드와 통합 및 중개 지점으로 사용할 수 있다.

 현재 진행 중인 믹서 v2 디자인은 상당히 다른 아키텍처를 제시한다. 그러나 그 범위와 초점은 믹서 v1과 거의 동일하게 유지될 예정이다.

시타델

시타델은 이스티오가 ID 및 자격증명 관리 기능이 내장된 상호 전송 계층 보안mTLS, mutual Transport Layer Security을 사용해 강력한 서비스 대 서비스 및 최종 사용자 인증을 제공 가능

하도록 한다. 시타델의 CA 구성 요소는 시타델 에이전트가 보낸 인증서 서명 요청^{CSR,} certificate-signing request을 승인하고 서명하며 키 및 인증서 생성, 배포, 교체 및 해지를 수행한다. 시타델은 CA 프로세스 중 ID 디렉터리와 상호작용 가능한 선택적 기능을 제공한다.

시타델은 자체 생성된 자체 서명 키와 인증서를 사용해 워크로드 인증서에 서명하지 않고도 다른 CA를 사용할 수 있는 플러그 가능한 아키텍처를 가진다. 이스티오의 CA 플러그 기능은 다음을 가능하게 한다.

- 조직의 공개 키 인프라^{PKI, Public Key Infrastructure} 시스템과 통합한다.

- (동일한 신뢰 루트를 공유해) 이스티오와 이스티오 외의 레거시 서비스 간 통신을 보호한다.

- CA 서명 키를 잘 보호된 환경(예: HashiCorp Vault, 하드웨어 보안 모듈 또는 HSM)에 저장해 보안을 유지한다.

서비스 프록시

서비스 메시 프록시는 들어오는 네트워크 트래픽, 서비스 간 트래픽 및 서비스에서 나가는 트래픽을 조절할 수 있다. 이스티오는 서비스와 클라이언트 간 프록시를 사용한다. 서비스 프록시는 일반적으로 파드에 사이드카로 배포된다(다른 배포 모델의 예는 『The Enterprise Path to Service Mesh Architectures(https://oreil.ly/Up2H7)』라는 책에서 찾을 수 있다). 프록시 간 통신이 실제로 메시를 형성한다. 본질적으로 애플리케이션이 메시에서 동작하게 하려면 그림 3-2에 설명된 것처럼 애플리케이션과 네트워크 사이에 프록시가 존재해야 한다.

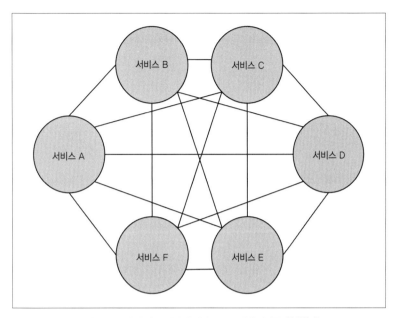

그림 3-2 완전히 상호 연결된 서비스 프록시가 메시를 형성한다.

사이드카는 컨테이너를 변경하지 않고 컨테이너에 동작을 추가한다. 그런 의미에서 사이드카와 서비스는 단일하고 향상된 단위로 작동한다. 파드는 사이드카와 서비스를 단일 단위로 호스팅한다.

이스티오 데이터 플레인 구성 요소

이스티오는 C++로 개발된 고성능 프록시 Envoy의 확장 버전을 사용해 서비스 메시의 모든 서비스에 대한 모든 인바운드와 아웃바운드 트래픽을 중재한다. 이스티오는 동적 서비스 발견, 로드 밸런싱, TLS 처리, HTTP/2 및 gRPC 프록싱, 서킷 브레이커, 헬스 체크, 백분율 기반 트래픽 분할을 통한 단계적 출시, 결함 주입 및 풍부한 메트릭 등의 Envoy 기능을 활용한다.

Envoy는 관련 서비스와 동일한 쿠버네티스 파드에 서비스에 대한 사이드카로 배포된다. 이스티오는 이를 통해 트래픽 행동에 대한 풍부한 신호를 속성으로 추출할 수 있으며, 이를 통해 믹서에서 정책 결정을 시행하고 모니터링 시스템으로 전송해 전체 메시의 행동에 대한 정보를 제공할 수 있다.

주입

사이드카 프록시 모델을 사용하면 코드를 다시 디자인하거나 다시 작성할 필요 없이 기존 배포에 이스티오 기능을 추가할 수 있다. 이것은 이스티오 사용의 중요한 매력이다. 애플리케이션 코드를 변경하거나 배포 매니페스트를 변경하지 않고도 최상위 서비스 메트릭에 대한 즉각적인 확인, 트래픽에 대한 세부 제어, 모든 서비스 간의 자동 인증 및 암호화를 약속한다.

이스티오의 표준 샘플 애플리케이션 Bookinfo를 사용하면 서비스 프록시가 어떻게 작동하고 메시를 형성하는지 명확히 알 수 있다. 그림 3-3은 서비스 프록시가 없는 Bookinfo 애플리케이션을 보여준다(Bookinfo를 자세히 살펴보고 4장에서 배포한다).

쿠버네티스의 자동 프록시 주입은 쿠버네티스 API 서버와 변경 승인 웹훅 컨트롤러 mutating admission webhook controller를 사용해 웹훅으로 구현된다. 웹훅은 인젝션 템플릿, 메시 구성 컨피그맵 및 인젝트 대상 파드 개체에만 의존하며 상태 비저장이다. 따라서 배포 객체를 통해 수동으로 또는 수평 파드 자동 스케일러HPA, Horizontal Pod Autoscaler를 통해 자동으로 쉽게 수평 확장할 수 있다.

새로 생성된 파드에 사이드카 프록시를 주입하려면 웹훅 자체를 실행하는 데 평균 1.5μs(마이크로 벤치마크당)가 걸린다. 네트워크 대기 시간 및 API 서버 처리 시간을 고려하면 총 주입 시간이 더 늘어난다.

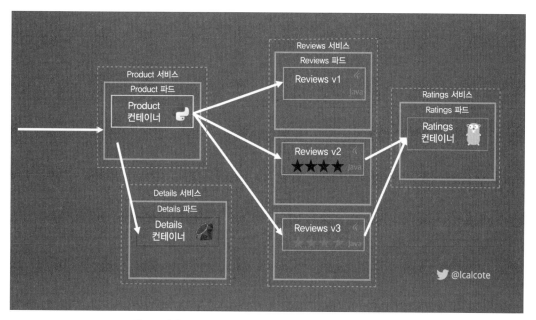

그림 3-3 서비스 프록시 없이 표현된 이스티오 샘플 애플리케이션 Bookinfo

이스티오는 "균질하고 안정적이며 변화가 없는 네트워크는 존재하지 않는다"라는, 잘 알려진 분산 시스템의 문제를 해결한다. 이는 애플리케이션 컨테이너와 네트워크 사이에 배포된 경량 프록시 배포를 통해 이뤄진다. 그림 3-4는 이스티오 전체 아키텍처를 구성하는 컨트롤 플레인 및 데이터 플레인과 각각의 요소를 설명한다. 전체 메시 배포는 인그레스 및 이그레스 서비스 게이트웨이도 포함한다.

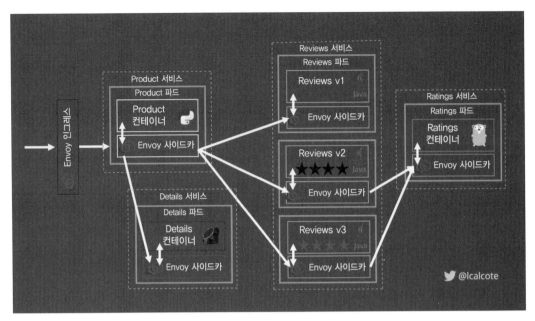

그림 3-4 서비스 프록시와 함께 표시한 Bookinfo

게이트웨이

이스티오 0.8에서 인그레스 및 이그레스 게이트웨이 개념이 도입됐다. 대칭적으로 유사한 인그레스 및 이그레스 게이트웨이는 트래픽이 메시로 들어오고 나가는 트래픽에 관해 각각 역방향^{reverse}과 전달^{forward} 프록시 역할을 한다. 다른 이스티오 구성 요소와 마찬가지로 이스티오 게이트웨이의 동작도 구성을 통해 정의하거나 제어되므로 서비스 메시에 허용 혹은 차단할 트래픽, 속도 등을 제어할 수 있다.

인그레스

인그레스 게이트웨이를 구성하면 서비스 메시로 유입되는 트래픽이 통과하는 입구를 정의할 수 있다. 메시에 트래픽을 유입시키는 것은 전통적인 웹 서버 로드 밸런싱과 유사한 역방향 프록시와 동일한 상황이라고 생각하자. 메시 밖으로 트래픽을 나가게 하는 구성은 메시 밖으로 나가는 트래픽과 라우팅할 위치를 식별하는 포워드 프록시 상황이다.

예를 들어 다음 게이트웨이 구성은 수신을 위해 포트 80 및 9080(HTTP), 443(HTTPS) 및 포트 2379(TCP)를 노출시키는 로드 밸런서 역할을 하도록 프록시를 설정한다. 게이트웨이는 라벨 app: my-gateway-controller와 함께 파드에서 실행되는 프록시에 적용된다. 이스티오가 이 포트들에서 수신 대기하도록 프록시를 구성하더라도 메시에서 이 포트들로 외부 트래픽 유입이 허용되도록 하는 것은 사용자의 책임이다(자세한 내용은 이스티오 게이트웨이 문서(https://oreil.ly/e5pIQ)를 참조하자).

```
apiVersion: networking.istio.io/v1alpha3
kind: Gateway
metadata:
  name: my-gateway
spec:
  selector:
    app: my-gateway-controller
  servers:
  - port:
      number: 80
      name: http
      protocol: HTTP
    hosts:
    - uk.bookinfo.com
    - eu.bookinfo.com
    tls:
      httpsRedirect: true # http 요청에 관해 301 리다이렉트를 보냄
  - port:
      number: 443
      name: https
      protocol: HTTPS
    hosts:
    - uk.bookinfo.com
    - eu.bookinfo.com
    tls:
      mode: SIMPLE #이 포트들에 HTTPS를 적용
      serverCertificate: /etc/certs/servercert.pem
      privateKey: /etc/certs/privatekey.pem
  - port:
```

```
    number: 9080
    name: http-wildcard
    protocol: HTTP
  hosts:
  - "*"
- port:
    number: 2379 # 내부 서비스를 포트 2379로 노출
    name: mongo
    protocol: MONGO
hosts:
- "*"
```

이그레스

트래픽은 두 가지 방식으로 서비스 메시에서 나갈 수 있다. 사이드카에서 직접 나가거나 혹은 정책을 적용할 수 있는 장소인 이그레스 게이트웨이 깔때기를 통과하는 방식이다.

 이스티오 지원 애플리케이션은 기본적으로 클러스터 외부 URL에 접근할 수 없다.

서비스 프록시에서 직접 트래픽이 나가는 경우

외부 소스로 향하는 트래픽이 이그레스 게이트웨이를 우회하게 하려면 istio-sidecar-injector의 ConfigMap에 구성하면 된다. 사이드카 인젝터에서 다음 구성을 설정하면 클러스터 로컬 네트워크를 식별하고 다른 모든 대상의 트래픽을 외부로 전달하는 동안 메시 내에서 로컬로 트래픽이 전송되도록 한다.

```
--set global.proxy.includeIPRanges="10.0.0.1/24"
```

이 구성을 적용하고 이스티오 프록시가 업데이트되면 외부 요청이 사이드카를 우회하고 원하는 대상으로 직접 라우팅된다. 이스티오 사이드카는 클러스터 내의 내부 요청만 가로채고 관리한다.

이그레스 게이트웨이를 통한 경로

클러스터의 프라이빗 IP 주소 공간, 모니터링 또는 클러스터 간 연결에서 연결을 제공하려면 이그레스 게이트웨이가 필요할 수도 있다.

이그레스 게이트웨이를 사용하면 메시를 나가는 트래픽에 이스티오 모니터링 및 경로 규칙 적용 가능하다. 또한 노드에 퍼블릭 IP 주소가 없는 클러스터에서 실행되는 애플리케이션 간 통신을 용이하게 하며, 메시의 애플리케이션이 인터넷에 접근하지 못하게 한다. 이그레스 게이트웨이를 정의한 다음 모든 이그레스 트래픽이 게이트웨이를 통과하게 하고 퍼블릭 IP를 이그레스 게이트웨이 노드에 할당하면 노드(및 해당 노드에서 실행 중인 애플리케이션)가 그림 3-5에 표시된 것처럼 제어된 상태에서 외부 서비스에 접근 가능하다.

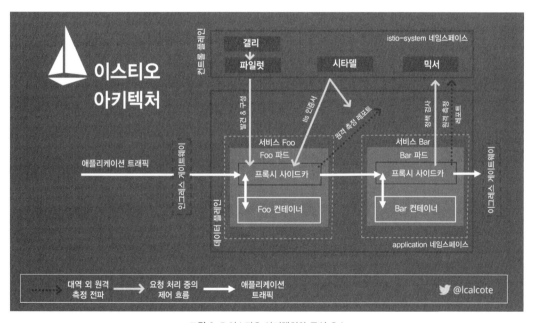

그림 3-5 이스티오 아키텍처와 구성 요소

왜 쿠버네티스 인그레스가 아닌 이스티오 게이트웨이를 사용할까?

일반적으로 이스티오 v1alpha3 API는 쿠버네티스 인그레스가 이스티오 애플리케이션에 충분하지 않은 것으로 입증돼 더 풍부한 기능을 위해 게이트웨이를 사용한다. 쿠버네티스 인그레스와 비교해 이스티오 게이트웨이는 순수한 L4(Layer 4) TCP 프록시로 작동하고 Envoy가 지원하는 모든 프로토콜을 지원한다.

또 다른 고려 사항은 조직 팀 간에 트러스트 도메인을 분리하는 것이다. 쿠버네티스 인그레스 API는 L4에 대한 사양을 L7(Layer 7)로 병합해, 별도의 트러스트 도메인(예: SecOps, NetOps, ClusterOps 및 Developers)을 가진 조직의 여러 팀별로 자체적인 트래픽을 관리하기 더 어렵게 한다.

확장성

일부 서비스 메시의 목표와는 다르지만 이스티오는 사용자 정의 가능하도록 설계됐다. 확장 가능한 플랫폼으로서 통합은 두 가지 기본 형태, 즉 교환 가능한 사이드카 프록시와 원격 측정/권한 부여 어댑터로 제공된다.

사용자 정의 가능 사이드카

이스티오는 Envoy가 기본 서비스 프록시 사이드카지만 사이드카에 다른 서비스 프록시를 사용할 수 있다. Envoy를 넘어 생태계에는 여러 서비스 프록시가 존재하지만 현재 Linkerd와 NGINX 두 개만 이스티오와 통합 방법을 보여준다. Linkerd2는 현재 범용 프록시로 설계되지 않았다. 오히려 경량화에 중점을 두고 있고, 그 다음 관심사로 gRPC 플러그인을 통한 확장 기능을 제공하는 것에 중점을 둔다.

Linkerd2는 다른 서비스 메시를 모두 지원하기로 선택했을 가능성이 높지만, 다음과 같은 대체 가능한 서비스 프록시 중 하나와 함께 이스티오를 사용하기를 원할 것이다.

Linkerd

이미 Linkerd를 실행 중이고 동작을 수행하기 전에 승인 또는 거절을 수행하는 Check Request와 같은 이스티오 제어 API를 채택할 경우 이 기능을 사용할 수 있다.

NGINX

NGINX 운영에 관한 전문성과 실전 테스트 프록시의 필요에 따라 NGINX를 선택할
수도 있다. 캐싱, 웹 애플리케이션 방화벽 또는 NGINX Plus에서 제공하는 기타 기
능도 필요할 것이다.

Consul Connect

배포의 용이성과 요구의 단순함 때문에 Consul Connect를 배포할 수도 있다.

이스티오의 서비스 프록시 선택 기능은 많은 흥분을 불러일으켰다. Linkerd 통합은
Istio의 0.1.6 릴리스 초기에 생겼다. 마찬가지로 nginMesh(https://oreil.ly/axVOR) 프로
젝트를 통해 NGINX를 서비스 프록시로 사용하는 기능도 이스티오 릴리스 주기 초기에
제공됐다.

nginMesh는 더 이상 개발되지 않지만, 교환 가능한 서비스 프록시와 관련한 이스티오 확장성
을 더 잘 이해하는 데 도움이 되는 기사 '이스티오 서비스 메시를 사용자 정의하는 방법(How to
Customize an Istio Service Mesh)(https://oreil.ly/p72P8)' 및 관련 웹 캐스트(https://oreil.
ly/KHPOG)는 여전히 찾을 수 있다.

구성이 없으면 프록시에 대한 작업 수행 지침이 없다. 파일럿은 이스티오 메시 선박의
책임자이므로 서비스를 istio-proxy로 추적하고 표시해 기본 플랫폼과 동기화를 유지
한다. 기본 프록시 istio-proxy에는 확장 버전의 Envoy가 포함된다. 일반적으로 동일한
istio-proxy 도커 이미지는 이스티오 사이드카 및 이스티오 인그레스 및 이그레스 게이
트웨이에서 사용된다. istio-proxy는 서비스 프록시뿐만 아니라 이스티오 파일럿 에이
전트도 포함한다. 이 에이전트는 각 프록시가 트래픽을 라우팅할 위치를 알 수 있도록
빈번한 간격으로 파일럿에서 서비스 프록시로 구성을 가져온다. 이 경우 nginMesh의
변환 에이전트는 NGINX를 istio-proxy로 구성하는 작업을 수행한다. 파일럿은 istio-
proxy의 수명주기를 담당한다.

확장 가능 어댑터

이스티오의 믹서 컨트롤 플레인 구성 요소는 서비스 메시 전체에서 접근 제어 및 사용 정책을 시행하고 사이드카 프록시에서 원격 측정 데이터를 수집한다. 이스티오 확장성의 주요 포인트인 믹서는 그림 3-6에 표시된 대로 소비 데이터 유형을 기준으로 어댑터를 분류한다.

믹서 어댑터의 프로세스 내 어댑터In-Process Adapter 작성 모델은 이제 이스티오에서 더 이상 사용되지 않는 개념이다. 이전의 다른 오픈소스 프로젝트와 마찬가지로 이스티오는 어댑터를 트리 내로 편리하게 통합하기 시작했다. 이스티오가 발전하고 성숙함에 따라 이 모델은 핵심 프로젝트 팀의 부담을 제거하고 일반적으로 다른 백엔드에 대한 통합용 어댑터를 만들던 개별 개발 팀의 오너십을 장려하기 위해 어댑터를 기본 프로젝트와 분리하는 모델로 변환했다.

향후 확장성을 위해 HSM을 위한 보안 키 저장소와 분산 추적 인프라 백엔드 교체에 대한 지원 향상 등이 지원될 예정이다. 또한 이스티오 및 기타 서비스 메시가 채택됨에 따라 관리 플레인이 좀 더 두드러진 역할을 할 것으로 기대된다.

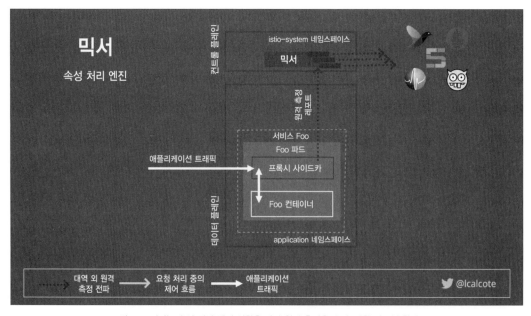

그림 3-6 믹서는 속성 처리 엔진 역할을 하며 원격 측정을 수집, 변환 및 전송한다.

규모와 성능

아마도 "이러한 기능은 훌륭하지만 서비스 메시를 실행하는 데 따른 오버헤드는 무엇인가?"라고 스스로에게 물어본 적이 있을 것이다. 이런 기능에는 비용이 든다는 것도 사실이다. 서비스당 프록시를 실행하고 각 패킷을 가로채려면 일정량의 연속 오버헤드가 발생한다. 데이터 및 컨트롤 플레인을 통해 비용을 분석할 수 있다. 성능 질문에 대한 답변은 항상 "~에 따라(it depends)"로 시작한다. 여기서 사용하는 이스티오의 기능 수에 따라 필요한 리소스가 다르다(https://oreil.ly/9puvE). 일부 비용/자원은 다음과 같다.

- 접근 로깅(v1.1에서 기본적으로 해제돼 있음)을 사용하는 사이드카 프록시로 초당 최대 1,000회 요청당 1개의 가상 CPU(vCPU) 및 동일한 조건에서 접근 로깅을 사용하지 않으면 0.5 vCPU가 필요하다. 노드에 Fluentd를 설치하면 로그 캡처와 업로드로 인해 해당 비용이 크게 증가한다.

- 믹서 검사에 대한 일반적인 캐시 적중률(>80%)을 가정하면 믹서 파드에 대한 초당 최대 1,000회 요청당 0.5 vCPU가 필요하다.

- 90번째 백분위 수$^{90th\ percentile\ latency}$ 대기 시간에 약 8ms가 추가된다.

- mTLS$^{Mutual\ TLS}$ 비용은 CPU 및 대기 시간 측면에서 AES-NI 지원 하드웨어에서는 무시할 수 있다.

데이터 플레인과 컨트롤 플레인에 대한 오버헤드는 서비스 메시를 채택하는 사람들의 공통 관심사다. 데이터 플레인과 관련해 Envoy의 프로젝트 관리자들은 이 서비스 프록시가 중요한 경로에 있음을 이해하고 성능을 조정하기 위해 노력한다. Envoy는 HTTP/2 및 TLS를 어느 방향으로든 최고 수준으로 지원하며 오래 지속되는 단일 TCP 연결에서 요청 및 응답을 다중화해 오버헤드를 최소화한다. 이런 식으로 HTTP/2에 대한 지원은 HTTP/1.1보다 지연 시간이 짧다.

Envoy 프로젝트 관리자는 현재 공식 성능 벤치마크를 게시하지 않지만 사용자가 프로덕션 환경에서 사용하려는 것과 유사한 구성으로 자체 환경에서 벤치마킹할 것을 권장한다. 이 공백을 메우기 위해 Meshery(https://oreil.ly/MNUQC)와 같은 도구가 오픈소스 커뮤니티 내에서 성장했다. Meshery는 다양한 서비스 메시와 샘플 애플리케이션을 프로비저닝하고 서비스 메시 배포 성능을 벤치마킹하는 오픈소스 멀티 서비스 메시 관리 플레인이다. Meshery는 이스티오의 다양한 구성 시나리오를 벤치마킹하고 메시 안팎의 서비스(애플리케이션) 성능 비교를 용이하게 한다. Meshery는 배포 모범 사례와 비교해 메시 및 서비스 구성을 검사한다. 일부 서비스 메시 프로젝트는 Meshery를 릴리스 벤치마크 도구로 사용한다. 그리고 서비스 메시 성능 테스트에 일반적으로 사용되는 다른 로드 생성 도구(https://oreil.ly/pZxU9)로 보완된다.

대규모 배포에서는 서비스 프록시(Envoy) 집합이 커짐에 따라 컨트롤 플레인이 수행하는 중심적인 역할이 병목 현상이나 대기 시간의 원인이 될 수 있다. 예를 들어 계측의 상세도와 샘플링 속도에 따라 추적 데이터가 애플리케이션에서 유지되는 실제 비즈니스 트래픽의 양을 초과할 수 있다. 이 원격 측정을 수집해 (직접 또는 컨트롤 플레인을 통해) 추적 백엔드로 전송하면 애플리케이션의 대기 시간 및 처리량에 실제로 영향을 줄 수 있다.

배포 모델

이스티오는 다양한 배포 모델을 지원하며, 일부는 아키텍처의 일부 구성 요소만 배포한다. 그림 3-7은 모든 이스티오 배포를 보여준다.

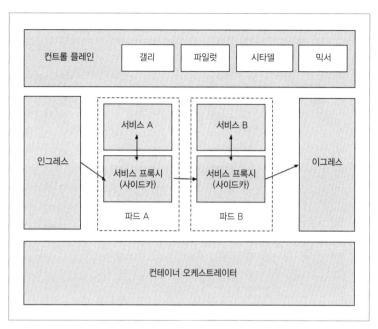

그림 3-7 쿠버네티스에 이스티오 배포

서비스 메시는 다양한 모양과 크기로 제공된다. 다른 메시 배포 모델을 살펴보려면 서비스 메시 아키텍처의 엔터프라이즈 경로(https://oreil.ly/70pu7)를 참조하자. 한 단계 도약할 준비가 되고, 즉 향상된 서비스 관리를 할 준비가 되면 서비스 메시 관리인 이스티오에 관해 더 많이 배우게 될 것이다. 이스티오는 새로운 가시성, 보안 및 제어 계층을 제공해 서비스 관리 문제를 직접 해결함을 목표로 한다.

3장은 이스티오 컨트롤 플레인이 단일 가시성 및 제어 지점을 제공하는 방법과 데이터 플레인이 트래픽 라우팅을 용이하게 하는 방법을 설명했다. 또한 이스티오는 사용자 정의 가능성을 염두에 두고 설계된 서비스 메시의 예다. 마지막으로, 새로운 인프라 계층인 L5로 마이크로서비스에 대한 제어 및 책임 통합을 분리해 개발 팀과 운영 팀 사이의 손가락질을 피하는 방법을 다뤘다.

## 4장

이스티오 배포

이스티오의 모든 기능에 익숙해지려면 이스티오를 시작하고 실행해야 한다. 지원되는 플랫폼을 이해하고 배포 환경을 준비하는 것으로 시작하자. 이스티오는 대규모 프로젝트로 다양한 기능과 몇 가지 배포 옵션을 제공한다. 4장은 로컬 머신에 기본 설치를 수행하고 메시에 몇 가지 서비스를 배포한다. 이후 장은 이스티오 기능의 다양한 측면에 관해 자세히 설명한다.

이스티오를 위한 환경 준비

이스티오 외에 샘플 애플리케이션 Bookinfo를 배포한다. 이스티오 및 Bookinfo 배포에 여러 컨테이너가 배치된다. 쿠버네티스를 이러한 컨테이너를 관리하는 플랫폼으로 사용한다. 쿠버네티스(https://kubernetes.io)는 클러스터(노드 모음)를 형성하고 클러스터를 형성하는 호스트 시스템(노드) 집합 내의 노드에서 컨테이너를 예약할 수 있는 강력한 컨테이너 오케스트레이션 시스템이다. 노드는 쿠버네티스 에이전트 kubelet이 설치돼 컨테이너를 실행할 수 있는 리눅스 또는 윈도우 서버다. 쿠버네티스는 여러 가지 지원되는 기반 플랫폼 중 하나로 최초이자 가장 잘 지원되는 플랫폼이다. 따라서 전체 예제에서 쿠버네티스를 사용한다. 분명히, 이스티오는 쿠버네티스에 의존하지 않는다. 이스티오는 플랫폼에 구애받지 않게 설계돼 컨테이너 오케스트레이터가 없는 플랫폼을 포함한 여러 배포 플랫폼을 지원한다.

설치 환경으로서 도커 데스크톱

쿠버네티스를 배포하기 위한 많은 옵션이 있다. 이 책에서는 편의상 도커 데스크톱을 사용한다. 도커 데스크톱은 맥 또는 윈도우 환경에 설치하기 쉬운 애플리케이션으로, 로컬 컴퓨터에서 쿠버네티스 및 이스티오를 실행할 수 있다.

도커 데스크톱 설치 후 작동 가능한 도커 환경이 준비됐는지 확인하려면 명령행에서 ++ $ docker run hello-world ++를 실행하자. "Hello from Docker!" 메시지는 도커가 이미지를 가져와서 새 인스턴스를 생성하고 예상대로 실행되고 있음을 확인해준다.

 이스티오를 수동으로 배포할 편리한 쿠버네티스 플랫폼으로 도커 데스크톱(https://oreil.ly/HRKvu)을 선택했다(따라서 어렵게 쿠버네티스 클러스터를 배포하지 않고도 이스티오의 내부를 볼 수 있다). 이스티오 및 샘플 애플리케이션 Bookinfo를 빠르게 배포하는 관리 플레인 Meshery(https://oreil.ly/OOa9X)를 사용할 수도 있다. 이스티오를 배포하는 데 사용한 도구에 상관없이 여기 사용된 예제는 쿠버네티스에서 실행되는 모든 이스티오 환경에서 작동해야 한다. 지원되는 플랫폼 목록은 이스티오 문서(https://oreil.ly/LeGw5)를 참조하자.

2018년 7월 현재, 맥과 윈도우용 도커 데스크톱은 도커 CLI 통합뿐만 아니라 독립형 쿠버네티스 서버 및 클라이언트 실행 지원이 포함된다. 도커 데스크톱을 사용해 쿠버네티스를 실행하고 이스티오 배포 플랫폼으로 쿠버네티스를 활용한다. 도커 데스크톱이 관리하는 쿠버네티스 서버는 도커 인스턴스 내에서 로컬로 실행되며, 구성 변경할 수 없는 단일 노드 쿠버네티스 클러스터다.

맥용 도커 데스크톱 쿠버네티스 통합은 /usr/local/bin/kubectl에서 쿠버네티스 CLI 실행 파일을 제공한다. 윈도우용 도커 데스크톱 쿠버네티스 통합은 C:\Program Files\Docker\Docker\Resources\bin\kubectl.exe에 쿠버네티스 CLI 실행 파일을 제공한다. 이 위치는 셸의 PATH 변수에 없을 수도 있다. 그렇다면 명령의 전체 경로를 입력하거나 PATH에 추가하자. kubectl에 대한 자세한 내용은 공식 문서(https://oreil.ly/BaEUI)를 참조하자.

도커 데스크톱 구성

도커 데스크톱 VM에 쿠버네티스, 이스티오 및 이스티오의 샘플 애플리케이션 Bookinfo를 실행할 충분한 메모리가 있는지 보장하려면 최소한 4GB의 메모리로 도커 VM을 구성해야 한다. 모든 이스티오 및 Bookinfo 서비스를 실행하려면 이 정도의 메모리 할당이 필요하다. 이스티오 배포에서 특히 파일럿은 기본 설정으로 2GB의 메모리를 요구하므로 실행에 문제가 생길 수 있다(파일럿의 목적을 빠르게 리뷰하려면 3장 참조). 도커 데스크톱의 기본 제한도 2GB이므로 도커 설치에서 자원을 증가시키지 않으면 부족한 리소스로 인해 파일럿 시작이 거부될 수 있다.

그림 4-1에 표시된 것처럼 도커 데스크톱 설치에 할당된 메모리 양을 늘리는 대신 파일럿이 쿠버네티스 클러스터에 요청한 메모리 양을 줄일 수도 있다. Helm과 같은 패키지 관리자를 사용하는지 아니면 단순히 쿠버네티스 사양 파일을 직접 사용하는지에 따라 이를 수행하는 몇 가지 방법이 있다.

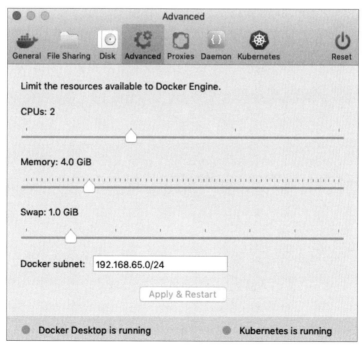

그림 4-1 고급 패널에서 도커의 메모리 제한 늘리기

매니페스트로 install/kubernetes/istio-demo.yaml을 사용하는 예 4-1은 파일럿에서 요청한 2GB의 메모리를 512MB처럼 작은 크기로 줄이기 위해 편집해야 할 파일럿 사양 부분을 강조한다.

예 4-1 파일럿 컨테이너에 요청된 메모리 리소스를 보여주는 istio-demo.yaml

```
apiVersion: extensions/v1beta1
kind: Deployment
metadata:
  name: istio-pilot
  namespace: istio-system
...
        resources:
          requests:
            cpu: 500m
            memory: 2048Mi
...
```

또는 Helm(쿠버네티스 패키지 관리자)을 사용해 이스티오를 배포할 때 사용자 정의해서 구성할 수도 있다. Helm을 사용해 이스티오 설치를 사용자 정의하려면 예 4-2에서 설명한 대로 Helm 명령에서 --set <key> = <value> 옵션을 사용해 하나 이상의 값을 재정의하자.

예 4-2 Helm을 사용한 이스티오 구성 사용자 정의

```
$ helm template install/kubernetes/helm/istio --name istio --namespace istio-system
    --set pilot.resources.requests.memory="512Mi" | kubectl apply -f -
```

쿠버네티스 배포

쿠네티스가 데스크톱에 설치돼 있지 않으면 도커 데스크톱 환경 설정에서 쿠버네티스를 활성화하자. 예 4-3을 실행해 kubectl 설치를 확인하자.

예 4-3 클라이언트(kubectl 바이너리) 및 서버(쿠버네티스 클러스터) 버전 나열

```
$ kubectl version -short
```

```
Client Version: v1.13.0
Server Version: v1.13.0
```

클라이언트 및 서버 버전이 모두 표시되면 kubectl 클라이언트가 PATH에 설치되고 쿠버네티스 클러스터에 접근 가능한 것이다. kubeconfig(일반적으로 ~/.kube/config에 있다)가 docker-desktop 컨텍스트로 잘 설정됐고 단일 노드 클러스터가 동작 중인지 확인하기 위해 $ kubectl get node(예 4-4 참조)를 실행해 쿠버네티스 설치 및 현재 컨텍스트를 확인하자.

예 4-4 kubectl에 의해 검색된 쿠버네티스 노드 목록

```
$ kubectl get nodes
NAME             STATUS    ROLES    AGE   VERSION
docker-desktop   Ready     master   32m   v1.13.0
```

이 설치는 클러스터 내에 샘플 사용자, 시크릿, 애플리케이션 및 기타 개체를 만든다. 이 실습에서 작성된 개체는 설명과 교육 목적으로만 사용된다. 프로덕션 환경에서는 이 구성을 실행하지 말자.

쿠버네티스 대시보드 설치

쿠버네티스 대시보드는 클러스터 및 해당 리소스를 관리하기 위한 웹 기반 UI다. 쿠버네티스 대시보드는 컨테이너화된 애플리케이션을 배포하고 문제를 해결하는 데 사용할 수 있다. 쿠버네티스 대시보드는 클러스터의 쿠버네티스 리소스 상태 및 발생한 오류에 대한 정보도 제공한다. 대시보드는 이스티오 실행 방식에 대한 이해를 강화하는 데 유용하다. 클러스터에 접근하는 가장 쉽고 가장 일반적인 방법은 쿠버네티스 API 서버를 통해 대시보드에 데이터를 안전하게 프록시하는 로컬 웹 서버를 만드는 kubectl 프록시를 사용하는 것이다. 다음 명령을 실행해 쿠버네티스 대시보드를 배포하자.

```
$ kubectl create -f https://raw.githubusercontent.com/kubernetes/dashboard/
    master/aio/deploy/recommended/kubernetes-dashboard.yaml
```

그런 다음 아래 명령을 실행해 kubectl 명령행 도구를 사용해 대시보드에 접근하자.

```
$ kubectl proxy
```

이 명령은 쿠버네티스 API 서버를 통해 대시보드로 데이터를 안전하게 프록시하는 로컬 웹 서버를 만든다. 명령이 실행되는 시스템에서만 대시보드에 접근할 수 있음을 이해하자. 자세한 내용은 kubectl proxy --help 및 쿠버네티스 대시보드 문서(https://oreil.ly/El-cx)를 참조하자. kubectl은 그림 4-2와 같이 대시보드를 사용할 수 있도록 한다.

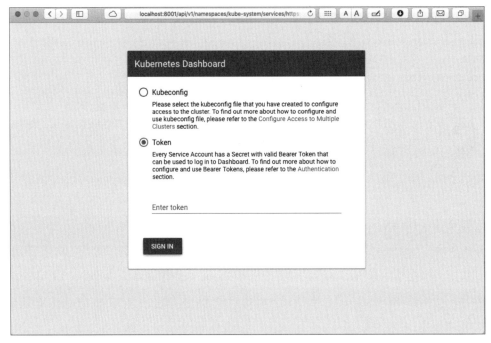

그림 4-2 쿠버네티스 대시보드에 인증

클러스터 데이터를 보호하기 위해 대시보드는 기본적으로 최소 역할 기반 접근 제어 RBAC, Role-Based Access Control 구성으로 배포된다. 현재 대시보드는 베어러 토큰 로그인만 지원한다. 다음과 같이 샘플 사용자를 생성(https://oreil.ly/qwiNm)하고 그 사용자의 토큰을 사용하거나, 도커 데스크톱 배포에서 제공하는 기존 토큰을 사용할 수 있다.

```
$ kubectl -n kube-system describe secret $(kubectl -n kube-system get secret |
    awk '/default-token/ {print $1}')
```

예 4-5와 같은 내용이 출력된다.

예 4-5 쿠버네티스 시크릿 설명의 출력 결과

```
Name:          default-token-tktcn
Namespace:     kube-system
Labels:        <none>
Annotations:   kubernetes.io/service-account.name: default
               kubernetes.io/service-account.uid: 3a0a68b1-4abd-11e9-8561-025...

Type: kubernetes.io/service-account-token

Data
====
ca.crt:        1025 bytes
namespace:     11 bytes
token:         eyJhbGciOiJSUzI1NiIsImtpZCI6IiJ9.eyJpc3MiOiJrdWJlcm5ldGVzL3NlcnZp...
```

토큰을 복사해 대시보드 인증에 사용하자.

이스티오 설치

쿠버네티스를 배포하고 대시보드를 설치했으면 이제 서비스 메시를 설치할 차례다. 다음 명령을 실행해 최신 이스티오 릴리스를 다운로드할 수 있다.

```
$ curl -L https://git.io/getLatestIstio | sh -
```

이 스크립트는 최신 이스티오 릴리스 후보를 가져와 압축을 푼다.

맥이나 리눅스 사용자는 시스템에서 curl이 이미 사용 가능한 상태일 것이다. 윈도우 사용자는 윈도우용 curl(https://oreil.ly/2QiWB)을 다운로드해야 할 수도 있다.

특정 버전의 이스티오를 가져오려면 다음과 같이 원하는 버전 번호를 지정하자.

```
$ curl -L https://git.io/getLatestIstio | ISTIO_VERSION=1.1.0 sh -
```

이스티오 프로젝트가 (릴리스 변경 로그에 언급하지 않았다면) 부 버전 간의 호환성을 제공하기는 하지만, ISTIO_VERSION = 1.1.0을 지정해 이 책의 예제가 설명한 것과 동일하게 작동하도록 더 확실히 보장할 수 있다.

이스티오 릴리스 페이지(https://oreil.ly/6GzRG)에서 이스티오를 다운로드할 수도 있다. 윈도우, 맥OS 및 리눅스 릴리스 가운데 선택할 수 있다. 어떤 OS를 사용하든 OS 배포를 다운로드한 후 압축 파일을 디렉터리로 추출하고 배포 내용을 숙지하자.

각 릴리스에는 istioctl(이 바이너리는 OS에 따라 다르다), 구성 샘플, 샘플 애플리케이션 및 플랫폼별 설치 리소스가 포함된다. 또한 선호하는 패키지 관리자를 통해 설치 가능한 istioctl은 서비스 운영자가 이스티오 서비스 메시를 디버그하고 진단하는 데 중요한 CLI다.

 다운로드 후 릴리스 배포를 삭제되지 않는 폴더로 이동하자.

예를 들어 맥OS 또는 리눅스에서 릴리스 내용을 보려면 여기에 표시된 대로 디렉터리를 istio-x.x.x로 변경하자(이 글을 쓰는 시점에서 이스티오 최신 버전은 1.1.7이다).

```
$ cd istio-1.1.0
```

이 디렉터리(예 4-6 참조)는 이스티오 설치에 필요한 파일, 샘플 파일 및 istioctl을 포함한다.

예 4-6 이스티오 릴리스가 포함된 최상위 폴더의 내용

```
$ ls -l
total 48
```

```
-rw-r--r-- 1  lee staff 11343 Mar 18 16:08 LICENSE
-rw-r--r-- 1  lee staff  5921 Mar 18 16:08 README.md
drwxr-xr-x 3  lee staff    96 Mar 18 16:08 bin
drwxr-xr-x 7  lee staff   224 Mar 18 16:08 install
-rw-r--r-- 1  lee staff   602 Mar 18 16:08 istio.VERSION
drwxr-xr-x 16 lee staff   512 Mar 18 16:08 samples
drwxr-xr-x 21 lee staff   672 Mar 18 16:08 tools
```

설치 디렉터리는 install/에 이스티오 설치를 위한 쿠버네티스 YAML 파일을, samples/
에 샘플 애플리케이션 및 bin/ 디렉터리에 istioctl 클라이언트 바이너리를 포함한다.
istio.VERSION 구성 파일은 릴리스 배포를 위한 이스티오 구성 요소 목록과 해당 버전
번호를 포함한다.

라우팅 규칙과 정책을 작성하기 위해 istioctl CLI를 사용할 수 있다. istioctl은 Envoy
를 서비스 프록시로 수동으로 주입할 때도 사용할 수 있다. istioctl의 다른 용도는 이
스티오 시스템에서 구성 자원 작성, 나열, 수정 및 삭제가 있다. istioctl을 PATH 환경변
수에 추가해보자.

```
$ export PATH=$PWD/bin:$PATH
```

다음을 실행해 istioctl 설치를 확인할 수 있다.

```
$ istioctl version
```

경로 및 istioctl 명령 옵션의 유효성을 검사해야 한다(예 4-7 참조). 그렇지 않은 경우
'이스티오 설치, 업그레이드 및 제거' 항목을 참조하자.

예 4-7 istioctl이 컴퓨터에서 실행되고 있는지 확인

```
version.BuildInfo{
Version:"1.1.0", GitRevision:"82797c0c0649a3f73029b33957ae105260458c6e",
User:"root",
Host:"996cd064-49c1-11e9-813c-0a580a2c0506", GolangVersion:"go1.10.4",
DockerHub:"docker.io/istio",
```

```
BuildStatus:"Clean",
GitTag:"1.1.0-rc.6"
}
```

이제 이스티오 배포판을 다운로드하고 istioctl CLI가 로컬 컴퓨터에서 작동하는지 확인했으므로 기본 설치를 수행하자.

이스티오 설치 옵션

이스티오는 여러 가지 설치 방법과 배포 아키텍처가 있다. 일반적인 설치는 다음 하위 절의 범주에 해당한다.

보안 구성 선택

엄격한 mTLS 인증으로 설치

> 새로운 쿠버네티스 클러스터에 권장된다. 이 방법은 기본적으로 사이드카 간 인증을 시행한다.

사이드카 간 허용되는 mTLS 인증으로 설치

- 기존 클러스터 및 서비스가 있는 경우 권장된다.

- 이스티오 사이드카가 있는 서비스가 이스티오가 없는 타 쿠버네티스 서비스와 통신해야 하는 애플리케이션이 존재하는 경우 이 기능을 사용하자.

특정 기본 이스티오 구성 요소를 포함하거나 제외하는 사용자 정의 배포

- 환경에서 이스티오 구성 요소 중 하나의 기능이 필요하지 않거나 바람직하지 않은 경우(예: mTLS를 사용하지 않는 경우 시타델 제거) 권장된다.

배포 유틸리티 선택

배포 유틸리티를 선택할 때 다음을 고려하자.

- 쿠버네티스 매니페스트를 kubectl을 사용해 직접 표시할까?

- 이스티오의 토대를 좀 더 명확하게 이해하는 것이 더 좋을까?

- Helm 또는 Ansible과 같은 패키지/구성 관리 시스템으로 쿠버네티스 매니페스트를 표시할까?

- 템플릿화된 구성이 프로덕션 배포에 권장될까?

이 목록은 완전하지 않다. 그러나 이스티오를 설치하기 위해 어떤 방법을 사용하든 각각 이스티오용 쿠버네티스 사용자 정의 리소스 정의^{CRD, Custom Resource Definition} 설치가 포함된다. CRD를 사용하면 기본이 아닌 쿠버네티스 리소스를 정의하고 등록할 수 있다. 이스티오 CRD를 배포하면 이스티오의 개체가 쿠버네티스 개체로 등록돼 배포 플랫폼으로 쿠버네티스와 긴밀하게 통합된 환경을 제공한다.

CRD란 무엇인가?

쿠버네티스 1.7에 도입된 CRD는 쿠버네티스 API의 확장이다. CRD는 쿠버네티스 클러스터에 사용자 지정 개체를 추가하는 데 사용할 수 있는 강력한 기능이다. 리소스는 쿠버네티스 API에서 특정 종류의 API 객체 모음을 저장하는 엔드포인트다. 예를 들어 내장 파드 리소스에도 파드 객체 모음이 포함돼 있다.

표준 쿠버네티스 배포판에는 많은 내장 API 리소스(개체)가 제공된다. 사용자 정의 리소스는 쿠버네티스 API의 확장으로, 기본 쿠버네티스 설치에서 반드시 사용 가능한 것은 아니다. 특정 쿠버네티스 설치의 사용자 정의를 나타낸다. 그러나 많은 핵심 쿠버네티스 기능은 이제 사용자 정의 리소스를 사용해 구축돼 쿠버네티스를 더욱 모듈화한다.

쿠버네티스 클러스터에 개체를 도입하려고 할 때 사용자 정의 리소스가 나타난다. 쿠버네티스 클러스터에 CRD를 적용한 후에는 etcd 클러스터에 저장돼 복제 및 수명주기 관리를 통해 내구성을 제공한다. 쿠버네티스 API(kube-api)는 이러한 새로운 리소스를 다른 기본 쿠버네티스 개체(예: 파드 개체)와 같이 사용 가능한 엔드포인트로 나타낸다. 따라서 사용자 정의 리소스와 인터페이스하고 관리할 때 CLI, 보안, API 서비스, RBAC 등과 같은 쿠버네티스의 모든 기능을 활용할 수 있으므로 직접 구현하는 오버헤드가 줄어든다.

자세한 내용은 쿠버네티스 사용자 정의 리소스(https://oreil.ly/rKU4N) 문서를 참조하자.

이스티오의 사용자 정의 리소스 등록

이제 여러분의 벨트 아래에 있는 맞춤형 리소스의 힘과 편리함을 이해하고 쿠버네티스 클러스터에 이스티오의 `CustomResourceDefinitions`를 등록해보자. 다음 명령을 사용해 이스티오의 `CustomResourceDefinition` 객체를 클러스터에 적용하자.

```
$ for i in install/kubernetes/helm/istio-init/files/crd*yaml;
    do kubectl apply -f $i; done
```

이 설치는 Helm을 사용하지 않는다. 프로덕션으로 가는 이스티오 설치에 일반적으로 선호되는 방법은 Helm 또는 Ansible을 사용하는 것이다. 둘 다 방금 다운로드한 배포에 포함된다. Helm 또는 Ansible을 사용하면 설치할 구성 요소에 대한 유연성을 얻을 수 있으며 세부적으로 사용자 정의할 수 있다.

예 4-8 kube-api에 리소스로 로드되고 상호작용이 가능한 이스티오 CRD

```
$ kubectl api-resources | grep istio
meshpolicies          authentication.istio.io  false  MeshPolicy
policies              authentication.istio.io  true   Policy
adapters              config.istio.io          true   adapter
apikeys               config.istio.io          true   apikey
attributemanifests    config.istio.io          true   attributemanifest
authorizations        config.istio.io          true   authorization
bypasses              config.istio.io          true   bypass
checknothings         config.istio.io          true   checknothing
circonuses            config.istio.io          true   circonus
cloudwatches          config.istio.io          true   cloudwatch
...
```

이스티오는 다른 쿠버네티스 개체와 마찬가지로 조작(생성/업데이트/삭제)할 수 있는 새 CRD를 등록한다(예 4-8 참조).

```
$ kubectl get crd | grep istio
adapters.config.istio.io              2019-03-24T03:17:08Z
apikeys.config.istio.io               2019-03-24T03:17:07Z
```

```
attributemanifests.config.istio.io       2019-03-24T03:17:07Z
authorizations.config.istio.io           2019-03-24T03:17:07Z
bypasses.config.istio.io                 2019-03-24T03:17:07Z
checknothings.config.istio.io            2019-03-24T03:17:07Z
circonuses.config.istio.io               2019-03-24T03:17:07Z
cloudwatches.config.istio.io             2019-03-24T03:17:08Z
clusterrbacconfigs.rbac.istio.io         2019-03-24T03:17:07Z
deniers.config.istio.io                  2019-03-24T03:17:07Z
destinationrules.networking.istio.io     2019-03-24T03:17:07Z
dogstatsds.config.istio.io               2019-03-24T03:17:08Z
edges.config.istio.io                    2019-03-24T03:17:08Z
envoyfilters.networking.istio.io         2019-03-24T03:17:07Z
...
```

 이스티오 CRD를 배포한 후 예 4-9에 표시된 대로 istioctl 또는 kubectl을 통해 이스티오 리소스를 처리할 수 있다.

예 4-9 istioctl을 사용해 이스티오 게이트웨이에 대한 정보 표시

```
$ istioctl get gateway
"get" 명령은 더 이상 사용되지 않는다. 대신 `kubectl get`을 사용하자(https://kubernetes.io
    /docs/tasks/tools/install-kubectl 참조).
No resources found.
```

특정 **istioctl** 명령 폐기에 관한 메시지를 확인하자. **istioctl**이 여전히 이스티오를 관리하기 위한 CLI로 유지 관리, 향상되고 있지만 kubectl이 이스티오의 사용자 정의 리소스와 상호작용하는 기본 방법이다(예 4-10 참조). **istioctl**은 kubectl에 없는 일부 이스티오 관련 유틸리티를 제공한다.

예 4-10 kubectl을 사용해 이스티오 게이트웨이에 대한 정보 표시

```
$ kubectl get gateway
NAME                     AGE
No resources found.
```

install/kubernetes/helm/istio-init/files/crd*yaml 매니페스트를 반복하는 대안으로 동일한 CRD 매니페스트가 포함된 istio-demo.yaml을 적용할 수 있다. istio-demo. yaml 파일에는 CRD뿐만 아니라 이스티오의 모든 컨트롤 플레인 구성 요소도 포함된다. 릴리스 배포 폴더의 install/ 폴더에는 이스티오를 실행하기 위해 지원되는 다른 플랫폼에 대한 설치 파일이 있다. 이 책에서는 쿠버네티스를 플랫폼으로 선정했으므로 install/ kubernetes/ 폴더를 열자. 여기에는 필요한 모든 이스티오 구성 요소(CRD, 클러스터 롤, configmap, HPA, 배포, 서비스 등)와 그라파나 및 프로메테우스와 같은 유용한 어댑터가 포함된 istio-demo.yaml 파일이 있다.

쿠버네티스에 이스티오의 사용자 정의 리소스를 등록하면 이스티오 컨트롤 플레인 구성 요소를 설치할 수 있다.

이스티오 컨트롤 플레인 구성 요소 설치

서비스가 mTLS 허용 모드에서 작동할 수 있도록 하는 이스티오 구성이 포함된 istio-demo.yaml 사양 파일을 사용한다. 쿠버네티스 클러스터에 기존 서비스 또는 애플리케이션이 있는 경우 mTLS 허용 모드를 사용하는 것이 좋다. 그러나 새로운 클러스터로 시작하는 경우 보안 모범 사례에 따라 istio-demo-auth.yaml로 전환해 사이드카 간 서비스 트래픽 암호화를 시행하는 것이 좋다.

```
$ kubectl apply -f install/kubernetes/istio-demo.yaml
```

설치가 실행되고 도커 이미지가 제대로 다운로드되고 배포가 완료될 때까지 몇 분 정도 기다리자. 이 광범위한 YAML 파일을 적용하면 쿠버네티스가 많은 새로운 CRD를 실현할 수 있다.

---

mTLS 인증을 적용한 이스티오 설치

mTLS 허용 모드에서 이스티오를 구성하면 클라이언트가 전송하는 트래픽 유형에 따라 서비스가 일반 텍스트 트래픽과 mTLS 트래픽을 모두 수락할 수 있다. mTLS 허용 모드는 서비스 메시에서 기존 서비스의 마이

그레이션을 용이하게 한다. 따라서 서비스가 실행 중인 기존 쿠버네티스 설정이 존재하는 경우, mTLS 허용으로 이스티오를 설치하도록 선택할 수 있다.

또는 특히 이 로컬 배포 내에서 istio-demo-auth.yaml을 사용해 모든 클라이언트와 서버 간 mTLS 인증을 시행할 수 있다. 엄격한 mTLS 시행으로 구성된 이스티오 초기 배포는 모든 워크로드가 이스티오를 지원하는 새로운 쿠버네티스 클러스터 내에서 가장 성공적으로 사용된다고 할 수 있다. mTLS 인증이 적용된 이스티오 구성을 적용하려면 다음 명령을 실행하자.

```
$ kubectl apply -f install/kubernetes/istio-demo-auth.yaml
```

istio-demo-auth.yaml 파일에서 tls.mode: ISTIO_MUTUAL을 사용한 부분을 주목하자.

서비스 운영자는 mTLS 허용 모드를 사용해 이스티오 서비스 프록시를 점진적으로 설치하고 구성해 요청을 상호 인증할 수 있다. 모든 서비스 구성이 완료되면 서비스 운영자는 mTLS 전용 모드를 시행하도록 이스티오를 구성할 수 있다. 자세한 내용은 'mTLS' 항목을 참조하자.

이스티오의 컨트롤 플레인은 자체 **istio-system** 네임스페이스에 설치되며 이 네임스페이스에서 사이드카 프록시와 서비스가 있는 다른 모든 네임스페이스에서 실행되는 서비스를 관리한다. 즉, 메시에 서비스가 있는 다른 모든 네임스페이스를 관리한다. 컨트롤 플레인은 클러스터 전체에서 작동한다. 즉, 예 4-11에서 설명한 것처럼 단일 테넌트 방식으로 작동한다.

예 4-11 이스티오 컨트롤 플레인 구성 요소용으로 작성된 istio-system 네임스페이스

```
$ kubectl get namespaces
NAME            STATUS    AGE
default         Active    49d
docker          Active    49d
istio-system    Active    2m15s
kube-public     Active    49d
kube-system     Active    49d
```

예 4-12에 표시된 명령을 사용해 **istio-system** 네임스페이스에 컨트롤 플레인이 설치돼 있는지 확인할 수 있다. 설치가 완료되면 다음과 같은 출력 결과가 나타난다.

```
$ kubectl get svc -n istio-system
NAME                     TYPE       CLUSTER-IP       EXTERNAL-IP PORT(S)                   AGE

grafana                  ClusterIP  10.108.237.105   <none>      3000/TCP                  11d
istio-citadel            ClusterIP  10.108.165.14    <none>      8060/TCP,15014/TCP        11d
istio-egressgateway      ClusterIP  10.107.148.169   <none>      80/TCP,443/TCP,15443/TCP  11d
...
```

```
$ kubectl get pod -n istio-system
NAME                                       READY  STATUS     RESTARTS  AGE
grafana-57586c685b-jr2pd                   1/1    Running    0         5m45s
istio-citadel-645ffc4999-8j4v6             1/1    Running    0         5m45s
istio-cleanup-secrets-1.1.0-4c9pc          0/1    Completed  0         5m48s
istio-egressgateway-5c7fd57fdb-85g26       1/1    Running    0         5m46s
istio-galley-978f9447f-mj5xj               1/1    Running    0         5m46s
istio-grafana-post-install-1.1.0-g49gh     0/1    Completed  0         5m48s
istio-ingressgateway-8ccdc79bc-8mk4p       1/1    Running    0         5m46s
istio-pilot-649455846-klc8c                2/2    Running    0         5m45s
istio-policy-7b7d7f644b-sqsp8              2/2    Running    4         5m45s
istio-security-post-install-1.1.0-v4ffp    0/1    Completed  0         5m48s
istio-sidecar-injector-6dcc9d5c64-tklqz    1/1    Running    0         5m45s
istio-telemetry-6d494cd676-n6pkz          2/2    Running    4         5m45s
istio-tracing-656f9fc99c-nn9hd             1/1    Running    0         5m44s
kiali-69d6978b45-7q7ms                     1/1    Running    0         5m45s
prometheus-66c9f5694-2xzpm                 1/1    Running    0         5m45s
```

잠깐, 이런 의문이 들 것이다. 왜 각 이스티오 컨트롤 플레인 구성 요소의 복제본이 하나만 있을까? 이것이 단일 장애 지점이 아닐 방법은 무엇일까? 글쎄… 그 말이 맞다. 단일 복제 컨트롤 플레인 구성 요소는 프로덕션 배포에서 문제가 된다. 이스티오 컨트롤 플레인은 가동 중지 시간이 허용되지 않는 환경에서 (각 구성 요소의 여러 복제본을 포함한) 고가용성^{HA, High-Availability} 아키텍처에 배포해야 한다. 데이터 플레인이 인라인인 점이 불편한가? 컨트롤 플레인과의 연결이 실패하거나 끊어지면 어떻게 될까? 다행히 데이터 플레인에는 구성을 유지하고 컨트롤 플레인 구성 요소가 실패하거나 컨트롤 플레인에서 분리된 경우에도 계속 작동할 수 있는 복원성이 기본 제공된다. 이 책을 계속 살펴보면 이스티오가 복원력이 뛰어나도록 설계됐음을 알 수 있다. 이스티오는 그래야 한다. 분산 시스템의 장애는 거의 확실히 발생한다.

지금까지 우리는 서비스 메시의 절반(컨트롤 플레인)만 배포했다. 샘플 애플리케이션 및 결과적으로 데이터 플레인을 배포하기 전에 프록시가 실행되고 있지 않은 것으로 간주할 수 있다. 그러나 두 개의 프록시가 이미 실행되고 있다는 사실을 간과하고 있을 것이다. 인그레스 및 이그레스 게이트웨이 모두 서비스 프록시 인스턴스를 실행 중이다. 이를 살펴보자.

 간단한 데모 배포에는 이스티오에 익숙해지고 탐색을 용이하게 하기 위한 이그레스 게이트웨이가 포함된다. 이 선택적 게이트웨이는 v1.1부터 기본적으로 비활성화돼 있다. 이그레스 게이트웨이를 통해 아웃바운드 트래픽을 제어하고 보호해야 하는 경우 데모 이외의 배포 구성 프로필에서 gateways.istio-egressgateway.enabled = true를 수동으로 활성화해야 한다.

istioctl proxy-status 명령을 사용하면 메시의 개요를 얻을 수 있다. 이 예제는 예 4-13에 표시된 것처럼 kubectl에서 찾을 수 없는 istioctl 유틸리티의 예다. 사이드카 중 하나가 구성을 수신하지 않거나 동기화되지 않은 것으로 의심되면 proxy-status가 알려준다. 11장에서 istioctl을 사용해 이스티오를 디버깅하는 방법에 관해 더 자세히 설명한다.

예 4-13 이스티오 인그레스 및 이그레스 게이트웨이에 istioctl proxy-status를 사용해 사이드카 프록시가 배치 및 동기화됐는지 확인

```
-status
NAME                       CDS    LDS    EDS       RDS        PILOT         VERSION
istio-egressgateway-...    SYNCED SYNCED SYNCED... NOT SENT   istio-pilot-... 1.1.0
istio-ingressgateway-...   SYNCED SYNCED SYNCED... NOT SENT   istio-pilot-... 1.1.0
```

이스티오가 컨트롤 플레인에서 게이트웨이로 배포된 Envoy의 구성을 관리하는 방법을 이해하는 것은 데이터 플레인에서 Envoy 인스턴스를 관리하는 방법과 관련해 더욱 명확해졌다. 복습하면 데이터 플레인은 애플리케이션 서비스와 함께 사이드카로 배포된 지능형 프록시로 구성된다. 데이터 플레인을 배포해보자. Bookinfo 샘플 애플리케이션

을 배포해 이를 수행한다.

Bookinfo 샘플 애플리케이션 배포

이제 첫 번째 서비스 집합(애플리케이션)을 서비스 메시에 배포해보자. 이를 위해 이스티오 샘플 애플리케이션 Bookinfo(https://oreil.ly/N5voj/)를 사용한다. 이 애플리케이션은 서비스 메시의 가치 제안의 여러 측면을 보여준다. Bookinfo용 쿠버네티스 매니페스트 파일은 릴리스 배포 폴더 samples/bookinfo/에 있다. 이 책 전체에서 Bookinfo를 예제 애플리케이션으로 사용하므로 더 익숙해지자.

그림 4-3에서 왼쪽에서 오른쪽으로 사용자는 productpage 마이크로서비스를 호출하고 details와 reviews 마이크로서비스를 호출해 페이지를 채운다. details 마이크로서비스에는 서적 정보가 포함돼 있다.

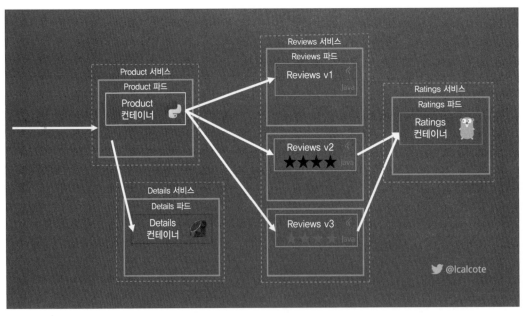

그림 4-3 다양한 이스티오 기능을 보여주는 개별 마이크로서비스를 시연하는 Bookinfo

reviews 마이크로서비스는 서평을 포함하며, 리뷰를 검색하기 위해 마이크로서비스 ratings를 호출한다. ratings 마이크로서비스는 1~5개의 서평 형태의 서적 순위를 포함한다. reviews 마이크로서비스는 3가지 버전이 존재한다.

- reviews v1은 평가가 없다(ratings 서비스를 호출하지 않는다)

- reviews v2의 등급은 1~5개의 검은색 별이다(ratings 서비스 호출).

- reviews v3의 등급은 1~5개의 빨간색 별이다(ratings 서비스 호출).

이러한 각 애플리케이션 서비스가 다른 언어(Python, Ruby, Java 및 Node.js)로 작성됐다는 점이 서비스 메시의 가치를 보여준다.

 대부분의 서비스 메시 프로젝트에는 샘플 애플리케이션이 포함된다. 이를 통해 채택자가 서비스 메시의 작동 방식을 빠르게 익히고 제공하는 가치를 입증할 수 있다.

이스티오로 샘플을 실행하면 애플리케이션을 변경할 필요가 없다. 대신, 우리는 단순히 서비스 프록시가 각 서비스와 함께 주입된 사이드카인 이스티오 지원 환경에서 서비스를 구성하고 실행한다. 이스티오의 서비스 프록시는 수동 또는 자동으로 애플리케이션 서비스에 사이드카로 주입될 수 있다(그림 4-4 참조). 샘플 애플리케이션을 배포할 때 자동 사이드카 주입이 어떻게 작동하는지 살펴보자(5장에서 수동 사이드카 주입을 추가로 조사한다).

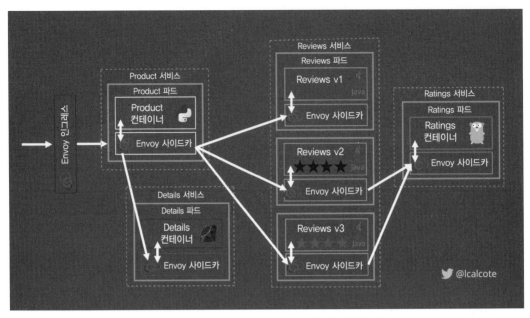

그림 4-4 서비스 프록시를 사이드카로 사용해 이스티오 메시에 배포된 Bookinfo

자동 사이드카 주입으로 샘플 앱 배포

Envoy가 각 서비스에 사이드카로 배포되도록 이스티오는 사이드카 인젝터를 배포한다. 5장에서 사이드카 인젝터를 좀 더 자세히 살펴본다. 지금은 예 4-14에서 사이드카 인젝터 배포 및 특정 네임스페이스의 파드에 배포 시 자동으로 사이드카가 주입되도록 지정하는 데 사용되는 네임스페이스 레이블(admission)이 있는지 확인한다.

예 4-14 이스티오 사이드카 인젝터의 존재 확인

```
$ kubectl -n istio-system get deployment -l istio=sidecar-injector
NAME                    READY   UP-TO-DATE   AVAILABLE   AGE
istio-sidecar-injector  1/1     1            1           82m
```

NamespaceSelector는 해당 객체의 네임스페이스가 셀렉터(https://oreil.ly/rncCW)와 일치하는지 여부에 따라 객체에서 웹훅을 실행할지를 결정한다.

104

istio-injection = enabled로 기본 네임스페이스에 레이블을 지정하자.

```
$ kubectl label namespace default istio-injection=enabled
```

그런 다음 istio-injection 레이블이 있는 네임스페이스를 확인하자.

```
$ kubectl get namespace -L istio-injection
NAME          STATUS  AGE  ISTIO-INJECTION
default       Active  1h   enabled
Docker        Active  1h   enabled
istio-system  Active  1h   disabled
kube-public   Active  1h
kube-system   Active  1h
```

앞서 실행한 istio-demo.yaml 배포에 자동 주입이 구성돼 있다.

이제 변경 승인 웹훅을 가진 사이드카 인젝터 및 자동 사이드카 주입 대상 레이블이 지정된 네임스페이스가 있으므로 샘플 앱을 배포할 준비가 끝났다. 쿠버네티스의 변경 승인 웹훅에 관한 자세한 설명은 '자동 사이드카 주입'을 참조하자. 다음으로 샘플 애플리케이션 배포를 위해 Bookinfo의 매니페스트를 쿠버네티스에 제공한다.

```
$ kubectl apply -f samples/bookinfo/platform/kube/bookinfo.yaml
```

샘플 애플리케이션을 배포한 후 Bookinfo 파드 중 하나를 검사하고 istio-proxy 컨테이너가 애플리케이션 파드에 새로 추가된 것을 확인해 환경에서 자동 사이드카 주입 작동 여부를 확인할 수 있다.

```
$ kubectl describe po/productpage-v1-....
...
istio-proxy:
    Container ID: docker://f28abdf1f0acf92687711488f7fcca8cc5968e2ed39d...
    Image:        docker.io/istio/proxyv2:1.1.7
    Image ID:     docker-pullable://istio/proxyv2@sha256:e6f039115c7d5e…
    Port:         15090/TCP
```

```
    Host Port:    0/TCP
    Args:
      proxy
      sidecar
...
```

 네임스페이스에 사이드카 주입 레이블이 있어도 사이드카가 애플리케이션 파드에서 제거될 수 있다. 이러한 절차는 5장에서 다룬다.

샘플 앱과 네트워킹

Bookinfo 서비스가 시작돼 실행 중이므로 쿠버네티스 클러스터 외부에서 애플리케이션에 접근이 가능해야 한다. 예를 들어 브라우저에서 말이다. 이를 위해 이스티오 게이트웨이(Istio Gateway, https://oreil.ly/iUIwY)를 사용한다. 애플리케이션의 인그레스 게이트웨이에 관한 정의가 필요하다.

```
$ kubectl apply -f samples/bookinfo/networking/bookinfo-gateway.yaml
```

게이트웨이가 생성됐는지 확인하자.

```
$ kubectl get gateway

NAME              AGE
bookinfo-gateway  7m
```

새로 배포된 애플리케이션과 상호작용하려면 제품 페이지가 클러스터 외부에서 시작된 요청을 수신 가능하도록 서비스로 노출된 위치를 찾자. 이 내용은 예 4-15에서 볼 수 있다.

예 4-15 이스티오 인그레스 게이트웨이에 노출된 샘플 애플리케이션의 IP 주소 및 포트 번호 식별

```
$ echo "http://$(kubectl get nodes -o template  --template='{{range.items}}
```

```
{{range.status.addresses}}{{if eq .type "InternalIP"}}{{.address}}{{end}}{{end}}
{{end}}'):$(kubectl get svc istio-ingressgateway
-n istio-system -o jsonpath='{.spec.ports[0].nodePort}')/
productpage"
```

http://x.x.x.x:31380/productpage

또한 애플리케이션이 이스티오 구성 요소가 사용하는 것과 동일한 네트워크 포트를 사용하지 않도록 주의해야 한다. 표 4-1은 이스티오에서 사용하는 포트 목록을 보여준다.

표 4-1 이스티오가 사용하는 네트워크 포트

포트	프로토콜	사용	설명
8060	HTTP	시타델	GRPC 서버
9090	HTTP	프로메테우스	프로메테우스
9091	HTTP	믹서	정책/원격 측정
9093	HTTP	시타델	TCP 서버
15000	TCP	Envoy	Envoy 관리자 포트(명령/진단)
15001	TCP	Envoy	Envoy
15004	HTTP	믹서, 파일럿	정책/원격 측정 – mTLS
15010	HTTP	파일럿	파일럿 서비스 – XDS 파일럿 – 발견
15011	TCP	파일럿	파일럿 서비스 – mTLS – 프록시 – 발견
15014	HTTP	시타델, 믹서, 파일럿	컨트롤 플레인 모니터링
15030	TCP	프로메테우스	프로메테우스
15090	HTTP	믹서	프록시
42422	TCP	믹서	원격 측정 – 프로메테우스

애플리케이션을 시작하고 접근 가능하게 되면 서비스 트래픽 조작을 시작할 수 있다. 애플리케이션 접근 기능은 애플리케이션에 미치는 영향을 확인하는 간단한 방법이지만 애플리케이션을 메시에 노출하는 것이 트래픽을 조작하는 데 필수인 것은 아니다.

이스티오 제거

istio-system 네임스페이스를 삭제해도 이스티오가 제거되진 않는다. 제거된다고 생각하는 것이 일반적인 실수지만 istio-system을 삭제하면 이스티오의 컨트롤 플레인 구성 요소가 제거되며 CRD, 사이드카 및 기타 생성물은 클러스터에 남아 상주한다. 이렇게 동작하는 이유는 CRD에 서비스 운영자가 설정한 런타임 구성 세트를 포함하기 때문이다. 이를 감안할 때 서비스 운영자가 런타임 구성 데이터를 예상치 못하게 부분적으로 삭제하지 않고 명시적으로 삭제하도록 하는 것이 더 좋다. 이 경우에는 설치에 관해 책임질 필요가 없으므로 이스티오 제거가 이스티오 릴리스 폴더 내에서 이 명령을 실행하는 것만큼 간단하다.

```
$ kubectl delete -f install/kubernetes/istio-demo.yaml
```

그러나 모든 이스티오 CRD, 메시 구성 및 샘플 애플리케이션이 삭제되지는 않는다. 삭제하려면 다음을 실행하자.

```
$ for i in install/kubernetes/helm/istio-init/files/crd*yaml;
    do kubectl delete -f $i; done
$ kubectl delete -f samples/bookinfo/platform/kube/bookinfo.yaml
$ kubectl delete -f samples/bookinfo/networking/bookinfo-gateway.yaml
```

다음을 실행해 이스티오 및 Bookinfo가 성공적으로 제거됐는지 확인할 수 있다.

```
$ kubectl get crds
$ kubectl get pods
```

제거를 시도한 후에도 여전히 CRD가 남아 있다면 11장의 디버깅 제안 부분을 참조하자.

Helm 기반 설치

프로덕션 환경에서 이스티오를 배포할 때 멱등성^{idempotency}을 추구하기 위해 Helm(Tiller

제외) 또는 Ansible과 같은 구성 관리자와 같은 패키지 관리자 사용이 일반적으로 권장된다. 이스티오 프로젝트의 업그레이드 제어를 위한 권장 유틸리티로 Helm Tiller 설치를 대체할 이스티오 오퍼레이터Istio operator가 개발 중이다.

Helm 설치

우선 Helm이 설치될 시스템에 접근해야 한다. Helm은 바이너리를 PATH 또는 선호하는 패키지 관리자를 통해 설치할 수 있다.

1. OS와 관련된 최신 Helm 릴리스(https://oreil.ly/61_6b)를 다운로드한다.

2. 다운로드한 파일의 압축을 푼다.

3. Helm을 찾아 원하는 위치(예: /usr/local/bin/helm)로 옮긴다.

또는 CLI에서 디렉터리를 탐색하고 다음 명령을 사용해 패키지화되지 않은 디렉터리를 PATH에 추가할 수 있다.

```
export PATH=$PWD:$PATH
```

로컬(맥OS) 시스템에 설치하려면 예 4-16에 표시된 것처럼 Homebrew를 사용해 설치할 수 있다.

예 4-16 Homebrew를 사용해 맥OS에 Helm 설치

```
$ brew install kubernetes-helm
```

다른 시스템의 경우 Helm 설치(https://oreil.ly/UvQm2) 문서를 참조하자.

Helm을 설치하면 Tiller(Helm 설치)를 사용하거나 또는 Tiller(Helm 템플릿) 없이 진행할 수 있다. Tiller는 클러스터에서 실행되는 Helm의 서버 측 구성 요소다. Tiller는 쿠버네티스 API 서버와 직접 상호작용해 쿠버네티스 리소스를 설치, 업그레이드, 쿼리 및 제거한다. 또한 Tiller는 릴리스를 나타내는 객체도 저장한다.

Helm 템플릿으로 설치

(Tiller 없이) Helm 템플릿 배포를 적극적으로 살펴보자. 이스티오 컨트롤 플레인 구성 요소에 관한 네임스페이스를 만든 다음 모든 이스티오의 CRD를 설치하자. 이스티오 릴리스 디렉터리의 다음 명령을 사용해 이스티오 핵심 구성 요소를 istio.yaml이란 쿠버네티스 매니페스트에 렌더링한다.

```
$ kubectl create namespace istio-system
$ helm template install/kubernetes/helm/istio-init --name istio-init
    --namespace istio-system | kubectl apply -f -
$ helm template install/kubernetes/helm/istio --name istio
    --namespace istio-system | kubectl apply -f -
```

Helm 기반 배포 방법을 사용하는 이점 중 하나는 다음과 같이 하나 이상의 --set <key> = <value> 설치 옵션을 Helm 명령에 추가해 이스티오 구성을 비교적 쉽게 사용자화할 수 있다는 점이다.

```
$ helm install install/kubernetes/helm/istio --name istio
    --namespace istio-system \
    --set global.controlPlaneSecurityEnabled=true \
    --set mixer.adapters.useAdapterCRDs=false \
    --set grafana.enabled=true --set grafana.security.enabled=true \
    --set tracing.enabled=true \
    --set kiali.enabled=true
```

이스티오 설치 옵션(https://oreil.ly/nf9hk)은 구성 가능한 이스티오 배포 방식을 강조한다. 프로덕션 배포는 일반적으로 Helm 또는 Ansible과 같은 패키지 또는 구성 관리자를 활용한다. 이러한 도구를 사용해 처음 배포된 이스티오도 동일 도구를 사용해 새 버전의 이스티오로 업그레이드해야 한다.

Helm 기반 설치 확인

kubectl을 사용해 설치한 것과 동일하게 Helm 기반 설치는 이스티오를 자체 쿠버네티스 네임스페이스 istio-system에 배포한다. 이스티오가 배포됐는지 확인하고 배포된 모든 부분을 보려면 다음을 실행하자.

```
$ kubectl get svc -n istio-system
```

서비스가 실행 중인지 확인하자.

```
$ kubectl get pods -n istio-system
```

Helm 기반 설치 제거

Helm 템플릿을 사용해 배포한 후 이스티오를 제거하려면 다음 명령을 실행해 쿠버네티스 클러스터에서 이스티오를 제거하자.

```
$ helm template install/kubernetes/helm/istio --name istio
    --namespace istio-system | kubectl delete -f -
$ kubectl delete -f install/kubernetes/helm/istio-init/files
$ kubectl delete namespace istio-system
```

기타 환경

쿠버네티스가 환경의 전부는 아니다. 배포를 위해 여러 다른 플랫폼이 지원된다. 메시 확장은 이스티오 커뮤니티가 기존 서비스를 서비스 메시에 온보딩하는 데 사용하는 용어다. 이 책에서 이스티오 서비스 메시를 확장하는 모든 방법을 살펴보진 않지만 지원되는 플랫폼은 다음을 포함한다.

- 베어메탈과 VM

- Apache Mesos와 Cloud Foundry

- Nomad와 Consul

- Eureka

또한 다양한 퍼블릭 클라우드와 관리 서비스 공급업체가 제공하는 여러 이스티오 관리 서비스가 존재한다.

5장

서비스 프록시

전달 프록시와 역방향 프록시의 차이점에 익숙할 것이다. 다시 복습하자면 전달 프록시는 성능 향상 및 요청 필터링을 목표로 아웃바운드 트래픽에 초점을 두며 일반적으로 개인 네트워크 사용자와 인터넷 요청 간의 인터페이스로 배포된다. 전달 프록시는 정적 웹 콘텐츠를 캐시하고 사용자가 특정 범주의 웹사이트에 접근하지 못하게 해 일정 보안 수준을 제공할 수 있기 때문에 일반적으로 성능을 향상시킨다. 대규모 조직에서 일하는 경우, 조직의 네트워크 사용 정책에 따라 로컬 컴퓨터와 인터넷 사이에 전달 프록시가 존재해 프로토콜과 웹사이트를 필터링할 수 있다.

반대로 역방향 프록시는 인터넷에서 사설 네트워크로 들어오는 인바운드 트래픽에 중점을 둔다. 역방향 프록시는 일반적으로 HTTP 요청을 보호하고 필터링해 실제(백엔드) 서버에서 로드 밸런싱을 제공하는 데 사용된다. 전달 프록시가 일반적으로 외부 서버에 대한 사용자 트래픽을 나타내며, 역방향 프록시는 일반적으로 실제 서버를 사용자(클라이언트)에게 나타내는 데 사용된다.

그림 5-1에서 볼 수 있듯이 역방향 프록시는 서버 자체를 나타낸다. 유형과 구성에 따라 클라이언트가 보는 역방향 프록시 서버와 요청 대상 서비스 간에 차이가 없거나 적다. 역방향 프록시는 요청을 처리하는 하나 이상의 실제 서버로 요청을 전달한다. 프록시 서버의 응답은 마치 실제 서버에서 직접 온 것처럼 반환되므로 클라이언트는 실제 서버에 관해 알지 못한다.

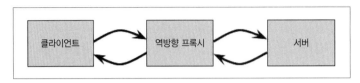

그림 5-1 역방향 프록시는 클라이언트와 서버 요청 사이의 중계 역할을 한다.

이 개념은 복원성이 뛰어난 3 티어 애플리케이션을 설계하는 방법과 다르지 않다. 각 세 계층 간에 우회^{indirection}, 고가용성 및 로드 밸런싱을 적용하고 싶을 것이다. 이러한 계층 은 일반적으로 수직으로 확장될 수 있지만 프록시는 클라이언트/서버 통신에 삽입돼 로 드 밸런싱과 같은 추가 네트워크 서비스를 제공하기 때문에 애플리케이션 복원력을 향 상시킨다(그림 5-2 참조).

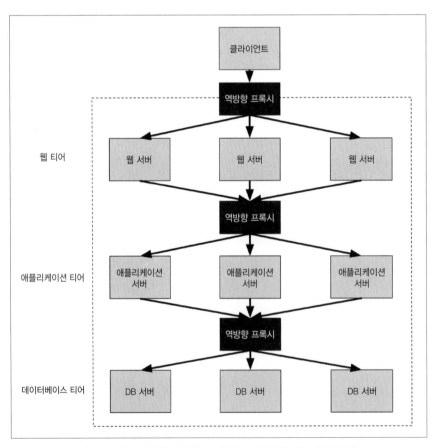

그림 5-2 계층 간 역방향 프록시/로드 밸런서가 적용된 3 티어 애플리케이션

프록시는 서비스에 대한 대체자(placeholder)를 제공하고 서비스에 대한 접근을 제어해 추가적인 우회 단계를 제공한다.

서비스 프록시란 무엇인가?

역방향 프록시와 마찬가지로 서비스 프록시는 서비스 대신 클라이언트 측 중계 요청을 전달한다. 서비스 프록시는 애플리케이션은 메서드 호출로 채널을 통해 메시지를 주고받을 수 있게 한다. 서비스 프록시 연결은 필요에 따라 생성될 수도 있고 폴링을 위해 열린 연결을 유지하는 데 사용될 수도 있다. 서비스 프록시는 투명하게 삽입되며 애플리케이션이 서비스 간 호출을 수행할 때 데이터 플레인의 존재를 인식할 수 없다. 데이터 플레인은 클러스터 내 통신뿐만 아니라 인바운드(인그레스) 및 아웃바운드(이그레스) 클러스터 네트워크 트래픽을 담당한다. 트래픽이 메시에 들어가거나(인그레스 중) 메시를 나가는 경우(이그레스 중), 애플리케이션 서비스 트래픽은 먼저 처리할 서비스 프록시로 전달된다. 이스티오의 경우 iptables 규칙을 사용해 트래픽을 투명하게 차단하고 서비스 프록시로 리디렉션한다.

iptables 기초

iptables는 리눅스에서 호스트 기반 방화벽 및 패킷 조작을 관리하기 위한 사용자 공간 CLI다. Netfilter는 테이블, 체인 및 규칙으로 구성된 리눅스 커널 모듈이다. 일반적으로 지정된 iptables 환경에는 여러 테이블(Filter, NAT, Mangle 및 Raw)이 포함된다. 사용자 정의 테이블을 정의할 수도 있다. 사용하지 않으면 그림 5-3과 같이 기본적으로 Filter 테이블이 사용된다.

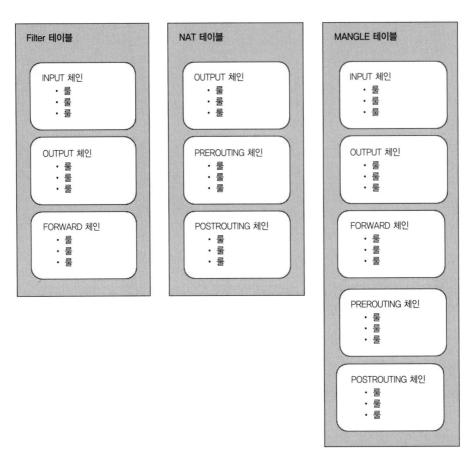

그림 5-3 iptables 테이블, 체인, 룰

테이블은 여러 체인을 포함할 수 있다. 체인은 내장되거나 사용자 정의될 수 있으며 여러 규칙을 포함할 수 있다. 규칙은 패킷을 일치시키고 매핑한다. 이스티오가 사용하는 iptables 체인(https://github.com/istio/istio/tree/master/tools/istio-iptables)을 검토해 트래픽을 Envoy로 리디렉션할 수 있다. iptables 체인은 네트워크 네임스페이스이므로 파드 내에서 변경한 내용은 다른 파드나 파드가 실행 중인 노드에 영향을 미치지 않는다.

이스티오가 생성한 iptables를 탐색하고 업데이트하는 것도 가능하다. 예 5-1에 보이는 것처럼 이 체인들이 작동하고 파드 컨테이너 중 하나에서 실행될 때 애플리케이션과 사이드카 컨테이너에 NET_ADMIN 기능이 빠진 것을 확인할 수 있다.

예 5-1 사이드카 Envoy 프록시가 포함된 컨테이너의 샘플 출력

```
# iptables -t nat --list
Chain ISTIO_REDIRECT (2 references)
target     prot opt source      destination
REDIRECT   tcp  --  anywhere    anywhere           redir ports 15001
```

트래픽 정책은 파일럿에 의해 구성되고 서비스 프록시에 의해 구현된다. 서비스 프록시 모음을 데이터 플레인이라고 한다. 서비스 프록시는 요청의 모든 패킷을 가로채며 헬스 체크, 라우팅, 로드 밸런싱, 인증, 권한 부여 및 관찰 가능한 신호 생성을 담당한다. 프록시는 클라이언트가 동일한 위치(예: proxy.example.com)를 가리키면서 서비스가 한 위치에서 다른 위치로 이동할 수 있도록 우회 기능을 제공한다. 따라서 프록시는 영구적인 참조를 나타낸다. 이것들이 분산 시스템에 복원성을 추가한다.

Envoy 프록시 개요

범용 데이터 플레인 API라는 슬로건에 부응하면서, 다재다능하고 성능이 뛰어난 Envoy (https://envoyproxy.io)는 오픈소스 애플리케이션 수준 서비스 프록시로 등장했다. Envoy는 대규모 분산 시스템 문제를 극복해야 하는 Lyft사에서 개발됐다. Envoy는 클라우드 네이티브 생태계 내에서 광범위한 재사용과 통합을 누렸다. 프로젝트의 커뮤니티 페이지(https://oreil.ly/-g_eV)는 더욱 두드러진 용도를 강조한다.

서비스 메시 언어학

클라우드 네이티브 생태계의 링궈 프랭커(lingua franca)[1]인 Go는 확실히 널리 퍼져 있으며 대부분의 서비스 메시 프로젝트가 Go로 작성될 것으로 예상된다. 작업의 특성상 데이터 플레인은 네트워크 트래픽의 가로채기, 검사 및 재작성에서 매우 효율적이어야 한다. Go가 확실히 고성능을 제공하지만 네이티브 코드(머신 코드)에 비할 바는 못된다는 점은 부인하기 어렵다.

---

1 모국어가 다른 사람들이 상호 이해를 위해 만들어 사용하는 언어를 말한다. – 옮긴이

Envoy는 데이터 플레인 구성 요소로서 성능 특성을 활용하기 위해 C++(특히 C++ 11)로 작성됐다. 새로운 언어(그리고 C++와 경쟁하는 언어)로서 Rust는 서비스 메시 내에서 용도를 발견했다. 가비지 컬렉션이 없는 효율성 (고성능) 및 메모리 안전성(필요한 경우)에 관한 특성 때문에 Rust는 Linkerd2의 데이터 플레인 구성 요소 및 nginMesh의 믹서 모듈에 사용됐다.

서비스 메시의 언어 사용에 관심이 있다면 서비스 메시 지형(https://oreil.ly/57P0j)이 유익할 것이다. 자세한 내용은 '서비스 메시로 가는 엔터프라이즈 아키텍처(Enterprise Path to Service Mesh Architectures, https://oreil.ly/2Jw6u)'를 참조하자.

왜 Envoy인가?

왜 널리 사용되는 실전 테스트된 프록시인 NGINX를 사용하지 않을까? 아니면 Linkerd v1, Conduit, HAProxy 또는 Traefik은? 당시 Envoy는 거의 알려지지 않았으며 확실한 선택도 아니었다. 리소스 사용률 특성이 있는 JVM^Java Virtual Machine 기반 서비스 프록시 Linkerd v1은 노드 에이전트 배포에는 적합하지만 사이드카 배포에는 적합하지 않았다 (Linkerd v2는 이를 해결해 Rust 기반 서비스 프록시로 이전했다). Envoy는 원래 에지 프록시가 아니라 사이드카로 배포되도록 설계됐다. 시간이 지나면서 Lyft사에서 Envoy는 사이드카 패턴으로 마이그레이션됐다.

배포 모델을 제외하고 핫 리로드와 핫 재시작의 개념은 이스티오가 NGINX(원래 고려했던 프록시)에 반해 Envoy를 사용하기로 한 결정의 핵심이다. Envoy의 런타임 구성은 처음부터 새로운 프로세스 및 새로운 구성(그 자체를 대체하는)으로 자체 프로세스를 종료하거나 핫 리로드할 수 있는 API 기반이다. Envoy는 다운타임 제로 HAProxy 리로드를 위한 깃허브의 도구(https://oreil.ly/SNdNG)와 유사한 접근 방식인 유닉스 도메인 소켓 ^UDS, Unix Domain Socket을 통한 공유 메모리 및 통신을 사용해 프로세스의 핫 리로드를 수행한다.

또한 Envoy는 각 고유한 xDS API(이 API에 대한 내용은 뒷부분 참조)에 대한 데이터를 제공하기 위한 ADS^Aggregated Discovery Service를 제공한다.

HTTP/2 및 gRPC

Envoy의 HTTP/2 및 gRPC에 대한 초기 지원은 당시의 다른 프록시와 차별화된다. HTTP/2는 단일 TCP 연결을 통해 요청을 멀티플렉싱 가능한 점에서 HTTP/1.1에 비해 크게 향상됐다. HTTP/2를 지원하는 프록시는 여러 개의 개별 연결을 하나로 통합해 오버헤드를 크게 줄이는 것을 선호한다. HTTP/2를 사용하면 클라이언트는 서버 푸시 server-push를 사용해 여러 개의 병렬 요청을 보내고 리소스를 미리 로드할 수 있다.

Envoy는 HTTP/1.1 및 HTTP/2와 호환되며 다운스트림 및 업스트림의 각 프로토콜에 대한 프록시 기능을 제공한다. 즉, Envoy는 유입되는 HTTP/2 연결을 수락하고 업스트림 HTTP/2 클러스터에 관한 프록시 역할을 하지만, 또한 Envoy가 HTTP/1.1 연결을 수락하고 HTTP/2로 가는 프록시 역할도 할 수 있다(그 반대도 마찬가지다).

gRPC는 HTTP/2 상위에 프로토콜 버퍼(protobufs)를 사용하는 RPC 프로토콜이다. Envoy는 기본적으로 (HTTP/2를 통한) gRPC를 지원하고 HTTP/1.1 클라이언트를 gRPC에 브리징할 수 있다. 이외에도 Envoy는 gRPC-JSON 트랜스코더로 작동할 수 있다. gRPC-JSON 트랜스코더 기능을 통해 클라이언트는 JSON 페이로드를 사용해 HTTP/1.1 요청을 Envoy에 전송할 수 있는데, 트랜스코더가 이 요청을 상응하는 gRPC 호출로 변환한 다음 응답 메시지를 다시 JSON으로 변환한다. 이것은 강력한 기능이며 (그리고 제대로 구현하기가 어려우므로) Envoy를 다른 서비스 프록시와 차별화한다.

이스티오의 Envoy

Envoy는 별도 프로세스로 독립된 프록시로서 메시의 기본 단위를 투명하게 형성한다. 다른 서비스 메시의 프록시와 마찬가지로, Envoy는 이스티오의 주요 기능이며 그림 5-4에 표시된 것처럼 Envoy는 애플리케이션 서비스에 사이드카화돼 배포된다.

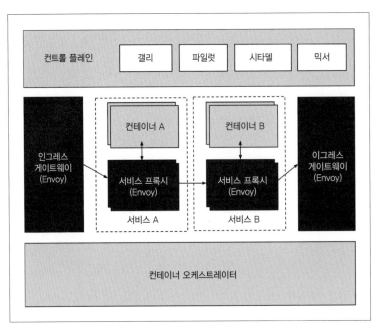

그림 5-4 이스티오 배포에서 이스티오 서비스 프록시로 사용되는 Envoy

배포 파일에서 **istio-proxy**로 식별되는 Envoy는 루트 권한이 필요하지 않고 사용자 1337(비루트 권한)로 실행된다.

사이드카 주입

서비스 프록시 추가는 사이드카 주입과 네트워크 캡처의 두 가지로 구성된다. 사이드카 주입(또는 "사이드카링^{sidecarring}")은 특정 애플리케이션에 프록시를 추가하는 방법이다. 네트워크 캡처는 인바운드 트래픽을 (애플리케이션 대신) 프록시로 보내고 아웃바운드 트래픽을 (클라이언트로 직접 또는 후속 업스트림 애플리케이션 서비스로 보내는 대신) 프록시로 직접 보내는 방법이다.

수동 사이드카 주입

istioctl을 도구로 사용해 Envoy 사이드카 정의를 쿠버네티스 매니페스트에 수동으로 주입할 수 있다. 이렇게 하려면 istioctl의 kube-inject 기능을 사용해 YAML 파일을 조작하고 배포 매니페스트에 사이드카를 수동으로 주입하자.

```
$ istioctl kube-inject -f samples/sleep/sleep.yaml | kubectl apply -f -
```

쿠버네티스를 통해 스케줄링한 시간이 되면 그 즉시 쿠버네티스 사양이 업데이트되게 할 수 있다. 또는 다음과 같이 istioctl kube-inject 유틸리티를 사용할 수도 있다.

```
$ kubectl apply -f <(istioctl kube-inject -f <resource.yaml>)
```

사용 가능한 매니페스트 소스가 없다면 기존의 쿠버네티스 배포를 수정해 그 서비스를 메시로 가져올 수 있다.

```
$ kubectl get deployment <deployment_name> -o yaml | istioctl kube-inject -f -
    | kubectl apply -f -
```

기존 애플리케이션을 메시에 탑재하는 예를 살펴보겠다. 쿠버네티스에서 이미 실행 중이지만 서비스 메시에 배포되지 않은 애플리케이션의 예로, 이스티오 샘플 애플리케이션 Bookinfo를 새로 설치해보자. 예 5-2에서 Bookinfo의 파드를 살펴보는 것으로 시작한다.

예 5-2 서비스 메시에서 실행 중인 Bookinfo

```
$ kubectl get pods
NAME                              READY   STATUS    RESTARTS   AGE
details-v1-69658dcf78-nghss       1/1     Running   0          43m
productpage-v1-6b6798cb84-nzfhd   1/1     Running   0          43m
ratings-v1-6f97d68b6-v6wj6        1/1     Running   0          43m
reviews-v1-7c98dcd6dc-b974c       1/1     Running   0          43m
reviews-v2-6677766d47-2qz2g       1/1     Running   0          43m
reviews-v3-79f9bcc54c-sjndp       1/1     Running   0          43m
```

쿠버네티스에서 자동 배포 단위는 파드라고 하는 객체다. 파드는 컨테이너 모음이고, 따라서 원자적으로 함께 배포된 하나 이상의 컨테이너일 수 있다. 예 5-2에서 Bookinfo의 파드를 살펴보면 파드당 하나의 컨테이너만 실행된다. istioctl kube-inject가 Bookinfo의 매니페스트에 관해 실행될 때 파드 사양에 다른 컨테이너를 추가한다. 그러나 실제로는 아직 아무것도 배포하지 않는다. istioctl kube-inject는 다른 쿠버네티스 객체를 포함하는 길이가 긴 YAML 파일에 포함 가능한 파드 기반 쿠버네티스 객체(Job, DaemonSet, ReplicaSet, Pod 및 Deployment)의 수정을 지원한다. 다른 쿠베네티스 객체들은 istioctl kube-inject에 의해 수정되지 않고 파싱된다. 지원되지 않는 리소스는 수정되지 않은 상태로 유지되므로 복잡한 애플리케이션에 대한 여러 Service, ConfigMap, Deployment 등이 포함된 단일 파일에 관해 kube-inject를 실행하는 것이 안전하다. 리소스를 처음 만들 때 이 작업을 수행하는 것이 가장 좋다.

kube-inject 명령으로 작성된 YAML 파일을 가져와 직접 배포하는 것도 가능하다. 이런 기존에 존재하던 애플리케이션을 온보드하기 위해 각 배포에 관해 istioctl kube-inject를 실행하고 예 5-3에 표시된 것처럼 쿠버네티스에서 초기화한 해당 배포를 롤링 업데이트되게 할 수 있다. productpage 서비스부터 시작해보자.

예 5-3 이스티오 사이드카 주입을 포함하도록 Bookinfo의 productpage 배포가 업데이트됐다.

```
$ kubectl get deployment productpage-v1 -o yaml | istioctl
    kube-inject -f - | kubectl apply -f -
deployment.extensions/productpage-v1 configured
```

Bookinfo 파드를 살펴보면 productpage 파드가 두 개의 컨테이너로 확장됐다. 이스티오의 사이드카가 성공적으로 주입됐다. 예 5-4에 표시된 것처럼 Bookinfo가 애플리케이션으로서 작동하도록 나머지 Bookinfo의 애플리케이션 프로그램 서비스를 온보드해야 한다.

예 5-4 서비스 메시에서 실행되는 Bookinfo의 productpage

```
$ kubectl get pods
NAME                            READY   STATUS   RESTARTS  AGE
```

```
details-v1-69658dcf78-nghss       1/1   Running  0    45m
productpage-v1-64647d4c5f-z95dl    2/2   Running  0    64s
ratings-v1-6f97d68b6-v6wj6        1/1   Running  0    45m
reviews-v1-7c98dcd6dc-b974c       1/1   Running  0    45m
reviews-v2-6677766d47-2qz2g       1/1   Running  0    45m
reviews-v3-79f9bcc54c-sjndp       1/1   Running  0    45m
```

실행 중인 애플리케이션의 임시 온보딩 대신 이 수동 주입 작업을 한 번 수행하고 istio proxy(Envoy)를 삽입해 새 매니페스트 파일을 저장하는 것이 좋다. istioctl kube-inject의 결과를 파일로 출력해 사이드카 주입 배포의 영속성을 가진 버전[persistent version]을 작성할 수 있다.

```
$ istioctl kube-inject -f deployment.yaml -o deployment-injected.yaml
```

또는 다음과 같이 작성할 수 있다.

```
$ istioctl kube-inject -f deployment.yaml > deployment-injected.yaml
```

이스티오가 발전함에 따라 기본 사이드카 구성은 변경될 수 있다(잠재적으로 발표되지 않거나 대충 보고 넘어갈 수 있는 상세한 릴리스 노트에 숨어 있을 수 있다).

istioctl kube-inject는 멱등성이 없다

이전 kube-inject의 출력을 사용해 istioctl kube-inject 작업을 반복할 수 없다. kube-inject 작업은 멱등성이 없다. 업그레이드를 위해 수동 주입을 사용하는 경우 데이터 플레인 사이드카를 업데이트할 수 있도록 주입 전의 원본 YAML 파일을 유지하는 것이 좋다.

--injectConfigFile과 --injectConfigMapName 매개변수는 istioctl에 내장된 사이드카 주입 템플릿을 재정의할 수 있다. 이 옵션 중 하나를 사용하면 다른 기본 템플릿 구성 매개변수(예: --hub와 --tag)가 재정의된다. 일반적으로 새로운 이스티오 릴리스를 통해 생성된 파일/configmap과 함께 이 옵션을 사용한다.

```
# Envoy 사이드카를 사용해 영속성 있는 배포 버전을 만든다.
# 쿠버네티스로부터 주입된 'istio-inject' configmap
```

```
istioctl kube-inject -f deployment.yaml -o deployment-injected.yaml
    --injectConfigMapName istio-inject
```

애드혹 사이드카 주입

사이드카 주입은 네트워크 캡처 구성을 담당한다. 주입과 네트워크 캡처를 선택적으로
적용해 이스티오를 점진적으로 채택할 수 있다. Bookinfo 샘플 애플리케이션을 예로
사용해 productpage 서비스를 외부 서비스로 사용하고 서비스 메시에서 이 서비스(4개
서비스 중 productpage만)를 선택적으로 제거하자. 먼저 사이드카 서비스 프록시의 존재
를 신속하게 확인해보자.

```
$ kubectl get pods productpage-8459b4f9cf-tfblj
    -o jsonpath="{.spec.containers[*].image}" layer5/istio-bookinfo-productpage:v1
docker.io/istio/proxyv2:1.0.5
```

보다시피 productpage 컨테이너는 애플리케이션 컨테이너이며 istio/proxy는 이스티오
가 파드에 주입한 서비스 프록시(Envoy)다. 서비스 메시에 배치를 수동으로 온보드 및
오프보딩하기 위해 예 5-5에 표시된 대로 쿠버네티스 Deployment 사양 내에서 어노
테이션을 조작할 수 있다.

예 5-5 메시에서 배포 수동 제거

```
$ kubectl patch deployment nginx --type=json --patch='[{"op": "add", "path":
    "/spec/template/metadata/annotations", "value":
    {"sidecar.istio.io/inject": "false"}}]' deployment.extensions/productpage-v1
patched
```

브라우저로 productpage 애플리케이션을 열자. 여전히 이스티오 인그레스 게이트웨이
를 통해 서비스되지만 해당 파드에는 사이드카가 더 이상 없다. 따라서 productpage 앱
이 메시에서 제거됐다.

```
UNAVAILABLE:upstream connect error or disconnect/reset before headers
```

자동 사이드카 주입

자동 사이드카 주입은 서비스를 밟을 때 얻는 마법 같은 느낌이다. 자동 사이드카 주입은 코드를 변경할 필요가 없고 쿠버네티스 매니페스트도 변경할 필요가 없음을 의미한다. 애플리케이션의 구성에 따라 애플리케이션의 일부 측면을 변경하거나 전혀 변경하지 않아도 된다. 쿠버네티스의 자동 사이드카 주입은 승인 웹훅 변경에 의존한다. `istio-sidecar-injector`는 이스티오가 쿠버네티스에 설치될 때 변경 웹훅을 위한 구성 리소스로 추가된다(예 5-6 및 5-7 참조).

예 5-6 서비스 각각의 메시 사이드카 인젝터에 등록된 이스티오 및 Linkerd를 위한 변경 웹훅을 포함한 쿠버네티스 클러스터

```
$ kubectl get mutatingwebhookconfigurations
NAME                                    CREATED AT
istio-sidecar-injector                  2019-04-18T16:35:03Z
linkerd-proxy-injector-webhook-config   2019-04-18T16:48:49Z
```

예 5-7 istio-sidecar-injector 변경 웹훅 구성

```
$ kubectl get mutatingwebhookconfigurations istio-sidecar-injector -o yaml

apiVersion: admissionregistration.k8s.io/v1beta1
kind: MutatingWebhookConfiguration
metadata:
  creationTimestamp: "2019-04-18T16:35:03Z"
  generation: 2
  labels:
    app: sidecarInjectorWebhook
    chart: sidecarInjectorWebhook
    heritage: Tiller
    release: istio
  name: istio-sidecar-injector
  resourceVersion: "192908"
  selfLink: /apis/admissionregistration.k8s.io/v1beta1/
            mutatingwebhookconfigurations/istio-sidecar-injector
  uid: eaa85688-61f7-11e9-a968-00505698ee31
  webhooks:
```

```
  - admissionReviewVersions:
    - v1beta1
    clientConfig:
      caBundle: <redacted>
      service:
        name: istio-sidecar-injector
        namespace: istio-system
        path: /inject
    failurePolicy: Fail
    name: sidecar-injector.istio.io
    namespaceSelector:
      matchLabels:
        istio-injection: enabled
    rules:
    - apiGroups:
      - ""
      apiVersions:
      - v1
      operations:
      - CREATE
      resources:
      - pods
      scope: '*'
    sideEffects: Unknown
    timeoutSeconds: 30
```

변경 웹훅을 등록하면 네임스페이스에 istio-injection = enabled 레이블이 존재한다면 네임스페이스의 모든 파드 생성 이벤트를 쿠버네티스가 istio-sidecar-injector 서비스(istio-system 네임스페이스에 존재)로 전달하도록 구성된다. 그런 다음 인젝터 서비스는 두 개의 추가 컨테이너를 포함하도록 PodSpec을 수정한다. 컨테이너 중 하나는 트래픽 규칙을 구성하는 초기화 컨테이너[init-container]이고 다른 하나는 istio-proxy(Envoy)가 프록시를 수행하도록 하는 (대부분은 잘 모르는) 컨테이너다. 사이드카 인젝터 서비스는 템플릿을 통해 이 두 개의 컨테이너를 추가한다. 템플릿은 istio-sidecar-Injector configmap에 있다.

126

쿠버네티스 수명주기는 리소스가 쿠버네티스 구성을 위한 "신뢰의 원천$^{source\ of\ truth}$"인 etcd 저장소에 커밋되기 전에 사용자 정의할 수 있도록 허용한다. 개별 파드가 생성되면 (kubectl, Deployment 리소스 중 어떤 것을 통해서든) 앞서 설명한 동일 수명주기를 거치며, 적용 이전에 수정을 위한 승인 변경 웹훅을 거친다.

쿠버네티스 레이블

자동 사이드카 주입은 레이블을 사용해 이스티오 서비스 프록시를 주입할 파드를 식별하고 데이터 플레인의 파드를 초기화한다. 파드 및 네임스페이스와 같은 쿠버네티스 객체는 사용자 정의 레이블을 첨부할 수 있다. 레이블은 본질적으로 태그 개념을 지원하는 다른 시스템에서 볼 수 있듯이 키/값 쌍이다. 웹훅 승인$^{Webhook\ Admission}$ 컨트롤러는 레이블을 사용해 적용 대상 네임스페이스를 선택한다. Istio-injection은 이스티오가 사용하는 특별한 레이블이다. istio-injection = enabled로 기본 네임스페이스에 레이블을 지정해 자동 사이드카 주입에 익숙해질 수 있다.

```
$ kubectl label namespace default istio-injection=enabled
```

예 5-8은 istio-inject 레이블이 있는 네임스페이스에 관한 확인을 보여준다.

예 5-8 istio-injection 레이블을 가진 쿠버네티스 네임스페이스는 무엇인가?

```
$ kubectl get namespace -L istio-injection
NAME          STATUS   AGE   ISTIO-INJECTION
default       Active   1h    enabled
Docker        Active   1h    enabled
istio-system  Active   1h    disabled
kube-public   Active   1h
kube-system   Active   1h
```

istio-system 네임스페이스에만 istio-injection 레이블이 할당된 것을 주목하자. istio-injection 레이블의 값을 disabled로 설정하면 istio-system 네임스페이스에 배포 시 서비스 프록시가 파드에 자동으로 주입되지 않는다. 그러나 이것이 네임스페이스의 파드에 서비스 프록시가 전혀 존재하지 않는 것을 의미하진 않는다. 단지 서비스 프록시가 자동으로 주입되지 않음을 의미한다.

한 가지 주의 사항이 있다. namespaceSelector를 사용할 때는 선택한 네임스페이스에 실제로 사용 중인 레이블이 있는지 확인하자. default 및 kube-system과 같은 기본 제공 네임스페이스에는 기본적인 레이블이 없다. 반대로 metadata 섹션의 네임스페이스는 레이블이 아닌 실제 네임스페이스 이름이다.

```
apiVersion: networking.k8s.io/v1
kind: NetworkPolicy
metadata:
  name: test-network-policy
  namespace: default
spec:
...
```

쿠버네티스 초기화 컨테이너

VM 프로비저닝 사용자에게 친숙한 cloud-init과 유사하게 쿠버네티스(https://oreil.ly/vopoy)의 초기화 컨테이너를 사용하면 기본 컨테이너를 사용하기 전에 임시 컨테이너를 실행해 작업을 수행할 수 있다. 초기화 컨테이너는 종종 자산 번들링, 데이터베이스 마이그레이션 수행 또는 깃 리포지터리를 볼륨으로 복제와 같은 프로비저닝 작업을 수행하는 데 사용된다. 이스티오의 경우 초기화 컨테이너가 트래픽 흐름을 제어하기 위해 네트워크 필터(iptables)를 설정하는 데 사용된다.

사이드카 리소스 관리

이스티오 v1.1은 사이드카에 대한 기본 리소스 제한을 정의했다. 사이드카를 자동 확장하려면 리소스 제한을 정의해야 한다. 사이드카의 컨테이너 YAML을 확인하면 예 5-9에 표시된 것처럼 mTLS 사용 여부에 관계없이 볼륨이 마운트된 것을 알 수 있다.

예 5-9 쿠버네티스 포드에 존재하는 사이드카 사양

```
...
    --controlPlaneAuthPolicy
     MUTUAL_TLS
...
  Mounts:
    /etc/certs/ from istio-certs (ro)
    /etc/istio/proxy from istio-envoy (rw)
...
```

Envoy의 기능

다른 서비스 프록시와 마찬가지로 Envoy는 네트워크 리스너를 사용해 트래픽을 수집한다. 업스트림 및 다운스트림이라는 용어는 일련의 종속 서비스 요청 방향을 나타낸다(그림 5-5 참조). 어느 방향이 업스트림이고 어느 방향이 다운스트림일까?

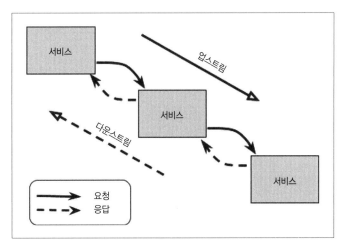

그림 5-5 클라이언트는 서버의 다운스트림이다. 서버는 클라이언트의 업스트림이다.

다운스트림

다운스트림 서비스는 요청을 시작하고 응답을 받는다.

업스트림

업스트림 서비스는 요청을 받고 응답을 반환한다.

핵심 구성 요소

리스너는 다운스트림 클라이언트로부터 연결을 허용하는 명명된 네트워크 위치(예: 포트, 유닉스 도메인 소켓 등)다. Envoy는 하나 이상의 리스너를 노출하며, 대부분의 경우 외부 클라이언트가 연결할 수 있는 외부 노출 포트다. 리스너는 특정 포트에 바인딩된다. 물리적 리스너는 포트에 바인딩된다. 가상 리스너virtual listener는 전달에 사용된다. 리스너는 연결 관련 메타 데이터를 조작하거나 코어에 변경 사항을 통합하지 않고도 시스템 통합을 개선하는 데 사용 가능한 리스너 필터들의 체인으로 구성할 수도 있다.

그림 5-6 Envoy 핵심 구성 요소 간 관계

정적 파일을 사용하거나 LDS^{Listener Discovery Service}, RDS^{Route Discovery Service}, CDS^{Cluster Discovery Service} 및 EDS^{Endpoint Discovery Service} 같은 각 API를 통해 리스너, 라우트, 클러스터 및 엔드포인트를 동적으로 구성할 수 있다. 정적 구성 파일은 JSON 또는 YAML 형식을

사용할 수 있다. Envoy의 API에 대한 검색 서비스의 집합을 xDS라고 한다. 구성 파일은 리스너, 라우트, 클러스터 및 엔드포인트뿐만 아니라 관리자 API 사용 여부, 액세스 로그를 옮길 위치 및 추적 엔진 구성과 같은 서버별 설정을 지정한다.

 Envoy의 참조 문서(https://www.envoyproxy.io/docs)는 v1과 v2 문서를 명시적으로 구분한다.

Envoy 구성은 서로 다른 버전이 존재한다. 초기 버전(v1)은 Envoy 구성의 v2에 더 이상 사용되지 않는다. Envoy v1 API와 이스티오의 통합을 위해서 Envoy는 파일럿을 폴링하고 구성 업데이트를 수신해야 한다. Envory v2는 파일럿에 대한 장기 실행 gRPC 스트리밍 연결을 보유하며, 파일럿은 열려 있는 스트림의 관점에서 본다면 업데이트를 푸시할 수 있다. Envoy는 v1 구성 API와 일부 호환성을 가진다. 그러나 언젠가는 제거될 예정이므로 v2에만 집중하는 것이 가장 좋다.

이스티오 파일럿은 Envoy의 ADS를 사용해 동적 구성을 수행하고 라우팅 테이블, 클러스터 및 리스너 정의를 중앙 집중화한다. 파일럿은 여러 서비스 프록시에 동일한 규칙을 적용해 클러스터 전체에 서비스 프록시 구성 업데이트를 전파할 수 있다. 런타임 시 파일럿은 이러한 API를 사용해 구성을 푸시한다. 파일럿은 서비스당 하나의 구성을 효율적으로 계산한다. 기본적으로 10초마다 구성 변경 사항을 푸시하지만 PILOT_DEBOUNCE_MAX를 사용해 이 구성을 설정할 수 있다.

Envoy의 이전 API는 폴링을 사용했지만 새로운 API는 확장성을 높이고자, 더 중요하게는 Envoy에 특정 순서에 따른 구성을 지시할 수 있게 하고자 푸시를 기반으로 한다. Envoy는 gRPC를 사용해 파일럿에 대한 장기 연결을 생성한다. 파일럿은 변경 사항을 계산할 때마다 데이터를 푸시한다. Envoy의 AggregateADS는 전달 순서를 보장해 서비스 프록시에 대한 업데이트 순서를 지정할 수 있다. 이는 서비스 메시를 복원력 있게 만드는 주요 속성이다.

인증서와 트래픽 보호

현재 기본 보안 상태는 무엇인가? 최근에는 구성 가능한 옵션이지만 여전히 기본 설정에서 파일럿은 정의되지 않은 엔드포인트로의 이그레스 트래픽을 허용하지 않는다. 이스티오의 기본 보안 상태에 따라 기본적으로 파일럿이 클러스터 외부의 어느 엔드포인트로 트래픽을 전송할 수 있는지 알아야 한다. 파일럿이 토폴로지/환경 변경을 인식하자마자 데이터 플레인에서 영향을 받는 각 서비스 프록시를 재구성할 수 있어야 한다.

구성 변경 유형에 따라 Envoy 리스너를 닫을 필요가 있거나 없을 수도 있다(연결이 끊어지거나 끊어지지 않을 수 있음). 이스티오에서 의도적으로 연결을 닫는 예는 서비스 ID 자격증명(인증서)이 로테이팅되는 경우다. 필수는 아니지만 이스티오가 서비스 인증서를 다시 로드할 때 연결을 종료한다. Envoy의 SDS^{Secret Discovery Service}는 각 서비스 프록시에 시크릿(인증서)을 푸시할 수 있는 메커니즘을 제공한다. 6장에서 SDS에 관해 더욱 자세히 다룬다.

파일럿 에이전트(예 5-10 및 5-11에 표시)가 인증서 로테이팅 시 (시간 당 한 번) Envoy 재시작을 처리한다. 기존에 열린 연결은 만료된 인증서를 재사용하지만 이스티오는 의도적으로 연결을 닫는다.

예 5-10 istio-proxy는 Envoy와 함께 파일럿 에이전트가 실행되는 다중 프로세스 컨테이너다.

```
$ kubectl exec ratings-v1-7665579b75-2qcsb -c istio-proxy ps
PID  TTY      TIME  CMD
  1  ?    00:00:10  pilot-agent
 18  ?    00:00:32  envoy
 70  ?    00:00:00  ps
```

예 5-11 productpage의 인증서가 유효한지 확인

```
$ kubectl exec -it $(kubectl get pod | grep productpage | awk '{ print $1 }') -c
    istio-proxy -- cat /etc/certs/cert-chain.pem |
    openssl x509 -text -noout
```

Envoy의 연결 처리 핸들러는 이러한 측면에서 사용자 정의할 수 있으며 예 5-12에 표

시된 대로 구성을 검사할 수 있다.

```
$ kubectl exec ratings-v1-7665579b75-2qcsb -c istio-proxy ls /etc/istio/proxy Envoy-
rev0.json
```

mTLS 연결은 서비스 프록시 간에 설정되며 인증서는 mTLS 통신을 설정하는 데 사용된다. 이스티오처럼 사이드카를 사용하는 서비스 프록시를 적용한 서비스 메시 배포는 일반적으로 애플리케이션 서비스와 사이드카 프록시 간에 파드 로컬의 암호화되지 않은 TCP 연결을 설정한다. 즉, 서비스(애플리케이션 컨테이너)와 Envoy는 파드-로컬 네트워킹(루프백 인터페이스)을 사용해 통신한다. 이 트래픽 흐름을 이해하면 쿠버네티스 네트워크 정책과 사이드카-앱 리디렉션이 호환 가능하다(일부가 커버된다^{underlap}). 그리고 앱과 사이드카 간에 쿠버네티스 네트워크 정책 적용은 불가능하다. 애플리케이션의 네트워크 트래픽이 파드를 벗어난 때만 쿠버네티스 네트워크 정책이 적용된다.

관리 콘솔

Envoy는 구성, 통계, 로그 및 기타 내부 Envoy 데이터를 볼 수 있는 관리 뷰를 제공한다. 이스티오 배포의 데이터 플레인 내에서 실행되는 특정 서비스 프록시의 관리 콘솔에 대한 접근 권한을 얻으려면 11장의 지침을 따르자. 이스티오 서비스 메시 배포 외부에서 Envoy의 관리 콘솔을 사용하는 가장 간단한 방법은 예 5-13에서 설명한 것처럼 도커 사용이다.

```
$ docker run --name=proxy -d \
  -p 80:10000 \
  -v $(pwd)/envoy/envoy.yaml:/etc/envoy/envoy.yaml \
  envoyproxy/envoy:latest
```

브라우저로 http://localhost:15000을 연 후에는 다음과 같이 탐색할 엔드포인트 목록이 표시된다.

/certs

Envoy 인스턴스 내의 인증서들

/clusters

Envoy가 구성된 클러스터

/config_dump

실제 Envoy 구성 덤프

/listeners

Envoy와 함께 구성된 리스너들

/logging

로깅 설정 확인과 변경

/stats

Envoy 통계

/stats/prometheus

프로메테우스 기록으로 사용되는 Envoy 통계

productpage 파드의 서비스 프록시가 사용하는 인증서 목록에 세 개의 파일이 있다(예 5-14 참조). 그 가운데 하나는 productpage의 개인 키(key.pem)여야 한다.

예 5-14 productpage의 서비스 프록시에 키와 인증서가 올바르게 마운트됐는지 확인

```
$ kubectl exec -it $(kubectl get pod | grep productpage | awk '{ print $1 }')
    -c istio-proxy -- ls /etc/certs
cert-chain.pem key.pem root-cert.pem
```

이론적으로 Envoy를 사용해 세계의 상태를 만들 수 있다. 그러나 실제로는 파일럿이 Envoy 서비스 프록시, 이스티오 구성 및 서비스 발견 데이터 구성을 책임진다.

## 6장

보안과 ID

애플리케이션 및 시스템 보안은 오랫동안 네트워크에 초점을 뒀다. 역사적으로 공격을 막기 위해 단단한 외피(방화벽, VPN 등)를 구축했지만, 일단 외피가 뚫리면 공격자가 많은 시스템에 쉽게 접근할 수 있다. 그러나 자체 신뢰 도메인 내에 심층 방어 및 적용 네트워킹 격리 개념을 구축해 보안 관리자가 네트워크의 허점을 뚫고 상황에 맞게 설정해야 한다. 또한 애플리케이션이 서로 통신할 수 있도록 할당된 네트워크 ID(IP 주소)를 통해 어떤 ID를 가지면 어디에 접근 가능한지, 어떤 포트를 거쳐야 하는지 등의 작업을 수행한다. 이러한 보안 접근 방식은 시스템 변경률이 낮을 때 효과적이며 며칠 걸리는 변경이 잦다면 수동 단계를 수행하거나 네트워크 설정 및 유지 관리를 자동화하는 것이 더 쉽다.

그러나 컨테이너 기반 시스템의 경우 변경 속도는 며칠이 아니라 초로 표현된다. 기존의 네트워크 보안 모델은 매우 역동적인 환경에서 제대로 동작하지 않는다. 주요 문제는 기존의 네트워크 보안이 네트워크에서 사용 가능한 유일한 ID, 즉 IP 주소를 강조한다는 점이다. IP 주소로 애플리케이션을 강력하게 식별할 수 없으며 쿠버네티스와 같은 동적 환경은 시간이 지남에 따라 다른 워크로드에 IP 주소를 자유롭게 재사용할 수 있으므로 정책이나 보안에 사용하기에 충분하지 않다.

이 문제를 해결하기 위한 이스티오의 주요 기능 중 하나는 서비스 메시의 모든 워크로드에 ID를 발급하는 기능이다. 이러한 ID는 특정 호스트(또는 특정 네트워크 ID)가 아닌 워크로드와 연결된다. 즉, 네트워크에 종속적이지 않고 배포 및 시스템 토폴로지 변경에도 안정적인 서비스 간 통신에 대한 정책을 작성할 수 있다.

6장은 서비스 간 통신과 관련된 ID, 권한 부여 및 인증 개념을 살펴본다. 또한 이스티오가 워크로드에 ID를 제공하고 런타임에 해당 ID의 인증을 수행한 후 이를 사용해 서비스 간 통신을 승인하는 방법에 관해서도 알아본다. 접근 제어부터 시작하자.

접근 제어

접근 제어 시스템이 대답하는 근본적인 질문은 "개체^{entity}가 객체^{object}에 관해 작업^{action}을 수행할 수 있는가?"이다. 이 개체를 '주체^{principal}'라고 부른다. 작업은 시스템이 정의한 작업이다. 객체는 주체에 의해 작업을 수행하게 된다. 예를 들어 유닉스 파일시스템을 사용하면 사용자 주체가 파일 객체에 관해 "읽기", "쓰기" 또는 "실행" 작업을 수행할 수 있다.

인증

인증은 전적으로 주체에 관한 것이다. 인증은 자격증명(예: 인증서)을 가져와서 자격증명이 유효한지 (즉, 자격증명이 진품인지) 확인하고, 접근 제어 질문의 개체가 실제로 ID로 대표되는 개체를 포함하는지 보장하는 프로세스다. 권한 부여는 개체가 객체에 관해 수행 가능한 작업과 수행할 수 없는 작업에 관한 것이다.

인증^{Authentication}(약어로는 authn이며 "오쓰-인$^{auth-in}$"으로 발음)은 요청에서 자격증명을 가져와 진위를 보장하는 행위다. 이스티오의 경우 서비스가 서로 통신할 때 사용하는 자격증명은 X.509 인증서다. 서비스 프록시는 일반 인증서 유효성 검사 프로세스를 사용해 상대방이 제공한 X.509 인증서를 확인해 호출 서비스의 ID를 인증하고 클라이언트는 서버를 상호 인증한다. 인증서가 유효하면 인증서 내에 인코딩된 ID가 인증된 것으로 간주된다. 인증을 수행한 후 보안 주체가 인증되면, 인증 여부가 아직 정해지지 않은 주체와 구분하기 위해 인증된 주체$^{authenticated\ principal}$라고 한다.

권한 부여

권한 부여^{Authorization}(약어로 authz이며 "오쓰-지^{auth-zee}"로 발음)는 "개체가 객체에 관해 작업을 수행할 수 있는가?"라는 질문에 대답하는 행위다. 예를 들어 유닉스에서 셸 스크립트를 실행하기 위해 시스템은 현재 사용자(인증된 주체)가 스크립트 파일에 대한 실행 권한을 갖는지 확인한다. 이스티오 서비스 간 통신에 관한 권한 부여는 RBAC 정책으로 구성되며 6장 뒷부분에서 자세히 다룬다.

authn과 authz를 모두 지칭하기 위해 약어 "auth"를 사용한다.

"개체가 객체에 관해 작업을 수행할 수 있는가?"라는 접근 제어 질문에 관해 생각할 때 인증과 권한 부여가 모두 필요하며 다른 하나가 없다면 쓸모없다는 것이 분명하다. 자격증명만 인증한다면 모든 사용자가 모든 객체에 관해 모든 작업을 수행할 수 있다. 앞서 한 모든 것은 이 사용자가 실제로 자신이 무엇인가를 하는 동안 자신이 누구인지 제시하는 것을 확인한 것이다! 마찬가지로 요청에 대한 권한 부여만 하면 모든 사용자가 다른 사용자인 것처럼 가장해 해당 사용자의 객체에 관한 작업을 수행할 수 있다. 지금 한 모든 일은 누군가가 문제의 행동을 수행할 권한이 있는지 확인하는 것이다. 마지막으로 주목해야 할 것은 이스티오 인증 답변이 "개체가 객체에 관해 작업을 수행할 수 있는가?"보다 조금 더 구체적이라는 점이다. 더 구체적으로는 이스티오의 답변은 "서비스 A가 서비스 B의 작업을 수행할 수 있는가?"이며, 이 경우 개체와 객체 모두 서비스 메시의 서비스 ID다.

인증 및 권한 부여의 개념을 고려할 때 자연스러운 질문은 다음과 같다. ID는 무엇이고 이스티오가 서비스에 어떤 주체를 부여하는가? 서비스 메시는 런타임 시 이러한 ID를 어떻게 관리할까? 한 서비스가 다른 서비스에서 수행 가능한 작업에 관한 정책을 어떻게 작성하고 이스티오가 런타임에 이러한 정책을 어떻게 적용할까? 6장의 나머지 부분은 이러한 각 질문에 대한 답변을 단계별로 설명한다.

ID

서비스 메시가 클러스터에 걸쳐 있다는 점(서비스 메시의 온/오프 서비스가 서로 통신할 수 있음)을 이해할 수 있다면 서비스 메시는 어디에서 시작하고 끝날까? 서비스 메시의 경계는 무엇이라고 할 수 있는가? 이 질문에 대한 답변은 일반적으로 관리 도메인administrative domain 개념을 중심으로 하는 경우가 대부분이며, 관리 도메인은 한 서비스 운영자가 구성한 모든 것 또는 동일한 메시의 구성 요소들로 서로 통신하는 모든 것이다. 둘 다 인기 있는 답변이다. 저자들의 의견으로는 이러한 유형의 답변으로는 부족하다. 예를 들어 여러 팀이 서로 다른 메시 일부분을 관리할 수 있으며 메시의 다른 부분은 실제로 통신이 허용되지 않을 수도 있다. 대신 가장 좋은 대답은 "서비스 메시는 단일 ID 도메인"이다. 즉, 시스템의 모든 서비스에 IDIdentity가 할당되는 단일 네임스페이스다.

ID가 서비스 메시의 경계를 형성한다. ID는 모든 커뮤니케이션이 ID에서 시작된다는 점에서 서비스 메시의 기본 기능이다. 서비스 메시의 트래픽 조정이나 원격 측정 기능은 서비스를 식별하는 방법에 대한 이해에 의존한다. 측정 대상을 알지 못하면 통계는 쓸모없는 데이터일 뿐이다.

SPIFFE

이스티오는 SPIFFESecure Production Identity Framework for Everyone 사양을 구현해 ID를 발급한다. 간단히 말해 이스티오는 X.509 인증서를 생성하고, 서비스를 설명하는 URIUniform Resource Identifier로 인증서의 소유자 대체 이름SAN, Subject Alternative Name을 설정한다. 이스티오는 ID 속성에 관해서는 플랫폼에 맡긴다. 이스티오는 쿠버네티스 배포에서 파드의 서비스 계정을 ID로 사용해 URI(spiffe://ClusterName/ns/Namespace/sa/ServiceAccountName)로 인코딩한다.

 쿠버네티스에서 파드는 파드 사양에 ServiceAccount 필드가 설정되지 않으면 배포된 네임스페이스에 관해 "default" 서비스 계정을 사용한다. 이는 서비스 계정이 각 서비스에 관해 아직 설정되지 않은 경우 동일한 네임스페이스의 모든 서비스가 단일 ID를 공유함을 의미한다.

SPIFFE는 부트스트랩 및 ID를 발급할 수 있는 프레임워크에 관한 사양이다. SPIRE^{SPIFFE} Runtime Environment는 SPIFFE 커뮤니티의 참조 구현이고 시타델(이전의 이스티오 Auth)은 두 번째 구현이다. SPIFFE 사양은 세 가지 개념을 설명한다.

- 서비스에서 통신을 위해 사용하는 URI로서의 ID

- 해당 ID를 SVID^{SPIFFE Verifiable Identity Document}로 인코딩하기 위한 표준

- SVID 발급 및 검색을 위한 API(워크로드 API)

SPIFFE를 사용하려면 spiffe://trust-domain/path와 같이 `spiffe` 체계를 사용해 서비스 ID를 URI로 인코딩해야 한다. 신뢰 도메인^{trust domain}은 ID(예: 조직, 환경 또는 팀) 신뢰의 루트다. 신뢰 도메인은 URI의 권한 필드(특히 권한의 호스트 부분)다. 이 사양은 URI의 경로 부분이 UUID^{Universally Unique Identifier}, 신뢰 계층 구조 또는 기타 요소가 될 수 있도록 한다. 쿠버네티스에서 이스티오는 로컬 클러스터 이름을 신뢰 도메인으로 사용해 서비스의 `ServiceAccount`를 인코딩하고 `ServiceAccount` 이름 및 네임스페이스를 사용해 경로를 만든다. 예를 들어 기본 ServiceAccount는 spiffe://cluster.local/ns/default/sa/default(네임스페이스의 경우 "ns", 서비스 계정의 경우 "sa")로 인코딩된다.

SPIFFE는 이 ID를 X.509 SVID로 인코딩하는 방법도 설명한다. ID를 증명하기 위해 X.509 인증서를 확인할 수 있다. SPIFFE 사양은 ID URI가 인증서의 SAN 필드로 인코딩되도록 규정한다. SVID를 검증할 때 수행되는 검증은 3가지다.

1. 일반적인 X.509 유효성 검사를 수행한다.

2. 인증서가 서명 인증서^{signing certificate}가 아닌지 확인한다. 사양에 따르면 서명 인증서를 식별에 사용할 수 없다.

3. SPIFFE 체계를 사용해 인증서에 정확히 하나의 SAN이 있는지 확인한다.

SPIFFE는 SVID를 발행하고 검색하기 위한 API인 워크로드^{Workload} API를 정의한다. 그러나 이 부분이 이스티오와 SPIFFE가 다른 부분이다. 이스티오는 대신 사용자 정의 프

로토콜인 CA 서비스를 사용해 인증서 프로비저닝을 구현한다. 시타델 노드 에이전트 Citadel Node Agent는 새 워크로드가 스케줄링될 때 해당 API를 통해 CSR을 발행한다. 시타델은 요청에 대한 유효성 검증을 수행하고 워크로드에 대한 SVID를 반환한다. SPIFFE 워크로드 API와 CA 서비스는 모두 비슷한 목표를 달성한다(ID를 수신하기 위한 워크로드에 관한 정보 증명).

마지막으로 SPIFFE 사양에서 필수는 아니지만 SPIRE와 이스티오는 수명이 짧은 X.509 SVID를 발급한다. 이 SVID는 발급 후 1시간이 지나면 만료된다. 이는 HTTPS TLS 말단에 사용되는 경향이 있으며 일반적으로 발급 후 1년 또는 그 이상 후에 만료되는 전통적인 X.509 인증서의 사용과 대조된다.

수명이 짧은 인증서의 이점은 인증서를 해지하지 않고도 해당 만료 시간 내에 공격을 제한할 수 있다는 점이다(수명 짧은 인증서를 사용하면 해지가 쉬워진다). 공격자가 워크로드를 손상시키고 워크로드의 SVID를 도용한다고 가정하자. 짧은 기간 동안 나머지 신뢰 도메인에서만 유효하다. 공격을 수행하는 데 오랜 시간이 필요한 경우 워크로드에서 유효한 자격증명을 지속적으로 추출해야 한다. 공격을 알게 되자마자 정책을 사용해 해당 ID가 다른 서비스에 접근하는 것을 금지하고 해당 ID에 대한 인증서 재발급을 중지하며 해당 인증서를 해지 목록에 넣을 수도 있다. 인증서는 일시적이므로 해당 해지 목록을 관리하는 것이 쉽다. 인증서 해지 목록에서 만료된 인증서를 제거하는 것이 일반적이다. 인증서가 빨리 만료되면 목록이 작게 유지된다.

그러나 수명이 짧은 인증서를 사용하면 단점 역시 존재한다. 전체 워크로드에 관해 짧은 간격으로 인증서를 발급하고 교체하기가 어렵다. 다음 절에서 이스티오가 이 문제를 해결하는 방법을 설명한다.

키 관리 아키텍처

시타델, 노드 에이전트 및 Envoy의 세 가지 구성 요소는 주요 관리 아키텍처이며, 모두 이스티오 배포에서 SVID를 발급하고 회전시키는 데 참여한다(그림 6-1 참조).

시타델

시타델은 CA로 작동해 X.509 SVID를 형성하는 인증서 요청에 서명해 배포 전체의 워크로드에 걸친 ID를 발급한다.

노드 에이전트

각 노드에 배포된 신뢰할 수 있는 에이전트는 시타델과 노드에 배포된 Envoy 사이드카 간의 브로커 역할을 한다.

Envoy(서비스 프록시)

Envoy는 노드 에이전트와 로컬로 대화해 ID를 검색하고 해당 ID를 런타임에 다른 당사자에게 제공한다.

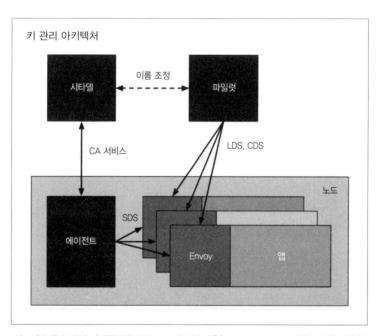

그림 6-1 이스티오 주요 관리 아키텍처와 구성 요소 간 상호작용(Envoy xDS API에 관한 자세한 내용은 5장 참조)

시타델

시타델은 ID 요청 수락, 인증, 승인 및 궁극적으로 해당 ID에 대한 인증서 발급을 담당한다. 시타델 자체는 그림 6-2와 같이 여러 논리 구성 요소로 구성된다.

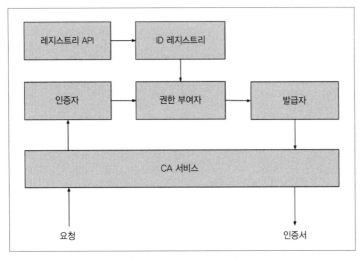

그림 6-2 시타델 아키텍처 및 내부 구성 요소 상호작용

그림 6-2의 왼쪽에서 오른쪽으로 CA 서비스 인증서 프로비저닝 흐름을 살펴보면 다음과 같다.

1. 시타델은 CA 서비스를 공개 API로 ID 요청자에게 노출한다. ID를 요청하기 위해 호출자는 CA 서비스와 인터페이스해 궁극적으로 시타델이 서명할 CSR을 시타델에 보내 CSR을 인증서(X.509 SVID)로 변환한다.

2. 요청이 접수되면 인증자에게 전달돼 요청을 확인한다. 인증 방법은 시타델 배포 방법에 따라 다르다. 예를 들어 쿠버네티스에서 파일럿은 각 워크로드에 서비스 이름을 제공할 수 있도록 신뢰된다.

3. 요청이 인증된 후 권한 부여자는 요청된 ID가 인증된 주체가 수신하기에 유효한지 여부를 판별한다. 권한 부여자는 인증된 주체를 통해 워크로드를 ID에 매핑해 권한 부여를 수행하는 ID 레지스트리를 참조한다.

4. 워크로드에 ID 수신 권한이 부여되면 실제로 인증서에 서명해 발행해야 한다. 권한 부여자는 발급자를 호출해 인증서를 생성하고 요청자가 인증서를 사용 가능하게 한다. 현재 시타델의 발행자는 HashiCorp Vault뿐만 아니라 메모리 내 CA도 포함한다.

노드 에이전트

시타델의 ID 발행 대상인 워크로드가 존재하는 모든 노드에 노드 에이전트가 배포된다. 노드 에이전트는 두 가지 책임을 가진다. 첫째, Envoy와 시타델 간 간단한 프로토콜 어댑터 역할을 한다. Envoy는 SDS API를 사용해 Envoy가 런타임 시 제공할 시크릿을 구성한다. SDS API는 주요 자료(인증서 자체)를 발행하는 데 유용하지만 검증은 지원하지 않는다. 다시 말해, 시타델은 SDS API를 사용해 ID 소유권을 인증할 수 없다. 대신 시타델은 이전 절에서 설명한대로 맞춤형 CA 서비스 API를 사용해 요청을 인증한다. 노드 에이전트는 노드에 배포된 워크로드 대신 SDS 및 CA 서비스를 연결한다. 이를 통해 노드 에이전트의 두 번째 주요 책임을 알 수 있다. 노드에서 신뢰할 수 있는 에이전트가 되고 시타델을 위해 워크로드 환경을 검증해 키를 워크로드 로컬에 분배하는 것이다.

노드 에이전트는 시타델에서 검색한 시크릿을 메모리에 유지하고 만료 시간이 가까울 때(예: TTL$^{time-to-live}$이 25% 남음) 에이전트는 시타델에 접속해 인증서를 갱신한다. 시타델에 일시적으로 접근할 수 없는 경우 자유 재량권$^{wiggle room}$을 약간 남겨둔다. 컨테이너 에이전트가 노드 에이전트를 종료하고 다시 시작하면 노드의 모든 워크로드에 대한 새 인증서 정보를 검색하려고 시도한다. 이러한 방식으로 노드 에이전트는 상태 비저장 상태로 유지된다. 시타델로부터 새로운 SVID를 수신하면 노드 에이전트는 SDS를 통해 인증서를 Envoy에 푸시한다. 5장에서 설명했듯이 Envoy는 목적지 워크로드에 대한 새로운 연결을 생성하도록 트리거한다. Envoy는 현재 연결을 새로운 연결로 전달되게 하고 (현재 만료된) 이전 인증서를 사용하던 연결을 종료한다.[1]

---

1 새 자격증명을 사용해 연결을 즉시 재설정할 필요는 없다. 결국 인증서가 만료되기 전에 시작된 TLS 세션은 계속 유효하다. 설정된 연결은 만료된 인증서를 계속 사용한다. 특정 유형의 자격증명 가로채기 공격을 완화하기 위해 연결을 재설정한다. 또한 약간의 지터는 시스템에 유익한 경향이 있다! – 지은이

노드 에이전트가 이미 노드의 모든 시크릿을 처리하고 있기 때문에 이러한 방식으로 노드 에이전트에 의존하는 것은 이스티오 보안 모델에서 정당화될 수 있다. 노드 에이전트는 정확히 그런 이유로 노드의 다른 구성 요소보다 높은 수준의 신뢰로 작동해야 한다. 따라서 에이전트가 실행 환경을 검증하도록 추가로 신뢰를 확장하는 것은 합리적이다. Envoy가 시타델과 직접 통신하는 경우에도 Envoy는 애플리케이션 자체와 동일한 신뢰 도메인에서 실행되기 때문에 Envoy가 제공하는 환경적 답변을 신뢰할 수 없다(따라서 애플리케이션을 손상시키려는 공격자는 환경 증명 문제에 관해 다르게, 또는 잘못된 답변을 하는 것으로 Envoy를 쉽게 혼동시킬 수 있다).

마지막으로 워크로드가 로컬 노드 에이전트와 통신하고 해당 노드 에이전트가 시타델과 통신하도록 한 아키텍처 결정은 시타델의 확장성 유지에 중요하다. 이 설계는 시스템의 시타델 인스턴스에 관한 연결 수를 워크로드 수(일반적으로 더 큰 수)가 아닌 배포된 노드 수(일반적으로 더 적은 수)와 바인드한다. 쿠버네티스와 같은 환경은 종종 노드보다 워크로드 수가 상당히 많으므로 이 설계는 실질적인 이점을 제공한다.

Envoy

이러한 통신 흐름의 마지막 참가자는 서비스 프록시 Envoy다. Envoy는 로컬 노드 에이전트의 SDS API 소스이며 로컬 노드 에이전트와 통신하도록 구성된다. SDS 서버의 위치는 파일럿에 의해 Envoy에 동적으로 제공될 수 있다. 그러나 이스티오 배포는 일반적으로 이 정보를 정적으로 구성하므로 런타임에 오류가 덜 발생할 확률이 높다. Envoy는 일부 주소를 로컬 노드로 해석하거나 좀 더 일반적으로 UDS를 통해 로컬로 통신해 SDS 서버(노드 에이전트)와 통신 가능하다.

 Envoy는 API의 구성으로 정적 구성을 덮어쓰지 않으므로 실수로 구성을 Envoy에 푸시해 구성 서버와 통신 불가능한 상황은 발생하지 않는다.

Envoy는 메시의 다른 서비스에 대한 연결을 시작할 때 SVID 인증서를 사용한다. 메시의 두 워크로드는 통신할 때 선택적으로 mTLS를 적용한다. 그렇게 하면 클라이언트와 서버 모두 상대방의 신원을 보장하고, 시작되는 통신의 인증 및 권한 부여를 수행할 수 있으며 전송 시 암호화를 제공할 수 있다. 그래도 mTLS만으로는 충분하지 않다. 여전히 두 ID 간의 통신 승인을 수행할 무언가가 필요하기 때문이다. 6장 뒷부분에서 mTLS와 통신 승인에 관해 다룬다.

파일럿

파일럿은 키 관리에서 중요한 역할을 한다. 파일럿이 대상 서비스 및 트래픽 수신 방법에 관한 구성을 포함한 구성을 Envoy에 푸시할 때 파일럿은 인증서를 참조해야 한다. 파일럿은 인증서를 이름으로 참조한다. 따라서 노드 에이전트가 제공하는 SDS와 협력이 필요하다. 시타델 외에도 노드 에이전트가 파일럿과 통신하도록 하는 것은 바람직하지 않다. 대신 이스티오 구성 요소는 파일럿이 SDS에서 제공한 시크릿을 명확하게 참조할 수 있도록 시크릿에 대한 공통 명명 체계를 미리 계획한다. 또한 모든 Envoy의 기본 인증서인 ID SVID는 잘 알려진 위치(5장에 설명된 /etc/certs/)에 있다.

mTLS

모든 ID 인증서(SVID)가 시스템 전체의 워크로드에 분배되면 이를 사용해 통신할 서버의 ID를 확인하고 인증 및 권한 부여를 수행하는 방법은 실제로는 무엇일까? 여기서 mTLS가 등장한다. 먼저 약간의 배경 지식이 필요하다.

TLS 또는 SSL(TLS는 SSL의 새로운 버전)을 생각할 때 일반적인 사례는 HTTPS다. 사용자는 브라우저를 사용해 일부 웹 서버(예: http://wikipedia.org)에 연결하기를 원한다. 브라우저(또는 OD)는 사이트의 IP 주소를 확인하기 위해 DNS 조회를 수행한다. 브라우저는 해당 주소에 대한 HTTPS 요청을 시작하고 서버(사이트)의 응답을 기다린다. 브라우저(클라이언트)가 서버에 연결을 시도하면 서버는 클라이언트가 신뢰하는 신뢰 루트에 의해 서명된 ID(예: wikipedia.org)가 포함된 인증서를 제시해 응답한다. 클라이언트는 인증서의 유효성을 검사해 서버의 ID를 인증하고 연결을 설정한다. 그런 다음 클라이언트와 서버에서 전송한 데이터를 암호화할 수 있도록 연결을 위한 키 세트가 생성된다. 다시 말해 TLS는 서버가 실제로 wikipedia.org에 의해 제어되며, 서버가 보낸 데이터를 도청하거나 변조하는 사람이 없다는 것을 통해 클라이언트가 서버를 신뢰할 수 있다는 것을 알아내는 방법이다.

mTLS는 클라이언트, 서버 모두가 서로에게 인증서를 제시하는 TLS다. 이를 통해 클라이언트는 일반 TLS와 같이 서버의 ID를 확인할 수 있지만 서버 역시 연결을 설정하려는 클라이언트의 ID를 확인할 수 있다. 이스티오는 mTLS를 사용해 두 당사자에게 서로의 SVID를 제공한다. 이를 통해 두 당사자는 상대방이 제공한 SVID를 인증하고 연결에 대한 권한 부여를 수행할 수 있다. 실제로 이스티오는 서버 측에서만 인증을 수행한다. 다음 절에서 다룰 권한 부여 정책을 작성하는 방법과 관련해 서버 측에서만 인증하는 것은 의미가 있다.

이스티오 인증 정책 구성

이스티오는 인증 및 권한 부여 정책을 두 가지 구성 세트로 분리한다. 첫 번째 인증 정책은 메시의 프록시가 서로 통신하는 방법(SVID 필요 여부)을 제어한다. 두 번째 권한 부여 정책은 먼저 인증 정책이 필요하며 통신할 수 있는 ID를 구성한다.

인증 정책: mTLS 구성

클라이언트와 서버 모두에 인증서를 동시에 프로비저닝해야 하므로 기존 배포에 mTLS를 채택하기는 어렵다(전통적인 TLS는 서버 배포만 조정하면 훨씬 간단하다). 결과적으로, 이스티오는 mTLS를 사용하지 않는 배포를 수행하고 클라이언트 중단 없이 점진적으로 활성화할 수 있도록 몇 가지 노브knob를 제공한다.

인증 정책(authentication.istio.io/v1alpha1.Policy)은 메시의 서비스가 서로 통신하는 방식을 구성하는 데 사용하는 기본 CRD다. 인증 정책을 사용하면 서비스별, 네임스페이스별로 mTLS를 선택 또는 비활성화하도록 요구할 수 있다. 클러스터 범위의 변형인 MeshPolicy는 기본 정책을 메시의 모든 네임스페이스 및 서비스에 적용한다.

단일 서비스에 관해 mTLS를 활성화하기 위해 해당 서비스의 네임스페이스에서 해당 서비스를 대상으로 다음과 같이 mTLS를 요구하는 정책을 만든다.

```
apiVersion: authentication.istio.io/v1alpha1
kind: Policy
metadata:
  name: foo-require-mtls
  namespace: default
spec:
  targets:
  - name: foo.default.svc.cluster.local
  peers:
  - mtls:
      mode: STRICT
```

이 정책은 기본 네임스페이스에 적용되며 서비스 foo와 통신하는 데 TLS가 필요하다고 표시한다. 기본 mTLS 구성이 STRICT 모드이므로 중복 필드를 생략해 이 구성을 약간 단순화할 수 있다.

```
apiVersion: authentication.istio.io/v1alpha1
kind: Policy
metadata:
  name: foo-require-mtls
  namespace: default
spec:
  targets:
  - name: foo.default.svc.cluster.local
  peers:
  - mtls: {}
```

istio.io의 많은 정책 예제는 기본 동작이 STRICT 모드를 필요로 하기 때문에 위의 양식을 채택하고 mTLS 객체를 생략한다.

물론 클라이언트에 mTLS를 수행할 인증서가 없는 경우 클러스터에서 이 구성을 생성하면 동작이 중단될 수 있다. 이것이 바로 이스티오에 클라이언트가 일반 텍스트 또는 mTLS를 선택해 연결할 수 있게 하는 PERMISSIVE mTLS 모드를 포함하는 이유다. 다음 구성을 통해 클라이언트는 mTLS와 일반 텍스트를 모두 사용해 서비스 bar에 접속 가능하다.

```
apiVersion: authentication.istio.io/v1alpha1
kind: Policy
metadata:
  name: bar-optional-mtls
  namespace: default
  spec:
    targets:
    - name: bar.default.svc.cluster.local
    peers:
    - mtls:
        mode: PERMISSIVE
```

마찬가지로 **targets** 필드를 생략해 전체 네임스페이스에서 mTLS를 선택적으로 만들 수 있다.

```
apiVersion: authentication.istio.io/v1alpha1
kind: Policy
metadata:
  name: default-namespace-optional-mtls
  namespace: default
  spec:
    peers:
    - mtls:
        mode: PERMISSIVE
```

이 구성을 통해 메시의 워크로드가 mTLS 또는 일반 텍스트를 사용해 기본 네임스페이스의 모든 서비스에 접속할 수 있다. 서비스의 포트당 mTLS를 활성화 또는 비활성화 할 수도 있다. 포트별 정책이 유용한 예는 쿠버네티스 배포에서 kubelet이 수행하는 헬스 체크다. kubelets와의 mTLS 연결을 위해 별도의 인증서를 제공하는 것은 부담이 될 수 있다. 두 개의 정책 객체를 작성해 헬스 체크 포트를 mTLS에서 제외하고 다른 모든 포트에 관해 mTLS를 적용하므로 기존 시스템과의 통합이 더 쉬워진다.

```
apiVersion: authentication.istio.io/v1alpha1
kind: Policy
metadata:
  name: bar-require-mtls-no-port-81
  namespace: default
spec:
  targets:
  - name: bar.default.svc.cluster.local
  peers:
  - mtls:
      mode: STRICT
---
apiVersion: authentication.istio.io/v1alpha1
kind: Policy
metadata:
  name: bar-require-mtls-no-port-81
  namespace: default
spec:
  targets:
  - name: bar.default.svc.cluster.local
  port:
    name: http-healthcheck
  peers:
  - mtls:
      mode: PERMISSIVE
```

동일한 접근 방식을 사용해 운영자는 targets 필드에 특정 서비스 이름을 나열하지 않고 네임스페이스에서 http-healthcheck 포트에 연결하기 위한 요구 사항에서 mTLS를 제외할 수 있다.

모든 네임스페이스에 동일한 구성을 적용하기 위해 MeshPolicy 리소스를 사용한다. MeshPolicy 리소스는 정책 리소스와 스키마는 동일하지만 클러스터 수준에 존재한다.

또한 기본 `MeshPolicy`의 이름을 "default"로 지정해야 하며, 지정하지 않으면 이스티오가 이를 올바르게 인식하지 못한다.

```
apiVersion: authentication.istio.io/v1alpha1
kind: MeshPolicy
metadata:
  name: mesh-wide-optional-mtls
spec:
  peers:
  - mtls:
      mode: PERMISSIVE
```

물론 STRICT 모드를 설정하거나 mTLS 객체를 완전히 생략해 메시 전체에 mTLS가 필수적이도록 만들 수 있다.

```
apiVersion: authentication.istio.io/v1alpha1
kind: MeshPolicy
metadata:
  name: mesh-wide-mtls
spec:
  peers:
    - mtls: {}
```

이스티오는 JWT[JSON Web Tokens]를 통한 최종 사용자 인증 수행도 지원한다. 이스티오의 인증 정책은 JWT의 데이터에 관한 다양한 제한 설정을 지원해 JWT의 거의 모든 필드를 검증할 수 있다. 다음 정책은 Envoy에서 mTLS를 요구하도록 구성하지만 구글("https://securetoken.google.com")에서 발행하고 구글의 공개키("https://www.googleapis.com/oauth2/v1/certs")로 검증되며 "x-goog-iap-jwt-assertion" 헤더에 JWT로 저장된 최종 사용자 자격증명도 요구한다.

```
apiVersion: authentication.istio.io/v1alpha1
kind: Policy
metadata:
  name: end-user-auth
```

```
    namespace: default
spec:
  target:
  - name: bar
  peers:
  - mtls: {}
  origins:
  - jwt:
      issuer: "https://securetoken.google.com"
      audiences:
      - "bar"
      jwksUri: "https://www.googleapis.com/oauth2/v1/certs"
      jwt_headers:
      - "x-goog-iap-jwt-assertion"
  principalBinding: USE_ORIGIN
```

권한 부여 정책: 누가 누구와 대화할 수 있는지 구성

인증 정책이 확립되면 시스템 전체에서 ID를 사용해 통신 가능한 서비스를 제어하기를 원할 것이다. 다시 말해 서비스 간 통신 정책을 기술하고 싶을 것이다. 이스티오의 승인 정책은 RBAC 시스템을 사용해 설명된다. 대부분의 RBAC 시스템과 마찬가지로 정책 작성에 함께 사용되는 두 가지 객체를 정의한다.

ServiceRole

역할을 가진 모든 주체가 일련의 서비스에서 수행할 수 있는 일련의 작업을 기술한다.

ServiceRoleBinding

주체 집합에 역할을 할당한다. 이러한 맥락에서, 주체는 이스티오가 발급하는 서비스 ID다. 쿠버네티스 배포에서 이러한 ID는 쿠버네티스 `ServiceAccounts`다.

먼저 이스티오에서 RBAC을 활성화하는 `ClusterRBACConfig`(이전 v1.1 이전의 `RBACConfig`) 객체를 생성해야 한다.

```
apiVersion: "rbac.istio.io/v1alpha1"
kind: RBACConfig
metadata:
  name: default
  namespace: istio-system
spec:
  mode: ON
```

이 구성은 전체 메시에 걸친 서비스 간 통신에 RBAC을 활성화한다. 이는 mTLS를 활성화하는 것처럼 라이브 시스템에서 위험할 수 있으므로, 이스티오는 RBACConfig의 모드를 변경해 서비스 간 통신을 위해 RBAC을 점차적으로 활성화할 수 있도록 지원한다. 이스티오는 다음 네 가지 모드를 지원한다.

OFF

RBAC이 없어도 통신할 수 있다. ClusterRBACConfig 객체가 없으면 이것이 시스템의 기본 동작이다.

ON

통신에 RBAC 정책이 필요하며 정책에서 허용하지 않는 통신은 금지된다.

ON_WITH_INCLUSION

RBAC 정책은 정책에 나열된 네임스페이스 집합의 모든 서비스와 통신하는 데 필요하다.

ON_WITH_EXCLUSION

RBAC 정책은 정책에 나열된 네임스페이스 집합의 서비스를 제외하고 메시의 모든 서비스와 통신하는 데 필요하다.

시스템 전체에서 RBAC을 점진적으로 적용하려면 먼저 ON_WITH_INCLUSION 모드에서 RBAC을 활성화하자. 각 서비스 또는 네임스페이스에 관한 정책을 정의할 때 해당 서비스 또는 네임스페이스를 포함 목록에 추가하자. 이를 통해 예 6-1에 표시된 대로 서비스별 (또는 네임스페이스 각각) RBAC 서비스를 활성화할 수 있다.

예 6-1 RBAC 정책의 단계적 적용

```
apiVersion: "rbac.istio.io/v1alpha1"
kind: ClusterRBACConfig
metadata:
  name: default
  namespace: istio-system
spec:
  mode: ON_WITH_INCLUSION
  inclusion:
    services:
    - bar.bar.svc.cluster.local
    namespaces:
    - default
```

예 6-1의 정책은 bar 서비스를 제외한 default 네임스페이스의 어떤 서비스와 통신하는 경우에도 RBAC 정책을 요구하지 않는다. 언젠가 시스템에서 RBAC 정책을 가진 네임스페이스와 서비스가 RBAC 정책을 갖지 않은 네임스페이스와 서비스에 비해 더 많아질 수 있다. 이때는 ON_WITH_EXCLUSION 정책으로 교체할 수 있다.

bar 서비스에 관해 RBAC이 활성화된 상태에서 정책을 작성해야 한다. 네임스페이스 또는 서비스를 선택하고 해당 서비스에 존재하는 역할을 설명하는 것으로 시작한다. 이 예에서는 bar 서비스에 대한 읽기 접근(HTTP GET 요청)을 허용하는 ServiceRole을 작성한다.

```
apiVersion: "rbac.istio.io/v1alpha1"
kind: ServiceRole
metadata:
  name: bar-viewer
  namespace: default
spec:
  rules:
  - services:
    - bar.default.cluster.local
```

```
      methods:
      - GET
```

그런 다음 ServiceRoleBinding을 사용해 bar 서비스가 사용하는 서비스 계정에 해당
역할을 할당해 foo 서비스를 호출할 수 있도록 허용한다.

```
apiVersion: "rbac.istio.io/v1alpha1"
kind: ServiceRoleBinding
metadata:
  name: bar-bar-viewer-binding
  namespace: default
spec:
  subjects:
  - properties:
      # bar 네임스페이스에 존재하는 bar 서비스 계정의 SPIFFE ID
      source.principal: "cluster.local/ns/bar/sa/bar"
    roleRef:
      kind: ServiceRole
      name: "bar-viewer"
```

사용자의 특정 작업을 허용하거나 거부하는 애플리케이션의 RBAC과 달리 이스티오
RBAC은 서비스 간에 초점을 맞추고 어떤 서비스가 어떤 서비스와 접속하고 통신 가능
한지 명시한다. 이를 위해서 키 관리 시스템인 시타델을 포함시켜 메시의 각 서비스에
대한 ID를 제공하고 자체 인증을 수행하자.

ID는 메시의 경계를 형성한다. 이스티오의 서비스 프록시가 개별 ID를 전달하고 서비스
를 오가는 모든 트래픽을 처리하면, 상호 신뢰할 수 있는 인증서를 통해 연결을 보호하
고 이러한 연결에 권한을 부여할 수 있다. 이스티오는 서비스 간 mTLS 및 RBAC의 점
진적 채택을 촉진한다.

파일럿은 이스티오 배포에서 데이터 플레인, 인그레스와 이그레스 게이트웨이, 서비스 프록시를 프로그래밍한다. 파일럿은 갤리의 이스티오 구성과 쿠버네티스 API 서버 또는 Consul과 같은 서비스 레지스트리의 서비스 정보를 결합해 배포 환경을 모델링한다. 파일럿은 이 모델을 사용해 데이터 플레인에 대한 구성을 생성하고 이 새로운 구성을 연결된 서비스 프록시 집합에 푸시한다.

파일럿 구성

파일럿과 관련된 메시의 모든 측면을 더 잘 이해하려면 파일럿 구성의 표면 영역을 살펴보자. 요약하자면 이스티오 프로젝트 릴리스가 진행됨에 따라 파일럿의 기반 플랫폼 및 환경 정보 획득을 위한 갤리 의존도는 계속 증가할 것이다. 파일럿은 세 가지 주요 구성 소스를 가진다.

메시 구성

　　서비스 메시 전역 구성 세트

네트워킹 구성

　　ServiceEntry, DestinationRule, VirtualService, Gateway 및 서비스 프록시에 대한 구성

서비스 발견

하나 이상의 기반 플랫폼에 상주하는 서비스 카탈로그에 대한 레지스트리의 위치 및 메타데이터 정보

메시 구성

메시 구성은 메시 설치에 정적인 전역 구성 세트다. 메시 구성은 세 가지 API 객체로 나뉜다.

MeshConfig(mesh.istio.io/v1alpha1.MeshConfig)

MeshConfig는 이스티오 구성 요소가 서로 통신하는 방법, 구성 소스가 있는 위치 등을 구성한다.

ProxyConfig(mesh.istio.io/v1alpha1.ProxyConfig)

ProxyConfig는 부트스트랩 구성의 위치, 바인딩할 포트 등을 추적해 Envoy 초기화와 관련된 옵션을 다룬다.

MeshNetworks(mesh.istio.io/v1alpha1.MeshNetworks)

MeshNetworks는 각 네트워크의 인그레스 게이트웨이 주소와 함께 메시가 배포되는 네트워크 세트를 설명한다.

MeshConfig는 주로 정책 혹은 원격 측정 사용 여부, 구성 로드 위치 및 위치 기반 로드 밸런싱 설정을 구성하는 데 사용된다. MeshConfig에는 다음과 같은 개념들의 포괄적인 세트를 포함한다.

- 사용법
  - 정책 및 원격 측정 서버의 주소
  - 런타임 정책 검사 활성화 여부
  - 믹서 정책에 접근할 수 없거나 오류를 반환할 때 실패의 전달 여부

- 클라이언트 측에서 정책 검사를 수행할지 여부

- 세션 선호도를 사용해 동일한 믹서 원격 측정 인스턴스를 대상으로 할지 여부. 믹서 정책의 세션 선호도는 항상 활성화돼 있다(시스템 성능은 활성화 여부에 영향을 받는다!).

- 리스닝을 위한 서비스 프록시 구성 방법

  - 트래픽을 수락하기 위해 바인딩할 포트(즉, iptables가 리디렉션할 포트) 및 HTTP PROXY 요청을 수락하기 위한 포트

  - TCP 연결 시간 초과 및 Keepalive 설정

  - 액세스 로그 형식, 출력 파일 및 인코딩(JSON 또는 텍스트)

  - 모든 아웃바운드 트래픽을 허용할지 또는 파일럿이 알고 있는 서비스로만 아웃바운드 트래픽을 제한할지 여부

  - 시타델(SDS API)의 시크릿을 리스팅할 수 있는 위치와 로컬 머신 토큰이 있는 환경에서 신뢰를 부트스트랩하는 방법

- 쿠버네티스 인그레스 리소스 지원 여부

- 모든 이스티오 구성 요소(예: 로컬 파일 시스템 또는 갤리)의 구성 소스 세트 및 해당 구성 요소와 통신 방법(주소, TLS^{Transport Layer Security} 사용 여부, 사용하는 시크릿 등)

- 지역성 기반 로드 밸런싱 설정—존과 리전 간 페일오버 및 트래픽 분할에 대한 구성(8장에서 자세히 설명한다)

ProxyConfig는 주로 Envoy에 사용자 정의 부트스트랩 구성을 제공하는 데 사용된다. ProxyConfig는 다음과 같은 개념들의 포괄적인 세트를 포함한다.

- Envoy의 부트스트랩 구성이 포함된 파일 위치와 Envoy 바이너리 자체의 위치

- Envoy의 서비스 클러스터, Envoy를 사이드카로 사용하는 서비스 이름을 의미

- 셧다운 설정(연결 드레이닝^{connection draining} 및 핫 재시작)

- Envoy xDS 서버(파일럿)의 위치 및 통신 방법

- 연결 타임아웃 설정

- 프록시의 관리 서버 및 statsd 리스너를 호스팅하는 포트

- Envoy의 동시성(작업자 스레드 수)

- (iptables REDIRECT 또는 TPROXY를 통해) Envoy가 트래픽을 가로채기 위해 소켓을 바인딩하는 방법

- 추적 수집기의 위치(즉, 추적 데이터를 보낼 위치)

MeshNetworks는 이름이 부여된 네트워크 세트, 해당 네트워크로 트래픽을 보내는 방법(수신) 및 해당 네트워크의 로컬리티를 정의한다. 각 네트워크는 CIDR^{Classless Inter-Domain Routing} 범위이거나 서비스 레지스트리(예: 쿠버네티스 API 서버)에서 반환한 엔드포인트 세트다. 이스티오에서 서비스를 정의하는 데 사용되는 API 객체 ServiceEntry는 엔드포인트 세트를 가진다. ServiceEntry가 여러 네트워크(또는 클러스터)에 배포된 서비스를 설명할 수 있도록 각 엔드포인트에 네트워크 레이블을 지정할 수 있다. 이에 대한 자세한 내용은 '서비스 발견' 절을 참조하자.

MeshConfig의 대부분 값은 동적으로 업데이트할 수 없으므로 적용하려면 컨트롤 플레인을 재시작해야 한다. 마찬가지로 ProxyConfig의 값 업데이트는 Envoy를 다시 배포할 때만 적용된다(예: 쿠버네티스에서 파드가 다시 스케줄링될 때). 컨트롤 플레인 구성 요소를 다시 시작하지 않고도 런타임에 MeshNetwork를 동적으로 업데이트할 수 있다.

모든 구성이 Helm을 통해 노출되는 것은 아니지만, 쿠버네티스에서 MeshConfig 및 ProxyConfig의 대부분 구성은 Helm 설치의 옵션 뒤에 숨겨져 있다. 설치를 완전히 제어하려면 Helm의 파일 출력을 후처리해야 한다.

네트워킹 구성

네트워킹 구성은 이스티오의 빵과 버터다. 이는 트래픽이 메시를 통과하는 방식을 관리

하는 데 사용되는 구성이다. 8장에서 API의 각 객체를 심도 있게 다루고, 트래픽이 메시를 통과하는 방식에 영향을 미치기 위해 이러한 구성을 함께 사용하는 방법을 논의한다. 여기서는 각 객체를 소개하지만 상위 수준에서만 이스티오의 구성을 Envoy의 xDS API(5장에서 설명)와 연관시켜 파일럿의 구성 서버를 이해하고 시스템을 디버깅할 수 있도록 한다(이후 절에서 둘 다 설명한다).

ServiceEntry는 이스티오 네트워킹 API의 핵심이다. ServiceEntry는 이름, 즉 클라이언트가 서비스를 호출하는 데 사용하는 호스트 이름 세트로 서비스를 정의한다. 다음 절에서 더 자세히 다룬다. DestinationRule은 클라이언트가 서비스와 통신하는 방법을 구성한다. 이러한 구성의 종류는 사용할 로드 밸런싱 전략, 이상 탐지, 서킷 브레이킹 및 커넥션 풀링 전략, 사용할 TLS 설정 등이다. VirtualService는 L7 및 L4 라우팅, 트래픽 형성, 재시도, 타임아웃 등 서비스로 트래픽이 흐르는 방식을 구성한다. Gateway는 서비스가 메시 외부에 노출되는 방식, 즉 어떤 서비스에 라우팅되는 호스트 이름, 해당 호스트 이름에 대한 인증서를 제공하는 방법 등을 구성한다. 서비스 프록시는 메시 내부에서 서비스가 노출되는 방식, 즉 어떤 서비스를 어떤 클라이언트에서 사용할 수 있는지 구성한다.

서비스 발견

파일럿은 쿠버네티스 API 서버, Consul 및 Eureka와 같은 다양한 서비스 발견 시스템과 통합돼 로컬 환경에 대한 서비스 및 엔드포인트 정보를 발견한다. 파일럿의 어댑터는 소스에서 서비스 발견 정보를 수집하고 해당 데이터에서 ServiceEntry 오브젝트를 합성하는 방식으로 작동한다. 예를 들어 쿠버네티스와의 통합은 쿠버네티스 SDK를 사용해 API 서버에서 서비스 생성 및 서비스 엔드포인트 업데이트 이벤트를 감시한다. 이 데이터를 사용해 파일럿의 레지스트리 어댑터는 ServiceEntry 객체를 합성한다. 이 ServiceEntry는 파일럿의 내부 모델을 업데이트하고 데이터 플레인에 대해 업데이트된 구성을 생성하는 데 사용된다.

역사적으로 파일럿 레지스트리 어댑터는 Go 언어를 사용해 파일럿 내부 프로세스로 구현됐다. 갤리를 도입하면 이제 이러한 어댑터를 파일럿과 분리할 수 있다. 서비스 감지 어댑터는 기존 서비스 레지스트리를 읽고 그로부터 ServiceEntry 객체 세트를 생성하는 별도의 작업(또는 CI 시스템에 의해 실행되는 오프라인 프로세스)으로 실행될 수 있다. 그런 다음 해당 ServiceEntry를 파일로 저장하고 쿠버네티스 서버로 푸시해 해당 구성 요소를 갤리에 공급하거나, 메시 구성 프로토콜^{Mesh Config Protocol} 서버를 직접 구현해 ServiceEntry를 갤리에 공급할 수 있다. 메시 구성 프로토콜 및 구성 수집에 관한 일반적인 내용은 11장에서 다룬다. 대체로 정적 환경(예: IP 주소를 거의 변경하지 않는 레거시 VM 기반 배포)의 경우 정적 ServiceEntry 생성은 이스티오를 활성화하는 효과적인 방법이 될 수 있다.

ServiceEntry는 일련의 엔드포인트와 호스트 이름 세트를 묶어 서비스를 작성한다. 이러한 엔드포인트는 IP 주소 또는 DNS 이름일 수 있다. 각 엔드포인트는 네트워크, 로컬리티 및 가중치로 레이블 및 태그를 개별적으로 지정할 수 있다. 이를 통해 ServiceEntry가 복잡한 네트워크 토폴로지를 설명할 수 있다. 예를 들어 지리적으로 분산된 (다른 지역에 있는) 별도 클러스터(다른 네트워크를 가진 클러스터)에 배포된 서비스가 생성될 수 있고, 멤버들 간에 트래픽을 비율(가중치)별로, 또는 실제로는 요청의 거의 모든 기능(8장 참조)에 따라 분리할 수 있다. 이스티오는 원격 네트워크의 수신 지점을 알고 있으므로 원격 네트워크에서 서비스 엔드포인트를 선택할 때 서비스 프록시는 원격 네트워크의 수신으로 트래픽을 전달한다. 다른 지역의 엔드포인트보다 로컬 엔드포인트를 선호하는 정책을 작성할 수도 있지만 로컬 엔드포인트가 비정상인 경우 다른 로컬로 자동 페일오버 조치를 수행할 수 있다. 지역 기반 로드 밸런싱은 13장에서 조금 더 설명한다.

구성 제공

파일럿은 이 세 가지 구성 소스(메시 구성, 네트워킹 구성 및 서비스 발견)를 통해 환경 및 배포 상태 모델을 만든다. 비동기적으로 서비스 프록시 인스턴스가 클러스터에 배포된 후 파일럿에 접속한다. 파일럿은 레이블과 서비스 프록시가 추가된 서비스를 기반으로 서비스 프록시를 그룹화한다. 이 모델을 사용해 파일럿은 연결된 각 서비스 프록시 그룹에 관해 xDS(Discovery Service) 응답을 생성한다(곧 발견 서비스 API 절에서 더 다룬다). 서비스 프록시가 연결되면 파일럿은 환경의 현재 상태와 환경을 반영하는 구성을 전송한다. 일반적으로 기반 플랫폼의 동적 특성에 따라 특정한 빈도로 업데이트된다. 모델을 업데이트하려면 현재 xDS 구성 세트를 업데이트해야 한다. xDS 구성이 변경되면 파일럿이 영향을 받는 서비스 프록시 그룹을 계산하고 업데이트된 구성을 해당 프록시로 푸시한다.

5장에서 xDS API에 관해 살펴봤지만, 이스티오 네트워킹 구성이 xDS로 나타나는 방식을 설명할 수 있도록 개념을 상위 수준에서 요약하고 설명해보자. 서비스 프록시 (Envoy) 구성은 두 가지 주요 그룹으로 나눌 수 있다.

- 리스너 및 라우트routes

- 클러스터 및 엔드포인트

리스너는 일련의 필터(예: Envoy의 HTTP 기능이 HTTP 필터에 의해 제공된다)와 Envoy가 해당 필터를 포트에 연결하는 방법을 구성한다. 리스너의 두 가지 종류는 물리physical와 가상virtual이다. 물리적 리스너는 Envoy가 지정된 포트에 바인딩하는 리스너다. 가상 리스너는 물리적 리스너의 트래픽을 수락하지만 포트에 바인딩하지 않는다(대신 일부 물리적 리스너는 트래픽을 가상 리스너에 직접 전달해야 한다). 라우트는 리스너와 함께 리스너가 트래픽을 특정 클러스터로 보내는 방법을 구성한다(예: HTTP 경로 또는 SNIService Name Indication에서 일치). 클러스터는 이러한 엔드포인트에 접속하는 방법(TLS 설정, 로드 밸런싱 전략, 커넥션풀 설정 등)에 관한 정보를 포함한 엔드포인트 그룹이다. 클러스터는 '서비스'와 유사하다(예를 들어 하나의 쿠버네티스 서비스가 단일 클러스터로 나타날 수 있다). 마지막으로 엔드포인트는 Envoy가 트래픽을 전달할 개별 네트워크 호스트(IP 주소 또는 DNS 이름)이다.

이 구성에서 각 요소들elements은 이름으로 서로 참조한다. 따라서 리스너는 트래픽을 명명된 경로로 보내며 라우트는 트래픽을 명명된 클러스터로 보내고, 클러스터는 트래픽을 엔드포인트 세트로 보낸다. 파일럿은 유지 작업bookkeeping을 통해 이러한 이름의 일관성을 유지한다. 다음 절에서 이러한 이름이 시스템을 디버깅하는 데 어떻게 유용한지 살펴본다.

"x"에 대한 참고 사항

각 구성 기본 요소(리스너, 라우트, 클러스터, 엔드포인트)에 고유한 발견 서비스가 있으므로 Envoy API를 xDS API라고 한다. 각 발견 서비스는 해당 서비스가 관리하는 리소스 업데이트를 허용한다. LDS, RDS, CDS 및 EDS를 개별적으로 참조하는 대신 xDS API로 그룹화한다.

이스티오의 네트워킹 구성은 Envoy의 API에 거의 직접적으로 매핑된다.

- Gateway는 물리적 리스너를 구성한다.

- VirtualService는 가상 리스너(호스트 이름 매칭은 별도의 리스너로 인코딩되고 프로토콜 처리는 프로토콜당 특정 필터를 가진 리스너를 통해 구성됨)와 경로(HTTP/TLS 매칭 조건, 재시도 및 타임아웃 구성 등)를 모두 구성한다.

- ServiceEntry는 클러스터를 생성하고 엔드포인트에 연결한다.

- DestinationRule은 클러스터(시크릿, 로드 밸런싱 전략, 서킷 브레이킹 및 커넥션 풀링 등)와 통신하는 방법을 구성하고 서브셋을 정의하는 데 사용될 때 새 클러스터를 만든다.

이스티오 네트워킹 구성의 마지막 부분은 사이드카다. 사이드카는 Envoy 구성 기본 요소와 직접 관련이 없다. 대신 이스티오는 사이드카를 사용해 각 Envoy 그룹에 전송되는 구성을 필터링한다.

이 매핑을 사용해 평범한 이스티오 구성이 Envoy xDS 구성으로 어떻게 나타나는지와 이스티오 네트워크 구성을 디버깅하기 위한 몇 가지 팁을 나열해보자.

파일럿 디버깅과 문제 해결

이 절은 디버깅을 집중적으로 다루는 11장을 보완하는 파일럿 문제 해결에 중점을 둔다. 이스티오는 움직이는 부분이 많은 복잡한 시스템이다. 이스티오를 심층적으로 이해할 때까지 시스템이 특정 방식으로 작동하는 이유를 이해하기 어려울 수 있다(이 문제를 악화시키는 것은 시스템이 자주 트래픽 제공 없이 동작한다는 점이다!). 다행히 시스템 상태를 이해하고 디버깅하는 데 도움이 되는 도구가 계속 증가하고 있다. 이 절에서는 이스티오 네트워킹을 이해하고 문제를 해결하는 데 특히 유용한 일부 도구에 대한 개요를 제공한다.

istioctl

istioctl은 메시의 mTLS 상태 검사를 위한 istioctl authn, 파드당 메트릭 조회 도구, 파일럿 및 Envoy 구성 검사 도구 등 이스티오 배포 상태를 이해하는 데 유용한 도구를 많이 포함한다. 위 도구 중 마지막 두 가지 istioctl proxy-config 및 istioctl proxy-status는 배포의 네트워크 구성 상태를 이해하는 데 매우 중요하다.

안타깝게도 많은 도구(구체적으로 proxy-config 및 proxy-status)는 현재 구현에 쿠버네티스를 사용하므로 쿠버네티스 전용이다. 예를 들어 istioctl proxy-config는 kubectl exec를 사용해 원격 시스템에서 데이터를 검색해 작동한다.

앞으로 다른 플랫폼을 위한 동일한 도구가 구축될 것이다. 가능한 경우, 쿠버네티스 이외의 플랫폼을 사용하는 이들이 따라갈 수 있도록 도구를 구현하는 방법을 설명한다. istioctl proxy-config가 쿠버네티스와 상호작용하는 방법에 관한 자세한 내용은 11장을 참조하자.

다른 플랫폼(및 기타 서비스 메시)을 지원하기 위해 다른 도구가 이러한 차이를 메울 수 있는 곳도 지적한다. 일례로 Meshery(https://oreil.ly/c_eJo)는 동일한 istioctl proxy-config 및 proxy-status 정보가 제공되지만 메시의 상태를 알 수 있도록 그래픽으로 표시(이스티오 및 기타 서비스 메시의 경우)된다. Meshery는 계획된 이스티오 구성 상태와 비교해 현재 상태의 유효성을 검사해서 배포 드라이 런$^{dry run}$을 좀 더 쉽게 관리하고 구성 변경이 원하는 영향을 미치는지 확인할 수 있다.

`istioctl proxy-config <bootstrap | listener | route | cluster> <kubernetes pod>` 형식의 `istioctl proxy-config` 명령은 지정된 파드에 연결하고 서비스 프록시의 관리 인터페이스를 쿼리해 서비스 프록시 구성의 현재 상태를 조회한다. 이를 통해 서비스 프록시의 부트스트랩 구성(일반적으로 파일럿과 통신하도록 구성), 리스너, 라우트 및 클러스터를 조회할 수 있다. `proxy-config`는 Envoy의 전체 구성을 JSON으로 출력하는 데 사용하는 출력 플래그(-output 또는 간략하게 -o)를 지원한다. '추적 구성'에서 이를 사용해 이스티오 구성이 서비스 프록시에 표시되는 방식을 이해할 수 있다.

`istioctl proxy-status <Istio service>`

파일럿의 디버그 인터페이스에 연결하고 연결된 각 서비스 프록시 인스턴스의 xDS 상태를 조회한다(서비스 이름이 제공될 경우 해당 서비스의 서비스 프록시만). 이것은 각 서비스 프록시의 구성이 파일럿의 최신 구성과 일치하는 상태인지 여부와 그렇지 않은 경우 프록시가 얼마나 오래된 설정을 사용하는지 보여준다. 이는 특히 문제 해결 시 문제의 원인으로 프록시의 서브셋에만 영향을 미치는 구성을 식별하는 데 유용하다.

파일럿 문제 해결

파일럿은 전체 상태를 알 수 있도록 다양한 엔드포인트를 제공한다. 불행히도 그들은 문서화가 잘 돼 있지 않다. 이 글을 쓰는 시점에서 이를 설명하는 공개 문서는 없다. 접두사 /debug/로 파일럿에 노출된 이 엔드포인트들은 파일럿이 보유한 다양한 구성의 JSON Blob을 반환한다.

파일럿에 연결된 서비스 프록시 상태를 확인하려면 다음 엔드포인트를 참조하자.

`/debug/edsz`

파일럿의 사전 계산된 모든 EDS 응답(즉, 연결된 각 서비스 프록시로 보내는 엔드포인트)을 모두 출력한다.

`/debug/adsz`

파일럿에 연결된 각 서비스 프록시에 푸시된 리스너, 라우트, 클러스터 세트를 출력한다.

`/debug/cdsz`

파일럿에 연결된 각 서비스 프록시에 푸시된 클러스터 세트를 출력한다.

`/debug/synz`

파일럿에 연결된 모든 서비스 프록시의 ADS, CDS, EDS 연결 상태를 출력한다. 특히 이것은 파일럿이 작업한 마지막 nonce와 Envoy가 ACK한 마지막 nonce를 보여주며 구성 업데이트를 수락하지 않는 Envoy를 보여준다.

전체 상태(서비스 등록 레지스트리)에 관한 파일럿의 저장 내용을 검토하려면 다음 엔드포인트를 참조하자.

`/debug/registryz`

파일럿이 모든 레지스트리를 통해 알고 있는 일련의 서비스를 출력한다.

`/debug/endpointz[?brief=1]`

포트, 프로토콜, 서비스 계정, 레이블 등 파일럿이 알고 있는 모든 서비스에 대한 엔드포인트를 출력한다. 간단한 플래그를 제공하면 출력은 사람이 읽을 수 있는 테이블 형태가 된다(일반 버전의 JSON Blob과는 대조적이다). 이것은 레거시 엔드포인트이며 `/debug/endpointShardz`가 좀 더 자세한 정보를 제공한다.

`/debug/endpointShardz`

파일럿이 알고 있는 모든 서비스에 대한 엔드포인트를 엔드포인트를 제공한 레지스트리(그룹의 관점에서 "샤드")별로 그룹화해 출력한다. 예를 들어 Consul과 쿠버네티스에 동일한 서비스가 존재하는 경우 서비스의 엔드포인트는 각각 Consul과 쿠버네티스에 관해 두 개의 샤드로 그룹화된다. 이 엔드포인트는 엔드포인트의 네트워크,

로컬리티, 로드 밸런서 가중치, Envoy xDS 구성의 표현 내용 등과 같은 데이터를 포함한 /debug/endpoint 이상의 모든 것을 제공한다.

/debug/workloadz

파일럿에 연결된 엔드포인트 세트("워크로드") 및 해당 메타데이터(예: 레이블)를 출력한다.

/debug/configz

파일럿이 알고 있는 전체 이스티오 구성 세트를 출력한다. 파일럿이 모델을 구성하는 데 사용하는 확인된 구성만 반환된다. 이는 파일럿이 새 구성 자체를 처리하지 않는 상황을 이해하는 데 유용하다.

다음 엔드포인트 이후에는 더 높은 레벨의 디버그 정보를 제공하는 기타 엔드포인트를 찾을 수도 있다.

/debug/authenticationz[?proxyID=pod_name.namespace]

영향을 주는 인증 정책 이름을 포함해 영향받는 DestinationRule 이름, 포트가 mTLS, 표준 TLS 또는 일반 텍스트 중 어느 것을 기대하는지 여부, 구성 전체의 설정으로 인해 이 포트가 충돌하는지 여부(새로운 이스티오 배포에서 500 오류의 일반적인 원인) 등 각 호스트 및 포트에 관한 대상 프록시의 이스티오 인증 정책 상태를 출력한다.

/debug/config_dump[?proxyID=pod_name.namespace]

지정된 노드의 리스너, 라우트 및 클러스터를 출력한다. 이것은 istioctl proxy-config의 출력과 전적으로 다를 수도 있다.

/debug/push_status

파일럿의 마지막 푸시 기간을 기준으로 연결된 각 엔드포인트의 상태를 출력한다. 연결된 프록시의 상태, 푸시 기간의 시작 시간(및 종료 시간), 호스트의 각 포트에 지정된 ID가 상태 정보에 포함된다.

ControlZ

각 이스티오 컨트롤 플레인 구성 요소는 세분화된 로깅을 구성하고 프로세스 및 환경에 관한 정보를 확인하고 해당 인스턴스에 대한 메트릭을 보는 데 사용할 수 있는 관리 인 터페이스를 제공한다. 대부분 로그 레벨 조정에 사용되는 ControlZ를 사용하면 런타임 시 각 범위의 로깅 레벨을 독립적이고 동적으로 수정할 수 있다. 이스티오 구성 요소는 범위^{scope} 개념이 있는 공통 로깅 시스템을 사용한다. 예를 들어 파일럿은 Envoy API 연 결에 대한 로깅 범위를 정의한다. 하나는 ADS 연결 범위이고 다른 하나는 EDS 연결 범 위이며 다른 하나는 CDS 범위다. ControlZ에 대한 자세한 내용은 11장의 '이스티오 구 성 요소 검사'를 참조하자.

프로메테우스

파일럿은 다른 이스티오 컨트롤 플레인 구성 요소와 함께 내부 상태에 대한 자세한 메 트릭과 함께 프로메테우스 엔드포인트를 호스팅한다. 이스티오 기본 Grafana 배포는 이러한 메트릭을 사용해 각 이스티오 컨트롤 플레인 구성 요소의 상태를 차트로 표시 하는 대시보드를 포함한다. 이 메트릭을 사용해 파일럿의 내부 상태를 디버깅할 수 있 다. 기본적으로 파일럿은 포트 8080의 /metrics에서 프로메테우스 엔드포인트를 호스 팅한다(예: `kubectl exec -it PILOT_POD -n istio-system -c discovery-curl localhost:8080/metrics`).

추적 구성

파일럿으로부터 시작해 서비스 프록시에 매핑해 구성의 생성 및 해산과 관련된 단계 를 추적하는 것은 어려운 작업일 수 있다. 파일럿의 `debug` 엔드포인트(이전 설명)는 `istioctl`과 함께 파일럿 및 파일럿 내의 모든 변경 사항을 이해하는 도구다. 이 절에서 는 이러한 도구를 사용해 이스티오 구성 전후를 이해하고 결과물인 xDS 구성을 서비스 프록시로 푸시했다.

구성 방식이 너무 많아서 모두 어떻게 나타나는지 알 수 없다. 대신 각 주요 구성 유형에 관해 이스티오 구성과 Envoy 구성의 결과를 보여주고 주요 유사점을 강조 표시하며 동일한 이스티오 구성에 대한 다른 변경 사항이 Envoy에서 어떻게 표시되는지 테스트해 직접 확인할 수 있다. 이 지식을 활용해 대부분의 이스티오 문제를 스스로 진단하고 해결할 수 있다.

리스너

Gateway 및 VirtualService는 Envoy 리스너를 생성한다. Gateway는 물리적 리스너(네트워크의 포트에 바인딩되는 리스너)를 생성하는 반면 VirtualService는 가상 리스너(파드에 바인딩하지 않고 물리적 리스너로부터 트래픽을 수신하는 리스너)를 생성한다. 예 7-1과 7-2는 Gateway를 생성해 이스티오 구성이 xDS 구성으로 표시되는 방법을 보여준다(이 책의 깃허브 리포지터리에서 foo-gw.yaml(https://oreil.ly/8SW3s) 참조).

예 7-1 http://foo.com의 하위 도메인에 HTTP 트래픽을 제공하기 위한 Gateway(새로운 이스티오 설치 사용)

```
apiVersion: networking.istio.io/v1alpha3
kind: Gateway
metadata:
  name: foo-com-gateway
spec:
  selector:
    istio: ingressgateway
  servers:
  - hosts:
    - "*.foo.com"
    port:
      number: 80
      name: http
      protocol: HTTP
```

이 이스티오 Gateway를 만들면 인그레스 게이트웨이의 포트 80에서 단일 HTTP 리스너가 생성된다(예 7-2 참조).

예 7-2 예 7-1에서 생성된 게이트웨이에 대한 Envoy 리스너(LDS) 구성

```
$ istioctl proxy-config listener istio-ingressgateway_PODNAME
                                   -o json -n istio-system
[
  {
    "name": "0.0.0.0_80",
    "address": {
      "socketAddress": {
        "address": "0.0.0.0",
        "portValue": 80
      }
    },
    "filterChains": [
      {
        "filters": [
          {
            "name": "envoy.http_connection_manager",
...
            "rds": {
              "config_source": {
                "ads": {}
              },
              "route_config_name": "http.80"
            },
...
```

새로 만든 필터는 0.0.0.0 주소에서 리스닝하고 있음을 주목하자. 이것은 어떤 호스트로 주소를 지정하더라도 포트 80의 모든 HTTP 트래픽에 사용되는 리스너다. 이 Gateway에 관해 TLS 말단을 설정하면 TLS 말단 호스트에 관해서만 새 리스너가 생성되는 반면 나머지는 이 범용 리스너에 속한다. 예 7-3에 설명된 대로 **VirtualService**를 이 Gateway에 바인딩한다(이 책의 깃허브 저장소에 있는 foo-vs.yaml(https://oreil.ly/OZqjU) 참조).

예 7-3 예 7-1의 Gateway에 바인딩하고 Envoy에서 가상 리스너를 생성하는 VirtualService

```
apiVersion: networking.istio.io/v1alpha3
kind: VirtualService
metadata:
```

```
  name: foo-default
spec:
  hosts:
  - bar.foo.com
  gateways:
  - foo-com-gateway
  http:
  - route:
    - destination:
        host: bar.foo.svc.cluster.local
```

가상 리스너로 나타나는 방법을 보려면 예 7-4를 참조하자.

예 7-4 예 7-3의 VirtualService에 대한 Envoy 리스너(LDS) 구성. 예 7-2에 표시된 구성에서 변경 사항이 없다. 모든 행동은 경로에 존재한다!

```
$ istioctl proxy-config listener istio-ingressgateway_PODNAME -o json
[
  {
    "name": "0.0.0.0_80",
    "address": {
      "socketAddress": {
        "address": "0.0.0.0",
        "portValue": 80
      }
    },
    "filterChains": [
      {
        "filters": [
          {
            "name": "envoy.http_connection_manager",
...
            "rds": {
              "config_source": {
                "ads": {}
              },
              "route_config_name": "http.80"
            },
...
```

예 7-4의 구성을 보면 리스너에 아무런 변화가 없다. IP 0.0.0.0의 리스너가 포트 80의 모든 HTTP 트래픽을 포괄하기 때문이다. 그러나 이 방법이 리스너에서 TLS가 구성되는 방식은 아니다. 대신 TLS를 구성하는 Gateway를 만든 경우 TLS 항목의 호스트에 관해서만 새 리스너가 생성된다. 나머지는 기본 리스너로 넘어간다. 대신 HTTP의 경우 모든 작업이 라우트에서 발생한다. TCP와 같은 다른 프로토콜은 더 많은 로직을 리스너에 푸시한다. 다른 프로토콜로 Gateway를 몇 개 정의해 리스너로 어떻게 나타나는지 확인해보자. 아이디어와 예제는 이 책의 깃허브 저장소(https://oreil.ly/istio-up-and-running)를 참조하자.

또한 리스너의 믹서 구성을 확인해야 한다. Envoy의 믹서 구성은 리스너(source 속성을 설정한 위치)와 경로(target 속성을 설정한 위치)에 모두 나타난다. MeshConfig를 사용해 믹서 검사를 비활성화하면 믹서 리포팅이 비활성화되는 것처럼 결과적으로 약간 다르게 구성된다. 믹서 확인과 리포팅을 모두 비활성화하면 믹서 구성이 Envoy에서 완전히 사라진다.

또한 포트에 관해 다른 프로토콜을 시도하거나 (다양한 프로토콜을 가진 여러 포트가 존재하는 단일 Gateway 목록을 나열해) 필터가 어떻게 다른지 확인하는 것이 좋다. Gateway 내에서 다른 TLS 설정을 구성하면 생성된 리스너 구성도 변경된다. 사용하는 각 프로토콜(HTTP의 경우 http_connection_manager 및 해당 라우터, MongoDB의 경우 또 다르고, TCP의 경우가 또 다르다 등)에 관해 리스너에 프로토콜별 필터가 항상 구성돼 표시된다. 또한 Gateway와 VirtualService에서 서로 다른 호스트 조합을 시도해 상호작용 방식을 확인하는 것을 추천한다. 8장에서 두 가지가 함께 작동하는 방식, 즉 VirtualService를 Gateway에 바인딩하는 방법을 자세히 설명한다.

라우트

지금까지 VirtualService가 리스너를 생성하는 방법을 살펴봤다(또는 예제에서처럼 생성하지 않는 경우도 역시!). VirtualService에서 지정하는 대부분의 구성은 실제로 Envoy의 라우트로 나타난다. Envoy가 지원하는 프로토콜별로 경로 세트를 사용하므로 라우트는 다양한 특성을 가진다.

예 7-3의 기존 **VirtualService**를 사용해 Envoy가 현재 가진 라우트를 나열할 수 있다. 예 7-5에 표시된 것처럼 **VirtualService**는 트래픽을 단일 대상 서비스로 전달하기 때문에 라우트가 매우 간단하다. 이 예는 기본 재시도 정책^{Retry Policy} 및 내장 믹서 구성(원격 측정 결과를 믹서에 다시 리포팅하는 데 사용된다)을 보여준다.

예 7-5 예 7-3의 VirtualService에 대한 Envoy 라우트(RDS) 구성

```
$ istioctl proxy-config route istio-ingressgateway_PODNAME -o json
[
  {
    "name": "0.0.0.0_80",
    "virtualHosts": [
      {
        "name": "bar.foo.com:80",
        "domains": [
          "bar.foo.com",
          "bar.foo.com:80"
        ],
        "routes": [
          {
            "match": {
              "prefix": "/"
            },
            "route": {
              "cluster": "outbound|8000||bar.foo.svc.cluster.local",
              "timeout": "0s",
              "retryPolicy": {
                "retryOn": "connect-failure,refused-stream,
                unavailable,cancelled,resource-exhausted,
                retriable-status-codes","numRetries": 2,
                "retryHostPredicate": [
                  {
                    "name":
                    "envoy.retry_host_predicates.previous_hosts"
                  }
                ],
```

```
            "hostSelectionRetryMaxAttempts": "3",
            "retriableStatusCodes": [
              503
            ]
          },
...
```

예 7-6(이 책의 깃허브 저장소에서 foo-routes.yaml(https://oreil.ly/bbevw) 참조)에 따라 일부 매칭 조건을 포함하도록 라우트를 업데이트해 Envoy에 대한 다른 라우트가 어떻게 나타나는지 확인할 수 있다.

예 7-6 /whiz를 whiz 서비스로 라우팅하는 VirtualService

```
apiVersion: networking.istio.io/v1alpha3
kind: VirtualService
metadata:
  name: foo-default
spec:
  hosts:
  - bar.foo.com
  gateways:
  - foo-com-gateway
  http:
  - match:
    - uri:
        prefix: /whiz
    route:
    - destination:
        host: whiz.foo.svc.cluster.local
  - route:
    - destination:
        host: bar.foo.svc.cluster.local
```

마찬가지로 재시도를 추가하고 여러 목적지로 트래픽을 분할하며 결함을 주입하는 등의 작업을 수행할 수 있다. VirtualService의 이러한 모든 옵션은 Envoy에서 라우트로 나타난다(예 7-7 참조).

예 7-7 예 7-6의 VirtualService에 대한 Envoy 라우트(RDS) 구성

```
$ istioctl proxy-config route istio-ingressgateway_PODNAME -o json
[
  {
    "name": "http.80",
    "virtualHosts": [
      {
        "name": "bar.foo.com:80",
        "domains": [
          "bar.foo.com",
          "bar.foo.com:80"
        ],
        "routes": [
          {
            "match": {
              "prefix": "/whiz"
            },
            "route": {
              "cluster": "outbound|80||whiz.foo.svc.cluster.local",
...
          {
            "match": {
              "prefix": "/"
            },
            "route": {
              "cluster": "outbound|80||bar.foo.svc.cluster.local",
...
```

이제 URI 매칭이 접두사가 일치하는 라우트로 나타나는 방식을 보자. 전에 존재했던 "/" 경로는 여전히 남아 있지만, 새로운 매칭보다는 후순위다. Envoy의 매칭은 순서대로 수행되며 해당 순서는 **VirtualService**의 순서와 일치한다.

클러스터

istioctl을 사용해 클러스터를 살펴보면 이스티오가 메시의 각 서비스와 포트에 관해 클러스터를 생성함을 알 수 있다. 예 7-9와 같이 Envoy에 새 클러스터가 표시되도록 예

7-8과 같은 새 **ServiceEntry**를 생성할 수 있다(이 책의 깃허브 저장소에서 some-domain-se.yaml(https://oreil.ly/8F4cu) 참조).

예 7-8 고정 IP 주소를 가진 some.domain.com의 ServiceEntry

```
apiVersion: networking.istio.io/v1alpha3
kind: ServiceEntry
metadata:
  name: http-server
spec:
  hosts:
  - some.domain.com
  ports:
  - number: 80
    name: http
    protocol: http
  resolution: STATIC
  endpoints:
  - address: 2.2.2.2
```

예 7-9 예 7-8의 ServiceEntry에 대한 Envoy 클러스터(CDS) 구성

```
$ istioctl proxy-config cluster istio-ingressgateway_PODNAME -o json
[
...
  {
    "name": "outbound|80||some.domain.com",
    "type": "EDS",
    "edsClusterConfig": {
      "edsConfig": {
        "ads": {}
      },
      "serviceName": "outbound|80||some.domain.com"
    },
    "connectTimeout": "10s",
    "circuitBreakers": {
      "thresholds": [
        {
          "maxRetries": 1024
```

```
      }
    ]
  }
},
...
```

결과적으로 단일 클러스터 outbound|80||some.domain.com이 생성된다. 이스티오가 클러스터 이름과 포트에서 인바운드 및 아웃바운드를 인코딩하는 방법에 주목하자.

ServiceEntry에 새 포트(서로 다른 프로토콜)를 추가해 새 클러스터가 어떻게 생성되는지 확인할 수 있다. 이스티오에서 클러스터를 생성하고 업데이트하는 데 사용 가능한 다른 도구는 DestinationRule이다. 서브셋subset을 생성하면 새 클러스터가 생성되고(예 7-10 및 7-11 참조) 로드 밸런싱 및 TLS 설정을 업데이트해 클러스터 자체의 구성에 영향을 미친다(이 책의 깃허브 저장소에서 some-domain-dest.yaml(https://oreil.ly/fh1tx) 참조).

예 7-10 some.domain.com을 두 서브셋으로 분리하는 DestinationRule

```
apiVersion: networking.istio.io/v1alpha3
kind: DestinationRule
metadata:
  name: some-domain-com
spec:
  host: some.domain.com
  subsets:
    - name: v1
      labels:
        version: v1
    - name: v2
      labels:
        version: v2
```

예 7-11 예 7-10의 DestinationRule에 대한 Envoy 클러스터(CDS) 구성

```
$ istioctl proxy-config cluster istio-ingressgateway_PODNAME -o json
[
...
```

176

```
  {
    "name": "outbound|80||some.domain.com",
...
  },
  {
    "name": "outbound|80|v1|some.domain.com",
...
    "metadata": {
      "filterMetadata": {
        "istio": {
          "config": "/apis/networking/v1alpha3/namespaces/default
          /destination-rule/some-domain-com"
        }
      }
    }
  },
  {
    "name": "outbound|80|v2|some.domain.com",
...
  },
...
```

여전히 원래 클러스터 outbound|80||some.domain.com이 존재하지만 정의한 각 서브셋에 관해서도 새 클러스터가 존재한다. 이스티오는 Envoy 구성에 디버그를 돕기 위해 생성된 규칙들로 어노테이션을 달았다.

7장은 파일럿을 다뤘다. 파일럿의 기본 모델, 파일럿 메시 모델을 생성하는 데 사용되는 구성 소스, 파일럿이 메시 모델을 사용해 구성을 Envoy에게 푸시하는 방법, 파일럿을 디버깅하는 방법 그리고 마지막으로 파일럿이 Envoy를 위해 수행하는 이스티오 구성 변환을 이해하는 방법을 설명했다. 이 정보를 손에 넣으면 신규 및 중급 이스티오 사용자가 직면하는 대부분의 문제를 디버그하고 해결할 수 있다.

트래픽 관리

모든 서비스 메시의 핵심 기능 중 하나는 트래픽 관리며, 일반적으로 심층적인 기능의 영역이다. 이것은 확실히 이스티오에도 적용된다. 8장의 연구 주제 트래픽 관리를 통해 요청이 시스템을 통과하는 방식과 관련한 이스티오의 기능을 살펴보고 이스티오 네트워킹 API에 익숙해지자. 이러한 API를 사용해 트래픽 흐름을 구성해 새로운 카나리아 배포 같은 작업을 수행하고 모든 서비스에서 일관된 타임아웃 및 재시도 정책을 설정하고, 마지막으로 제어 가능하며 반복 가능한 결함 주입을 사용해 애플리케이션의 실패 모드를 테스트하는 방법을 살펴보자.

이스티오 트래픽 흐름 이해

이스티오 네트워킹 API 작동 방식을 이해하려면 요청이 실제로 이스티오를 통과하는 방식을 이해해야 한다. 7장에서 배운 파일럿은 서비스 메시의 토폴로지를 이해하고 이 토폴로지에 관한 지식을 사용해 제공된 추가 이스티오 네트워킹 구성과 함께 메시의 서비스 프록시를 구성한다. 파일럿이 서비스 프록시에 푸시하는 구성 종류에 대한 자세한 내용은 7장을 참조하자.

데이터 플레인 서비스 프록시로서 Envoy는 런타임에 트래픽(서비스 메시를 통해 흐를 때)의 모든 수신과 발신 요청을 가로챈다. 이 가로채기는 iptables 규칙 또는 Envoy를 통해 모든 네트워크 트래픽을 안팎으로 라우팅하는 BPF[Berkeley Packet Filter] 프로그램을 통해 투명하게 수행된다. Envoy는 요청을 검사하고 요청의 호스트 이름, SNI 또는 서비스 가상 IP 주소를 사용해 요청의 대상(클라이언트가 요청을 보내려는 서비스)을 결정한다. Envoy 는 대상의 라우팅 규칙을 적용해 요청의 목적지(서비스 프록시가 실제로 요청을 보낼 서비스)를 결정한다. Envoy는 목적지가 결정된 후 목적지 규칙을 적용한다. 목적지 규칙은 엔드포인트를 선택하는 데 사용되는 로드 밸런싱 전략을 포함한다(엔드포인트는 대상 서비스를 지원하는 작업자의 주소다). 서비스는 일반적으로 요청을 처리하는 두 개 이상의 작업자worker를 가진다. 해당 작업자들 간에 요청 균형을 맞출 수 있다. 마지막으로 Envoy 는 가로챈 요청을 엔드포인트로 전달한다.

주목할 만한 가치를 가진 여러 항목이 있다. 먼저 애플리케이션이 사이드카 서비스 프록시에 일반 텍스트(암호화 없이 통신)로 통신하고 서비스 프록시가 전송 보안을 처리하게 하는 것이 바람직하다. 예를 들어 애플리케이션이 사이드카에 HTTP로 통신하고 사이드카가 HTTPS로 업그레이드를 처리하도록 할 수 있다. 이를 통해 서비스 프록시는 요청에 대한 L7 메타데이터를 수집할 수 있으므로 이스티오가 L7 메트릭을 생성하고 L7 정책을 기반으로 트래픽을 조작할 수 있다. 서비스 프록시가 TLS 말단을 처리하지 않으면 이스티오가 요청의 L4 세그먼트에 관해서만 메트릭을 생성하고 정책을 적용해 정책을 IP 패킷 및 TCP 헤더(본질적으로 소스, 대상 주소, 포트 번호)의 내용으로 제한할 수 있다. 둘째, 역방향 프록시를 통한 기존 로드 밸런싱에 의존하기보다는 클라이언트 측 로드 밸런싱을 수행한다. 클라이언트 측 로드 밸런싱은 복원력 있고 올바르게 작동하는 시스템을 유지하면서 클라이언트에서 서버로 직접 네트워크 연결을 생성할 수 있음을 의미한다. 이는 역방향 프록시에 의존하는 기존 시스템보다 적은 홉으로 보다 효율적인 네트워크 토폴로지를 구성 가능하게 한다.

일반적으로 파일럿은 레지스트리에 속한 서비스들에 대한 자세한 엔드포인트 정보를 가지며, 이 정보는 서비스 프록시로 직접 푸시된다. 따라서 다른 방법으로 서비스 프록시를 구성하지 않으면 런타임에 파일럿에 의해 푸시된 정적 엔드포인트 세트에서 엔드포인트를 선택하며, 런타임에 동적 주소 확인(예: DNS를 통해)을 수행하지 않는다. 따라서 이스티오가 유일하게 트래픽을 라우팅할 수 있는 대상은 이스티오 서비스 레지스트리의 호스트 이름이다. 최신 버전의 이스티오(1.1은 기본적으로 "off"로 설정됨)는 이 동작을 변경해, 애플리케이션이 IP 주소가 제공된 Envoy가 이스티오에서 모델링되지 않은 알려지지 않은 서비스로 트래픽을 전달할 수 있도록 하는 설치 옵션이 존재한다.

다음 절은 이스티오 네트워킹 모델의 핵심인 호스트 이름 및 이스티오 네트워킹 API를 통해 워크로드를 설명하고 트래픽의 흐름을 제어하는 호스트 이름을 생성하는 방법에 관해 설명한다.

이스티오 네트워킹 API 이해

애플리케이션 IP 주소(최초로 알려진 것이 아닐 수 있고, 언제든지 변경 가능하며 기억하기 어렵고 환경에 따라 v4와 v6 주소 사이에서 변환이 필요한 주소)로 인한 주소 지정 서비스의 취약성을 피하기 위해 이름별로(예: DNS를 통해 확인된 호스트 이름으로) 서비스를 처리한다. 결과적으로 이스티오 네트워크 구성은 다음과 같은 이름 중심 모델을 채택했다.

- Gateways(https://oreil.ly/uPLZa)는 이름을 노출한다.

- VirtualServices(https://oreil.ly/_qE97)는 이름을 구성하고 라우팅한다.

- DestinationRules(https://oreil.ly/rj42r)는 이름 뒤의 로드 밸런서와 통신하는 방법을 기술한다.

- ServiceEntrys(https://oreil.ly/tyvAq)를 통해 새 이름을 생성할 수 있다.

애플리케이션 요청은 그림 8-1에 표시된 것처럼 서비스 이름을 호출해 시작된다.

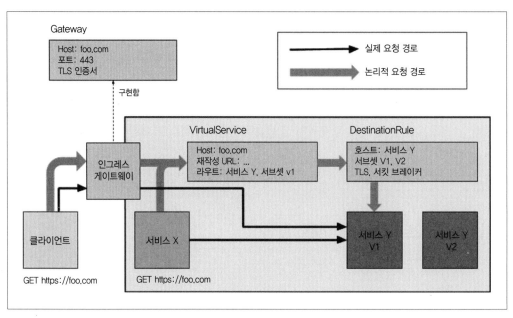

그림 8-1 트래픽이 시스템을 통과하는 과정으로 본 이스티오 핵심 네트워킹 개념

ServiceEntry

ServiceEntry는 이스티오의 서비스 레지스트리에서 서비스 목록을 수동으로 추가/제거하는 수단이다. 서비스 레지스트리의 항목은 이름별로 트래픽을 수신하고 다른 이스티오 구성에서 참조할 대상이 될 수 있다. 가장 간단한 방법으로 예 8-1에 설명된 것처럼 IP 주소에 이름을 지정할 수 있다(이 책 깃허브 저장소의 static-se.yaml(https://oreil.ly/Us7jl) 참조).

예 8-1 이스티오 ServiceEntry 예

```
apiVersion: networking.istio.io/v1alpha3
kind: ServiceEntry
metadata:
  name: http-server
spec:
  hosts:
  - some.domain.com
```

```
  ports:
  - number: 80
    name: http
    protocol: http
  resolution: STATIC
  endpoints:
  - address: 2.2.2.2
```

예 8-1에 제시된 ServiceEntry에서 메시의 서비스 프록시는 요청을 some.domain. com으로 IP 주소 **2.2.2.2**로 전달한다. 예 8-2에서 볼 수 있듯이 **ServiceEntrys**를 사용하면 DNS를 통해 주소를 가리키는 이름을 이스티오가 가리킬 수 있는 주소로 상향 가능하다(이 책 깃허브 저장소의 dns-se.yaml(https://oreil.ly/cEc5k) 참조).

예 8-2 DNS를 통해 값이 해석되도록 설정한 이스티오 ServiceEntry

```
apiVersion: networking.istio.io/v1alpha3
kind: ServiceEntry
metadata:
  name: external-svc-dns
spec:
  hosts:
  - foo.bar.com
  location: MESH_EXTERNAL
  ports:
  - number: 443
    name: https
    protocol: HTTP
  resolution: DNS
  endpoints:
  - address: baz.com
```

예 8-2에 정의된 **ServiceEntry**는 서비스 프록시가 **foo.bar.com**으로 향한 요청을 **baz. com**으로 전달해 DNS를 사용해 엔드포인트로 해석되게 한다. 이 예에서는 서비스가 메시 외부에 있음을 선언(위치: MESH_EXTERNAL)하므로 서비스 프록시가 mTLS 통신을 시도하지 않는다.

이스티오가 통합하는 모든 서비스 레지스트리(쿠버네티스, Consul, Eureka 등)는 데이터를 ServiceEntry로 변환해 작동한다. 예를 들어 단일 파드(및 단일 엔드포인트)를 가진 쿠버네티스 서비스는 예 8-3에 설명된 대로 호스트 및 IP 주소 엔드포인트를 가진 ServiceEntry에 직접 매핑된다(이 책 깃허브 저장소의 svc-endpoint.yaml(https://oreil.ly/TNaWH) 참조).

예 8-3 기반 플랫폼 서비스, 쿠버네티스 예제

```
apiVersion: v1
kind: Service
metadata:
  name: my-service
spec:
  selector:
    app: MyApp
  ports:
  - protocol: TCP
  port: 80
---
apiVersion: v1
kind: Endpoints
metadata:
  name: my-service
subsets:
  - addresses:
    - ip: 1.2.3.4
  ports:
    - port: 80
```

이 내용이 예 8-4에 나타나는 ServiceEntry가 된다(이 책 깃허브 저장소의 k8s-se.yaml(https://oreil.ly/LLawn) 참조).

예 8-4 쿠버네티스 서비스 및 엔드포인트가 ServiceEntry로 나타난다.

```
apiVersion: networking.istio.io/v1alpha3
kind: ServiceEntry
metadata:
```

```
  name: k8s-my-service
spec:
  hosts:
  # k8s에서 애플리케이션이 이 서비스를 대상으로 사용 가능한 이름
  - my-service
  - my-service.default
  - my-service.default.svc.cluster.local
  ports:
  - number: 80
    name: http
    protocol: HTTP
  resolution: STATIC
  endpoints:
  - address: 1.2.3.4
```

 플랫폼 어댑터가 생성한 ServiceEntry는 이스티오 구성에 직접 나타나지 않는다(즉, istioctl을 통해 가져올 수 없다). 오히려 istioctl을 통해 직접 작성한 ServiceEntry만 가져올 수 있다.

이스티오는 ServiceEntry에 기반해 DNS 항목을 채우지 않는다. 이는 주소 2.2.2.2에 some.domain.com이란 이름을 제공하는 예 8-1에서 애플리케이션이 DNS를 통해 some.domain.com을 2.2.2.2로 해석할 수 없음을 의미한다. 이것은 서비스를 선언하면 애플리케이션이 런타임에 사용 가능한 해당 서비스에 대해 DNS 항목을 생성하는 쿠버네티스와 같은 시스템에서 출발한 것이다. 쿠버네티스 외부 환경에서 또는 쿠버네티스 서비스가 아닌 것을 모델링하는 경우 이스티오 서비스용 DNS를 채우는 이스티오 ServiceEntry로부터 DNS 레코드를 생성하는 이스티오용 핵심 DNS 플러그인이 존재한다.

마지막으로 예 8-5에서 알 수 있듯이 ServiceEntry를 사용해 가상 IP 주소^{VIP}를 만들고 IP 주소를 이스티오의 다른 네트워킹 API로 구성 가능한 이름에 매핑할 수 있다.

예 8-5 ServiceEntry를 사용한 가상 IP 주소 작성

```
apiVersion: networking.istio.io/v1alpha3
kind: ServiceEntry
```

```
metadata:
  name: http-server
spec:
  hosts:
  - my-tcp-service.internal
  addresses:
  - 1.2.3.4
  ports:
  - number: 975
  name: tcp
  protocol: TCP
  resolution: DNS
  endpoints:
  - address: foo.com
```

이것은 1.2.3.4를 이름이 my-tcp-service.internal인 VIP로 선언한다. 해당 VIP의 포트 975에 대한 모든 트래픽은 DNS를 통해 해석된 foo.com의 IP 주소로 전달된다. 물론 다른 ServiceEntry와 마찬가지로 VIP에 대한 엔드포인트를 구성해 DNS를 지연시키거나 주소 집합을 명시적으로 구성할 수 있다. 다른 이스티오 구성에서는 my-tcp-service.internal이란 이름을 사용해 이 서비스의 트래픽을 설명할 수 있다. 그러나 이스티오는 서비스 메시 외부(또는 쿠버네티스의 경우 클러스터 외부)의 DNS 항목을 설정하지 않으므로 my-tcp-service.internal이 애플리케이션 주소 1.2.3.4로 해석됨을 이해하자. 그렇게 하려면 DNS를 구성해야 한다. 그렇지 않으면 애플리케이션이 직접 1.2.3.4를 처리해야 한다.

DestinationRule

직관적이지 않은 DestinationRule은 실제로는 클라이언트 구성에 관한 것이다. 이를 통해 서비스 운영자는 다음을 포함해 메시 클라이언트가 서비스를 호출하는 방법을 기술할 수 있다.

- 서비스의 서브셋(예: v1 및 v2)

- 클라이언트가 사용할 로드 밸런싱 전략

- 서비스 엔드포인트를 비정상으로 표시하는 조건

- L4 및 L7 커넥션 풀 설정

- 서버의 TLS 설정

8장 뒷부분의 '복원성' 절에서 클라이언트 측 로드 밸런싱, 로드 밸런싱 전략 및 이상치 ^outlier^ 감지에 관해 자세히 설명한다.

커넥션 풀 설정

DestinationRule을 사용하면 각 대상 호스트에 허용되는 TCP 연결 수, 각 대상 호스트별로 허용되는 최대 HTTP1, HTTP2 또는 gRPC 요청 수 및 모든 대상 엔드포인트에 걸친 최대 재시도 수와 같은 저수준 커넥션 풀 설정을 구성할 수 있다. 예 8-6은 대상 엔드포인트당 최대 4개의 TCP 연결 및 4개의 TCP 연결을 통해 최대 1,000개의 동시 HTTP2 요청을 허용하는 DestinationRule을 보여준다.

예 8-6 저수준 커넥션 풀 설정을 구성하는 DestinationRule

```
apiVersion: networking.istio.io/v1alpha3
kind: DestinationRule
metadata:
  name: foo-default
spec:
  host: foo.default.svc.cluster.local
  trafficPolicy:
    connectionPool:
      tcp:
        maxConnections: 4
      http:
        http2MaxRequests: 1000
```

TLS 설정

DestinationRule은 사이드카가 대상 엔드포인트와의 연결을 보호하는 방법을 기술할 수 있다. 네 가지 모드가 지원된다.

DISABLED

TCP 연결에 대한 TLS를 비활성화한다.

SIMPLE

대상 엔드포인트에 관해 TLS 연결을 시작한다.

MUTUAL

대상 엔드포인트에 대한 mTLS 연결을 설정한다.

ISTIO_MUTUAL

mTLS가 이스티오에서 프로비저닝 인증서를 사용하는지 묻는다.

메시에서 이스티오 메시 구성을 통한 mTLS 활성화는 메시의 모든 대상에 대한 값으로 이스티오 mTLS를 설정하는 더 간편한 방법이다. 예를 들어 예 8-7에 표시된 것처럼 DestinationRule을 사용해 메시 외부의 HTTPS 웹사이트에 연결할 수 있다(이 책 깃허브 저장소의 egress-destrule.yaml(https://oreil.ly/o7aNe) 참조).

예 8-7 메시를 나가는 http://google.com 도메인으로 아웃바운드 트래픽 허용

```
apiVersion: networking.istio.io/v1alpha3
kind: DestinationRule
metadata:
  name: google.com
spec:
  host: "*.google.com"
  trafficPolicy:
    tls:
      mode: SIMPLE
```

또는 예 8-8에 설명된 것처럼 mTLS를 사용해 다른 서버에 연결하는 방법을 기술할 수 있다.

예 8-8 mTLS 사용을 강제하는 DestinationRule

```
apiVersion: networking.istio.io/v1alpha3
kind: DestinationRule
metadata:
  name: remote-a-ingress
spec:
  host: ingress.a.remote.cluster
  trafficPolicy:
    tls:
      mode: MUTUAL
      clientCertificate: /etc/certs/remote-cluster-a.pem
      privateKey: /etc/certs/client
      private_key_cluster_a.pem
      caCertificates: /etc/certs/rootcacerts.pem
```

ingress.a.remote.cluster에 대한 ServiceEntry와 함께 예 8-7과 유사한 Destination Rule을 사용해 VPN을 사용하지 않고도 안전하게 인터넷상에서 신뢰 도메인(예: 개별 클러스터)을 통해 트래픽을 라우팅할 수 있다. 13장에서 제로 VPN 네트워킹과 다른 주제를 다룬다.

서브셋

마지막으로 DestinationRule을 사용하면 단일 서비스를 레이블 기준의 서브셋으로 분할할 수 있다. 또한 지금까지 설명한 DestinationRule에서 구성 가능한 모든 기능을 각 서브셋별로 별도로 구성할 수 있다. 예를 들어 버전을 기반으로 서비스를 두 개의 서브셋으로 분할하고 VirtualService를 사용해 새 버전으로 카나리아 릴리스를 수행해 모든 트래픽을 새 버전으로 점진적으로 이동시킬 수 있다. 예 8-9에 표시된 것처럼 foo는 v1과 v2의 두 가지 버전이 있다. foo 서비스의 각 버전은 고유한 로드 밸런싱 정책을 가진다.

```
apiVersion: networking.istio.io/v1alpha3
kind: DestinationRule
metadata:
  name: foo-default
spec:
  host: foo.default.svc.cluster.local
  subsets:
  - name: v1
    labels:
      version: v1
    trafficPolicy:
      loadBalancer:
        simple: ROUND_ROBIN
  - name: v2
    labels:
      version: v2
    trafficPolicy:
      loadBalancer:
        simple: LEAST_CONN
```

다음 절에서 VirtualServices에 관해 자세히 설명한다.

VirtualService

VirtualService는 예 8-10에 표시된 것처럼 이름으로 주소가 지정된 트래픽이 대상 집합으로 흐르는 방법을 설명한다.

예 8-10 간단한 VirtualService

```
apiVersion: networking.istio.io/v1alpha3
kind: VirtualService
metadata:
  name: foo-identity
spec:
  hosts:
  - foo.default.svc.cluster.local
```

```
http:
- route:
  - destination:
    host: foo.default.svc.cluster.local
```

예 8-10의 VirtualService는 foo.default.svc.cluster.local로 주소 지정된 트래픽을 대상 foo.default.svc.cluster.local로 전달한다. 파일럿은 모든 서비스의 Service Entry와 쌍을 이루기 위해 (예에 있는 것처럼) VirtualService를 암묵적으로 생성한다.

물론 VirtualService로 더 흥미로운 것들을 할 수 있다. 예 8-11에 설명된 것처럼 서비스에 대한 HTTP 엔드포인트를 정의하고 유효하지 않은 경로에 관해 Envoy가 원격 서버를 호출하지 않고 404 오류(클라이언트 측)를 전달하도록 할 수 있다.

예 8-11 경로 기반 매칭을 포함한 VirtualService

```
apiVersion: networking.istio.io/v1alpha3
kind: VirtualService
metadata:
  name: foo-apiserver
spec:
  hosts:
  - foo.default.svc.cluster.local
  http:
  - match:
    - uri:
      prefix: "/api"
    route:
    - destination:
        host: apiserver.foo.svc.cluster.local
```

foo.default.svc.cluster.local/api/...를 호출하는 클라이언트는 목적지 apiserver. foo.svc.cluster.local의 일련의 API 서버로 연결되며 다른 URI는 Envoy가 목적지를 찾지 못하도록 해당 요청에서 404 오류로 애플리케이션에 응답한다. 이것이 바로 파일럿이 모든 ServiceEntry에 관해 암묵적 VirtualService를 만드는 이유다. 따라서 명시적인 catch-all 대상이 명시적으로 정의돼 있지 않더라도 DestinationRule에서 일치하지 않는 경로는 404가 돼 암묵적으로 catch-all을 형성한다.

VirtualService를 사용해 특정 트래픽 세그먼트를 대상으로 지정하고 이를 다른 목적지로 보낼 수 있다. 예를 들어 VirtualService는 헤더 값, 호출자가 연결하려는 포트 또는 클라이언트 워크로드 레이블(예: 쿠버네티스 클라이언트 파드 레이블)을 기준으로 요청을 매칭하고, 다른 대상(예: 새로운 버전의 서비스)에 매칭되지 않은 트래픽에 우선해 매칭된 트래픽을 보낸다. 이 사례는 8장 뒷부분의 '트래픽 조정 및 라우팅' 절에서 자세히 다룬다. 간단한 예는 일부 버전의 트래픽을 새 버전의 서비스(예 8-12 참조)로 전송해 배포가 잘못된 경우 빠른 롤백을 허용하는 것이다.

예 8-12 VirtualService 서브셋 간 트래픽 분할

```
apiVersion: networking.istio.io/v1alpha3
kind: VirtualService
metadata:
  name: foo-apiserver
spec:
  hosts:
  - foo.default.svc.cluster.local
  http:
  - match:
    - uri:
        prefix: "/api"
    route:
    - destination:
        host: apiserver.foo.svc.cluster.local
        subset: v1
      weight: 90
    - destination:
        host: apiserver.foo.svc.cluster.local
        subset: v2
      weight: 10
```

VirtualService 내에서 매칭 조건은 런타임에 표시되는 순서대로 체크된다. 이는 가장 구체적인 매칭 조항이 먼저 나타나고 덜 구체적인 조항이 나중에 나타나야 함을 의

미한다. 안전을 위해 매칭 조건이 없는 "기본" 라우트를 제공해야 한다. 다시 말하지만 VirtualService 조건과 매칭되지 않는 요청은 보낸 쪽에 404(또는 HTTP 프로토콜이 아닌 경우 '연결 거부' 오류)가 발생하기 때문이다.

호스트

VirtualService는 이름을 요구한다고 할 수 있다. VirtualService는 많은 호스트 이름을 요구할 수 있지만 호스트 이름은 최대 하나의 VirtualService에 나타날 수 있다. 이것은 apis.foo.com과 같이 단일 이름을 사용해 경로를 통해 라우팅되는 많은 서비스(예: apis.foo.com/bars 또는 apis.foo.com/bazs)를 호스팅할 때 단일 VirtualService apis.foo.com 을 여러 팀이 편집해야 하기 때문에 문제가 발생할 수 있다. 이 문제에 대한 한 가지 해결책은 계층화된 VirtualService 세트를 사용하는 것이다. 최상위 VirtualService는 경로 접두사별로 요청을 논리 서비스로 분할하고 모든 팀이 공유하는 리소스다(쿠버네티스 Ingress 리소스와 유사). 그런 다음 최상위 VirtualService의 각 논리 서비스에 대한 VirtualService는 해당 요청 블록의 트래픽을 기술할 수 있다. 이 패턴을 반복적으로 적용해 더 작고 작은 트래픽 세그먼트의 관리를 위임할 수 있다.

예를 들어 예 8-13과 같이 여러 팀을 위한 비즈니스 로직이 공유되는 VirtualService를 고려해보자.

예 8-13 모놀리식 VirtualService 정의

```
apiVersion: networking.istio.io/v1alpha3
kind: VirtualService
metadata:
  name: foo-apiserver
spec:
  hosts:
  - apis.foo.com
  http:
  - match:
    - uri:
        prefix: "/bars/newMethod"
```

```
        route:
        - destination:
            host: bar.foo.svc.cluster.local
            subset: v2
    - match:
      - uri:
          prefix: "/bars"
      route:
      - destination:
          host: bar.foo.svc.cluster.local
          subset: v1
    - match:
      - uri:
          prefix: "/bazs/legacy/rest/path"
      route:
      - destination:
          host: monolith.legacy.svc.cluster.remote
      retries:
        attempts: 3
        perTryTimeout: 2s
      - match:
        - uri:
            prefix: "/bazs"
      route:
      - destination:
          host: baz.foo.svc.cluster.local
```

이 VirtualService 정의는 해당 팀이 소유한 별도 VirtualService(예 8-14에 표시)로
분해될 수 있다.

예 8-14 독립적인 변경 관리를 용이하게 하기 위해 독립적인 정의로 분할된 VirtualService

```
apiVersion: networking.istio.io/v1alpha3
kind: VirtualService
metadata:
  name: foo-svc-shared
spec:
  hosts:
```

```yaml
  - apis.foo.com
  http:
  - match:
    - uri:
        prefix: "/bars"
    route:
    - destination:
        host: bar.foo.svc.cluster.local
  - match:
    - uri:
        prefix: "/bazs"
  route:
  - destination:
      host: baz.foo.svc.cluster.local
---
apiVersion: networking.istio.io/v1alpha3
kind: VirtualService
metadata:
  Name: foo-bars-svc
spec:
  hosts:
  - bar.foo.svc.cluster.local
  http:
  - match:
    - uri:
        prefix: "/bars/newMethod"
    route:
    - destination:
        host: bar.foo.svc.cluster.local
        subset: v2
  route:
  - destination:
      host: bar.foo.svc.cluster.local
      subset: v1
---
apiVersion: networking.istio.io/v1alpha3
kind: VirtualService
metadata:
  Name: foo-bazs-svc
```

```
spec:
  hosts:
  - baz.foo.svc.cluster.local
  http:
  - match:
    - uri:
        prefix: "/bazs/legacy/rest/path"
    route:
    - destination:
        host: monolith.legacy.svc.cluster.remote
    retries:
      attempts: 3
      perTryTimeout: 2s
  route:
  - destination:
      host: baz.foo.svc.cluster.local
```

 1장의 'L5에서 분리' 절에 설명한 대로 서비스 메시는 서비스 팀(개발자, 운영자 등)의 분리를 실용적으로 촉진하며 팀이 움직이는 속도를 향상시킨다. 또한 변경 관리 시 팀이 직면하는 위험 범위를 줄이며 역할 간 책임을 명확하게 하고 서비스 제공의 특정 측면에 관한 책임을 명확히 한다.

예 8-14는 L5 서비스 메시 구성 내 명확한 책임 라인에 접근하고 서비스 팀을 철저하게 분리하는 방법에 관한 구체적인 예다.

마지막으로 VirtualServices는 와일드 카드 패턴으로 설명된 일련의 호스트 이름을 요구할 수 있다. 즉, VirtualService는 *.com과 같은 호스트를 요구할 수 있다. 구성을 선택할 때 가장 구체적인 호스트가 항상 적용된다. baz.foo.com으로의 요청에 관해 baz.foo.com에 대한 VirtualService가 적용되며 *.foo.com 및 *.com에 대한 VirtualService는 무시된다. 그러나 VirtualService는 "*"(와일드 카드 호스트)는 요구할 수 없다.

Gateway

Gateway는 신뢰 경계를 넘는 이름 노출과 관련이 있다. 웹사이트 foo.com을 제공하는 webserver.foo.svc.cluster.local 서비스가 메시에 배포됐다고 가정하자. Gateway를

196

사용해 웹 서버를 공개 인터넷에 노출시켜 내부 이름 `webserver.foo.svc.cluster.local`을 공개 이름 `foo.com`으로 매핑할 수 있다. 또한 예 8-15에 표시된 것처럼 공개 이름을 노출할 포트와 프로토콜에 관해 알아야 한다.

예 8-15 HTTP/80을 노출시키는 간단한 Gateway 정의

```
apiVersion: networking.istio.io/v1alpha3
kind: Gateway
metadata:
  name: foo-com-gateway
spec:
  selector:
    app: gateway-workloads
  servers:
  - hosts:
    - foo.com
    port:
      number: 80
      name: http
      protocol: HTTP
```

안전한 전송은 이름 간 매핑만으로는 충분하지 않다. **Gateway**는 발신자에게 이름을 소유하고 있음을 증명할 수 있어야 한다. 예 8-16에 표시된 것처럼 http://foo.com에 대한 인증서를 제공하도록 **Gateway**를 구성해 이 작업을 수행할 수 있다(이 책 깃허브 저장소의 gw-https.yaml(https://oreil.ly/DLkkP) 참조).

예 8-16 foo.com에 대한 인증서를 제공하는 Gateway

```
apiVersion: networking.istio.io/v1alpha3
kind: Gateway
metadata:
  name: foo-com-gateway
spec:
  selector:
    app: gateway-workloads
  servers:
  - hosts:
```

```
      - foo.com
    port:
      number: 443
      name: https
      protocol: HTTPS
    tls:
      mode: SIMPLE # 이 포트에서 HTTPS를 활성화
      serverCertificate: /etc/certs/foo-com-public.pem
      privateKey: /etc/certs/foo-com-privatekey.pem
```

예 8-16의 foo-com-public.pem 및 foo-com-privatekey.pem은 모두 Let's Encrypt 같은 CA에서 얻을 수 있는 foo.com의 인증서다. 불행히도, 이스티오는 오늘날 이러한 유형의 인증서를 처리하지 않으므로 Gateway가 워크로드의 파일시스템에 제공해야 할 모든 인증서를 마운트해야 한다. 또한 포트와 프로토콜이 매칭되도록 모두 업데이트했음을 주의하자. 원하는 경우 예 8-17에 표시된 것처럼 HTTPS/443 외에도 포트 80에서 HTTP를 통해 foo.com을 계속 제공할 수 있다.

예 8-17 HTTP/80 및 HTTPS/443을 동시에 제공하는 Gateway

```
apiVersion: networking.istio.io/v1alpha3
kind: Gateway
metadata:
  name: foo-com-gateway
spec:
  selector:
    app: gateway-workloads
  servers:
  - hosts:
    - foo.com
    port:
      number: 80
      name: http
      protocol: HTTP
  - hosts:
    - foo.com
    port:
```

```
    number: 443
    name: https
    protocol: HTTPS
  tls:
    mode: SIMPLE # 이 포트에서 HTTPS를 활성화
    serverCertificate: /etc/certs/foo-com-public.pem
    privateKey: /etc/certs/foo-com-privatekey.pem
```

그러나 보안 모범 사례에 따라 예 8-18에 표시된 대로 HTTPS 업그레이드를 수행하도록 Gateway를 구성하는 것이 좋다(이 책 깃허브 저장소의 gw-https-upgrade.yaml(https:// oreil.ly/2lf6g) 참조).

예 8-18 인바운드 HTTP/80 연결을 HTTPS/443 연결 보안으로 업그레이드하도록 구성된 Gateway

```
apiVersion: networking.istio.io/v1alpha3
kind: Gateway
metadata:
  name: foo-com-gateway
spec:
  selector:
    app: gateway-workloads
  servers:
  - hosts:
    - foo.com
    port:
      number: 80
      name: http
      protocol: HTTP
    tls:
      httpsRedirect: true # http 요청에 관해 301 리다이렉트를 보냄
  - hosts:
    - foo.com
    port:
      number: 443
      name: https
      protocol: HTTPS
    tls:
      mode: SIMPLE # 이 포트에서 HTTPS를 활성화
```

```
      serverCertificate: /etc/certs/foo-com-public.pem
      privateKey: /etc/certs/foo-com-privatekey.pem
```

이 예제는 일반적으로 사용되는 HTTP(S)와 포트 80과 443을 보여준다. 그러나 Gateway
는 모든 포트를 통해 모든 프로토콜을 노출할 수 있다. 이스티오가 Gateway 구현을 제어
할 때 Gateway는 구성에 나열된 모든 포트를 리스닝한다.

지금까지 이 Gateway 중 어느 것도 foo.com을 메시의 어떤 서비스에도 매핑하지 않았
다! 이를 위해 예제 8-19에 표시된 대로 VirtualService를 Gateway에 바인딩해야 한다
(이 책 깃허브 저장소의 foo-vs.yaml(https://oreil.ly/aRbTM) 참조).

예 8-19 Gateway에 foo.com을 바인딩하는 VirtualService

```
apiVersion: networking.istio.io/v1alpha3
kind: VirtualService
metadata:
  name: foo-com-virtual-service
spec:
  hosts:
  - foo.com
  gateways:
  - foo-com-gateway
  http:
  - route:
    - destination:
        host: webserver.foo.svc.cluster.local
```

'Gateway에 VirtualService 바인딩' 절에서 VirtualService를 Gateway에 바인딩하는
규칙에 관해 설명하겠지만 중요한 점은 다음과 같다. Gateway는 L7 동작이 아닌 L4 동
작을 구성한다. 그것이 의미하는 바는 Gateway가 바인딩할 포트, 해당 포트에 노출할 프
로토콜 및 해당 포트에 제공할 이름(그리고 인증서를 통한 해당 이름의 증명)을 설명한다.
그러나 VirtualService는 L7 동작을 기술한다. L7 동작은 일부 이름(예: foo.com)에서
다른 애플리케이션 및 워크로드로 매핑하는 방법이다.

L7 동작에서 L4를 분리하는 것이 이스티오의 설계 목표였다. 이를 통해 예 8-20에 표시된 것처럼 많은 팀이 재사용할 수 있는 단일 Gateway 제공과 같은 패턴이 가능하다(이 책 깃허브 저장소의 gw-to-vses.yaml(https://oreil.ly/n3YT0) 참조).

예 8-20 여러 VirtualService에서 사용하는 단일 Gateway

```
apiVersion: networking.istio.io/v1alpha3
kind: Gateway
metadata:
  name: foo-com-gateway
spec:
  selector:
    app: gateway-workloads
  servers:
  - hosts:
    - *.foo.com
    port:
      number: 80
      name: http
      protocol: HTTP
---
apiVersion: networking.istio.io/v1alpha3
kind: VirtualService
metadata:
  name: foo-com-virtual-service
spec:
  hosts:
  - api.foo.com
  gateways:
  - foo-com-gateway
  http:
  - route:
    - destination:
        host: api.foo.svc.cluster.local
---
apiVersion: networking.istio.io/v1alpha3
kind: VirtualService
metadata:
```

```
    name: foo-com-virtual-service
spec:
  hosts:
  - www.foo.com
  gateways:
  - foo-com-gateway
  http:
  - route:
    - destination:
        host: webserver.foo.svc.cluster.local
```

더 중요한 것은 이런 L4 및 L7 동작의 분리는 Gateway를 사용해 이스티오 네트워크 인터페이스(예: 네트워크 어플라이언스 또는 비플랫 L3 네트워크)를 모델링할 수 있음을 의미한다. 마지막으로 Gateway를 사용해 별도의 L3 네트워크에 배포된 메시 부분 사이에 mTLS 터널을 구축할 수 있다. 예를 들어 VPN을 사용하지 않고도 공용 인터넷을 통해 별도의 클라우드 공급자의 가용 존^{availability zone}에 걸쳐 이스티오 배포 간 보안 연결을 설정할 수 있다.

마지막으로 인터페이스가 이스티오의 제어하에 있는지에 관계없이 Gateway를 사용해 임의의 네트워크 인터페이스를 모델링할 수 있다. 따라서 네트워크 인터페이스를 이스티오를 통해 표시할 수 있지만 인터페이스를 나타내는 Gateway 뒤의 네트워크 서비스 동작은 이스티오의 제어하에 있을 수도 있고, 없을 수도 있다. 예를 들어 클라우드 배포에서 외부 제공 로드 밸런서를 모델링하기 위해 Gateway를 사용하는 경우 이스티오 구성은 해당 로드 밸런서의 결정에 영향을 줄 수 없다. Gateway에 속하는 워크로드는 Gateway 객체의 "selector" 필드에 의해 설명된다. selector 내용과 일치하는 레이블을 가진 워크로드는 이스티오에서는 Gateway처럼 취급된다. 이스티오가 Gateway 구현을 제어할 때(즉, Gateway가 Envoy인 경우) VirtualService를 Gateway에 바인딩해 클러스터의 수신 및 발신 지점에서 VirtualService 기능을 활용할 수 있다.

VirtualServices를 Gateway에 바인딩
다음과 같은 경우 VirtualService가 Gateway에 바인딩됐다고 말할 수 있다.

- VirtualService가 Gateway 이름을 gateway 필드에 나열

- VirtualService가 주장하는 하나 이상의 호스트가 Gateway에 의해 노출됨

Gateway 구성의 호스트는 VirtualService의 호스트와 유사하지만 약간 차이가 있다. 분명히 Gateway는 VirtualService처럼 호스트 이름을 요구하지 않는다. 대신 Gateway는 이름을 노출하므로 VirtualService는 해당 Gateway에 바인딩해 해당 이름의 트래픽을 구성할 수 있다. 예를 들어 foo.com이라는 이름을 노출시키는 Gateway가 여럿 존재할 수 있지만 단일 VirtualService가 그 모든 Gateway의 트래픽을 구성해야 한다. Gateway의 host 필드는 VirtualService와 동일한 방식으로 와일드 카드 호스트 이름을 허용하지만, Gateway는 VirtualService와 달리 와일드 카드 호스트 이름 "*"도 허용한다.

호스트 구성이 다른 두 개의 Gateway인 foo-gateway와 wildcard-gateway를 먼저 살펴보자(이 책 깃허브 저장소의 gw-examples.yaml(https://oreil.ly/AuyOE) 참조). 먼저 foo-gateway 예제는 다음과 같다.

```
apiVersion: networking.istio.io/v1alpha3
kind: Gateway
metadata:
  name: foo-gateway
spec:
  selector:
    app: my-gateway-impl
  servers:
  - hosts:
    - foo.com
    port:
      number: 80
      name: http
      protocol: HTTP
```

다음으로 wildcard-gateway 예다.

```
apiVersion: networking.istio.io/v1alpha3
kind: Gateway
metadata:
  name: wildcard-gateway
spec:
  selector:
    app: my-gateway-impl
  servers:
  - hosts:
    - *.com
    port:
      number: 80
      name: http
      protocol: HTTP
```

이제 다음 VirtualServices가 Gateway에 바인딩(또는 경우에 따라 바인딩하지 않음)하는
방법을 살펴보자(이 책 깃허브 저장소의 vs-examples.yaml(https://oreil.ly/eSWbt) 참조).

다음 예는 VirtualService의 Gateway 이름이 일치하고 VirtualService가 "foo-gate
way"에 의해 노출된 호스트 "foo.com"을 요구하기 때문에 "foo-gateway"에 바인딩
된다. 따라서 "foo.com"을 요청하면 이 Gateway의 포트 80에서 수신하고 네임스페이스
"default"의 "foo" 서비스의 포트 7777로 라우팅된다.

이것은 또한 "wildcard-gateway"에 바인딩되지 않는다. 호스트는 일치하지만 Virtual
Service는 Gateway "wildcard-gateway"를 대상으로 나열하지 않는다.

```
apiVersion: networking.istio.io/v1alpha3
kind: VirtualService
metadata:
  name: foo-default
spec:
  hosts:
  - foo.com
  gateways:
  - foo-gateway
  http:
```

```
      - route:
        - destination:
            host: foo.default.svc.cluster.local
```

다음 예는 VirtualService의 Gateway 이름과 매칭되고 VirtualService가 "foo-gateway"에 의해 노출되는 호스트 "foo.com"을 요구하기 때문에 "foo-gateway"에 바인딩된다. VirtualService가 "foo.super.secret.internal.name"이라는 이름을 요구하더라도 Gateway 발신자에게는 "foo.com"이라는 이름만 표시된다.

그리고 "wildcard-gateway"에 바인딩되지 않는다. 호스트는 일치하지만 Virtual Service는 Gateway "wildcard-gateway"를 대상으로 나열하지 않는다.

```
apiVersion: networking.istio.io/v1alpha3
kind: VirtualService
metadata:
  name: foo-default
spec:
  hosts:
  - foo.com
  - foo.super.secret.internal.name
  gateways: - foo-gateway
  http:
  - route:
    - destination:
        host: foo.default.svc.cluster.local
```

다음 예제는 어느 Gateway에도 바인딩되지 않는다. VirtualService는 두 Gateway를 모두 나열하지만 VirtualService가 요구하는 호스트 이름 "foo.super.secret.internal.name"은 어느 Gateway도 노출하지 않으므로 해당 이름의 요청이 수락되지 않는다.

```
apiVersion: networking.istio.io/v1alpha3
kind: VirtualService
metadata:
  name: foo-internal
spec:
```

```
hosts:
- foo.super.secret.internal.name
gateways:
- foo-gateway
- wildcard-gateway
http:
- route:
  - destination:
      host: foo.default.svc.cluster.local
```

마지막 예는 VirtualService의 Gateway 이름이 일치하고 VirtualService가 "foo-gateway"에 의해 노출되는 호스트 "foo.com"을 요청하기 때문에 "foo-gateway"에 바인딩된다.

또한 VirtualService의 Gateway 이름이 일치하고 VirtualService가 "wildcard-gateway"에 의해 노출되는 호스트 "foo.com"을 주장하기 때문에 "wildcard-gateway"에 바인딩된다("foo.com"이 와일드 카드 "*.com"에 매칭되기 때문).

```
apiVersion: networking.istio.io/v1alpha3
kind: VirtualService
metadata:
  name: foo-internal
spec:
  hosts:
  - foo.com
  gateways:
  - foo-gateway
  - wildcard-gateway
  http:
  - route:
    - destination:
        host: foo.default.svc.cluster.local
```

메시 Gateway

모든 이스티오 배포는 메시 Gateway라는 특별한 암묵적 Gateway를 가진다. 이러한 종류의 Gateway는 메시의 모든 서비스 프록시의 워크로드를 반영하며 모든 포트에 와일드카드 호스트를 노출한다. VirtualService가 Gateway를 나열하지 않으면 자동으로 메시 Gateway에 적용된다. 즉, 메시 Gateway는 메시의 모든 사이드카다. VirtualService는 항상 gateways 필드에 나열된 Gateway 또는 메시 Gateway에 바인딩한다. VirtualService를 사용할 때 일반적으로 발생하는 위험은 메시 내 VirtualService를 업데이트하고 특정 Gateway에 바인딩해 메시 Gateway를 대체하려고 할 때 발생한다. 해당 리소스를 푸시하면 해당 구성이 더 이상 사이드카에 적용되지 않아 오류가 발생한다. 이러한 종류의 업데이트를 위해서는 바인딩할 Gateway 목록에 "mesh" 게이트웨이를 포함시키자.

트래픽 조정과 라우팅

앞에서 설명한 API를 다양한 방식으로 사용해 배포된 시스템의 트래픽 흐름에 영향을 줄 수 있다. 이 절은 VirtualService를 사용해 다음을 기반으로 라우팅 결정을 내리는 것과 같은 가장 일반적인 사례를 다룬다.

- URI와 같은 요청 속성

- 헤더

- 요청의 프로토콜 종류scheme

- 요청의 대상 포트

또는 VirtualService를 사용해 서비스 간 카나리아 및 블루/그린 배포 전략을 구현할 수 있다.

요청 메타데이터로 라우팅

이스티오의 가장 강력한 기능 가운데 하나는 요청 URI, 헤더, 소스 또는 대상 IP 주소 및 요청에 대한 기타 메타데이터와 같은 요청 메타데이터를 기반으로 트래픽 라우팅을 수행하는 기능이다. 한 가지 주요 제한 사항은 이스티오가 요청의 본문^{body} 기반으로 라우팅을 수행하지 않는다는 것이다.

8장 앞부분 'VirtualService' 절은 URI 접두사를 기반으로 하는 라우팅의 광범위한 내용을 다룬다. 예 8-21에 표시된 것처럼 정확한 URI 일치 및 정규식에 관해 유사한 라우팅을 수행할 수 있다.

예 8-21 VirtualService에서 경로 기반 매칭

```
apiVersion: networking.istio.io/v1alpha3
kind: VirtualService
metadata:
  Name: foo-bars-svc
spec:
  hosts:
  - bar.foo.svc.cluster.local
  http:
  - match:
    - uri:
```

```
        exact: "/assets/static/style.css"
    route:
    - destination:
        host: webserver.frontend.svc.cluster.local
  - match:
    - uri:
        # "/foo/132:myCustomMethod"와 같은 요청에 매칭
        regex: "/foo/\\d+:myCustomMethod"
    route:
    - destination:
        host: bar.foo.svc.cluster.local
        subset: v3
  - route:
    - destination:
        host: bar.foo.svc.cluster.local
        subset: v2
```

예 8-22에 표시된 대로 헤더 또는 쿠키 값 기반으로 라우팅할 수도 있다.

예 8-22 쿠키에 존재하는 값 기반으로 요청 리디렉션

```
apiVersion: networking.istio.io/v1alpha3
kind: VirtualService
metadata:
  Name: dev-webserver
spec:
  hosts:
  - webserver.company.com
  http:
  - match:
    - headers:
        cookie:
          environment: "dev"
    route:
    - destination:
        host: webserver.dev.svc.cluster.local
  - route:
    - destination:
        host: webserver.prod.svc.cluster.local
```

물론 이스티오는 대상 서브넷 및 대상 포트와 같은 L4 요청 메타데이터를 사용한 TCP 서비스에 관한 라우팅 요청도 지원한다(예 8-23 참조). TLS TCP 서비스의 경우 SNI를 사용해 HTTP의 호스트 헤더처럼 라우팅을 수행할 수 있다.

예 8-23 L4 정보 기반 요청 전달

```
apiVersion: networking.istio.io/v1alpha3
kind: VirtualService
metadata:
  Name: dev-api-server
spec:
  hosts:
  - api.company.com
  tcp:
  - match:
    - port: 9090
      destinationSubnets:
      - 10.128.0.0/16
    route:
    - destination:
        host: database.test.svc.cluster.local
  - match:
    - port: 9090
    route:
    - destination:
        host: database.prod.svc.cluster.local
  tls:
  - match:
    - sniHosts:
      - example.api.company.com
    route:
    - destination:
        host: example.prod.svc.cluster.local
```

사용 가능한 모든 매칭 조건과 구문에 관한 자세한 내용은 이스티오 웹사이트(https://istio.io/)를 참조하자.

블루/그린 배포

블루/그린 배포에선 이전 버전 및 새 버전 애플리케이션의 두 버전이 나란히 배포되고 사용자 트래픽이 이전 세트에서 새 세트로 전환된다. 이렇게 하면 문제가 발생할 경우 (이전 버전으로 돌리려면 우선 이전 버전의 바이너리를 재배포해야 하는 롤링 업데이트와 같은 배포 전략과는 달리) 트래픽을 새로운 셋에서 이전 셋으로 돌리는 것이 필요한 일의 전부이기 때문에 이전 작업 버전으로 빠르게 폴백할 수 있다.

이스티오 네트워킹 API를 사용하면 블루/그린 배포를 매우 쉽게 수행할 수 있다. DestinationRule을 사용해 서비스에 대한 두 가지 서브셋을 선언한 다음 예 8-24에 표시된 것처럼 VirtualService를 사용해 트래픽을 한 서브셋 또는 다른 서브셋으로 보낸다.

DestinationRule에서 "블루/그린"으로 직접 지정하는 대신 해당 애플리케이션 버전에 따른 서브셋으로 참조된다. (제어하는 버전 측면에서 서비스의 일부에 관해 통신하기 때문에) 개발자가 이해하기 쉬우며 오류가 적다(배포하기 전에 "배포를 하려는데 지금 활성화된 세트가 블루, 그린 중 어느 것입니까?" 식의 장애를 피한다). 이 문구대로 하면 카나리아 배포와 같은 다른 배포 전략으로 쉽게 전환할 수 있다.

예 8-24 DestinationRule을 사용해 서브셋 정의

```
apiVersion: networking.istio.io/v1alpha3
kind: DestinationRule
metadata:
  name: foo-default
spec:
  host: foo.default.svc.cluster.local
  subsets:
  - name: v1
    labels:
      version: v1
  - name: v2
    labels:
      version: v2
```

그런 다음 예 8-25에 설명된 것처럼 서비스를 대상으로 하는 클러스터의 모든 트래픽을 서비스의 단일 서브셋으로 보내는 VirtualService를 작성할 수 있다.

예 8-25 서브셋 레이블 v1을 기반으로 요청 전환

```yaml
apiVersion: networking.istio.io/v1alpha3
kind: VirtualService
metadata:
  name: foo-blue-green-virtual-service
spec:
  hosts:
  - foo.default.svc.cluster.local
  http:
  - route:
    - destination:
        host: foo.default.svc.cluster.local
        subset: v1
```

다른 셋으로 전환하려면 예 8-26에 표시된 대로 **VirtualService**를 업데이트해 서브셋 v2를 대상으로 한다.

예 8-26 서브셋 레이블 v2를 기반으로 요청 전환

```yaml
apiVersion: networking.istio.io/v1alpha3
kind: VirtualService
metadata:
  name: foo-blue-green-virtual-service
spec:
  hosts:
  - foo.default.svc.cluster.local
  http:
  - route:
    - destination:
        host: foo.default.svc.cluster.local
        subset: v2
```

물론 이를 Gateway와 결합해 메시의 서비스 외에도 Gateway를 통해 서비스를 사용하는 사용자를 위해 블루/그린 배포를 수행할 수 있다.

카나리아 배포

카나리아 배포^{canary deployment}는 소량의 트래픽을 새로 배포된 워크로드로 전송하며, 모든 트래픽이 새 워크로드로 흐를 때까지 새 워크로드의 트래픽 비율을 점차 증가시키는 방식이다. 목표는 모든 트래픽을 전송하기 전에 새 워크로드가 정상인지(작동하거나 실행 중이며 오류를 반환하지 않는지) 확인하는 것이다. 블루/그린 배포와 유사하게 알려진 정상 워크로드로 빠르게 폴백할 수 있지만 모든 트래픽이 아닌 일부 트래픽만 새 워크로드로 전송해 해당 방법을 개선한다. 전체적으로 이렇게 하면 배포 수행에 소요되는 오류 예산^{error budget}(특정 기간 동안 허용되는 특정 서비스 중단을 할당한 메트릭)이 줄어든다.

카나리아 기반 배포는 업데이트에 리소스가 많이 필요한 경향이 있다. 진정한 블루/그린 배포는 표준 배포의 두 배의 리소스 용량을 필요(풀 블루와 풀 그린 배포 모두 가능하게 하기 위해)로 한다. 카나리아는 인플레이스 바이너리 롤아웃 전략과 결합해 블루/그린 배포의 롤백 안전성을 확보하면서 일정한 추가 리소스만 필요로 한다(소량의 추가 워크로드를 예약 가능한 예비 용량).

다양한 방식으로 새로운 워크로드를 카나리아화할 수 있다. '요청 메타데이터로 라우팅' 절에 설명된 전체 매칭 항목을 사용해 적은 양의 트래픽을 새로운 백엔드로 보낼 수 있다. 그러나 가장 간단한 카나리아 배포는 백분율 기반 트래픽 분할이다. 예 8-27에 표시된 것처럼 트래픽의 5%를 새 버전으로 전송하고 점차 새로운 VirtualService 구성을 푸시해 트래픽을 새 버전으로 최대 100%까지 올리는 것으로 시작해볼 수 있다(이 책 깃 허브 저장소의 canary-shift.yaml(https://oreil.ly/fwGh-) 참조).

예 8-27 백분율 기반 트래픽 이전을 사용한 카나리아 배포

```
apiVersion: networking.istio.io/v1alpha3
kind: VirtualService
metadata:
  name: foo-canary-virtual-service
spec:
  hosts:
  - foo.default.svc.cluster.local
  tcp:
```

```
    - route:
      - destination:
          host: foo.default.svc.cluster.local
          subset: v2
          weight: 5
      - destination:
          host: foo.default.svc.cluster.local
          subset: v1
          weight: 95
```

또 다른 일반적인 패턴은 서비스 팀 자체 또는 실험 기능을 선택한 고객과 같은 신뢰할
수 있는 테스트 사용자 세트에 새 배포를 카나리아로 하는 것이다. 예 8-28처럼 이스티
오가 "trusted-tester" 쿠키를 설정하도록 해, 라우팅 시점에 특정 세션을 쿠키가 없는
요청을 서비스하는 워크로드와 다른 워크로드로 분리하게 할 수 있다(이 책 깃허브 저장
소의 canary-cookie.yaml(https://oreil.ly/8mCg9) 참조).

예 8-28 쿠키를 사용한 카나리아 배포

```
apiVersion: networking.istio.io/v1alpha3
kind: VirtualService
metadata:
  name: foo-canary-virtual-service
spec:
  hosts:
  - foo.default.svc.cluster.local
  http:
  - match:
    - headers:
        cookie:
          trusted-tester: "true"
    route:
    - destination:
        host: foo.default.svc.cluster.local
        subset: test
  - route:
    - destination:
        host: foo.default.svc.cluster.local
        subset: v1
```

물론 호출자 제공 값(쿠키 등)을 사용해 라우팅을 수행할 때는 주의가 필요하다. 클러스터의 모든 서비스가 모든 요청에 관해 인증 및 권한 부여를 수행하는 것이 이상적이다. 이렇게 하면 호출자가 라우팅 동작을 트리거하기 위해 데이터를 가짜로 만들더라도 그렇게 할 수 없을 경우 데이터에 접근할 수 없다(실제로 이스티오를 통한 인증 및 권한 부여 구현은 클러스터의 모든 서비스가 이를 올바르게 처리하도록 보장하는 강력한 수단이다).

복원성

복원력 있는 시스템은 사용자를 위한 우수한 성능(SLO 이내로 유지)을 유지하면서 시스템에 종속된 다운스트림 시스템 장애에 대처할 수 있는 시스템이다. 이스티오는 더욱 복원력 있는 애플리케이션을 구축하는 데 도움이 되는 많은 기능을 제공한다. 그중 클라이언트 측 로드 밸런싱, 이상치 탐지를 통한 서킷 브레이킹, 자동 재시도 및 요청 타임 아웃이 가장 중요하다. 또한 이스티오는 애플리케이션에 결함을 주입하는 도구를 제공해 시스템의 복원력에 관한 프로그래밍 방식의 재현 가능한 테스트를 구축할 수 있다.

로드 밸런싱 전략

클라이언트 측 로드 밸런싱은 복원력 있는 시스템 구축에 매우 유용한 도구다. 클라이언트가 역방향 프록시를 거치지 않고 서버와 직접 통신할 수 있도록 하면 장애가 발생한 지점을 제거하면서도 시스템은 올바르게 작동한다. 또한 클라이언트가 서버의 응답에 따라 동작을 동적으로 조정할 수 있다. 예를 들어 동일한 서비스의 다른 엔드포인트보다 더 많은 오류를 리턴하는 엔드포인트에 요청을 보내는 것을 중지할 수 있다(이 기능 이상 값 감지에 관해서는 다음 절에서 더 자세히 다룬다). `DestinationRule`을 사용하면 클라이언트가 호출할 백엔드를 선택하는 데 사용할 로드 밸런싱 전략을 정의할 수 있다. 예 8-29에서 알 수 있듯이 간단한 라운드 로빈 로드 밸런싱 전략을 사용하도록 클라이언트를 구성할 수 있다(이 책 깃허브 저장소의 round-robin.yaml(https://oreil.ly/cQC7Y) 참조).

예 8-29 간단한 라운드 로빈 로드 밸런싱 구성

```
apiVersion: networking.istio.io/v1alpha3
kind: DestinationRule
metadata:
  name: foo-default
spec:
  host: foo.default.svc.cluster.local
  trafficPolicy:
    loadBalancer:
      simple: ROUND_ROBIN
```

이 DestinationRule은 서비스 foo.default.svc.cluster.local의 엔드포인트를 통해 트래픽을 라운드 로빈으로 보낸다. ServiceEntry는 이러한 엔드포인트가 무엇인지 (또는 런타임에 DNS를 통해 발견하는 방법을) 정의한다. DestinationRule은 이스티오 서비스 레지스트리에 존재하는 호스트에만 적용된다. 호스트에 대한 ServiceEntry가 존재하지 않으면 DestinationRule이 무시된다.

일관된 해시 기반 로드 밸런싱과 같은 좀 더 복잡한 로드 밸런싱 전략도 지원된다. 다음 DestinationRule은 예 8-30에 표시된 대로 호출자의 IP 주소 해시를 기반으로 로드 밸런싱을 구성한다(일관된 로드 밸런싱과 함께 HTTP 헤더 및 쿠키를 사용할 수도 있다).

예 8-30 소스 IP 주소를 기반으로 하는 고정 세션 활용

```
apiVersion: networking.istio.io/v1alpha3
kind: DestinationRule
metadata:
  name: foo-default
spec:
  host: foo.default.svc.cluster.local
  trafficPolicy:
    loadBalancer:
      consistentHash:
        useSourceIp: true
```

이상치 탐지

서킷 브레이킹은 '서킷 브레이커' 뒤의 통신(예: 원격 서비스에 대한 네트워크 통신)을 보호하는 패턴이다. 보호된 통신이 너무 많은 오류를 반환하면 서킷 브레이커를 '트립trip' 하고 보호된 통신을 실행하지 않고 발신자에게 오류를 반환한다. 이는 계단식 오류를 포함한 여러 종류의 오류를 완화하는 데 사용될 수 있다. 로드 밸런싱에서 '레임덕lame-duck'은 엔드포인트를 '활성active' 로드 밸런싱 세트에서 제거해 일정 시간 동안 트래픽이 전송되지 않도록 한다. 레임덕 만들기Lame-ducking는 서킷 브레이킹 차단기 패턴을 구현하는 데 사용 가능한 방법 가운데 하나다.

이상치 탐지는 잘못된 응답을 보내는 엔드포인트의 레임덕을 유발하는 수단이다. '활성' 로드 밸런싱 세트의 나머지 엔드포인트와 비교해 개별 엔드포인트가 이상치인 경우를 감지하고(즉, 서비스의 다른 엔드포인트보다 더 많은 오류를 반환하고) 다음에 설명된 것처럼 '활성' 로드 밸런싱 세트에서 잘못된 엔드포인트를 제거할 수 있다.

```
apiVersion: networking.istio.io/v1alpha3
kind: DestinationRule
metadata:
  name: foo-default
spec:
  host: foo.default.svc.cluster.local
  trafficPolicy:
    outlierDetection:
      consecutiveErrors: 5
      interval: 1m
      baseEjectionTime: 3m
```

여기서 DestinationRule은 최소 3분 동안 로드 밸런싱 세트에서 5번 연속 오류가 발생한 엔드포인트를 축출하도록 사이드카를 구성한다. 사이드카는 매분마다 모든 엔드포인트 세트를 스캔해 엔드포인트를 축출해야 하는지 또는 축출된 엔드포인트를 로드 밸런싱 세트로 되돌릴 수 있는지 결정한다. 서버가 특정 클라이언트에게만 잘못된 결과를 반환할 수 있기 때문에(예: 서버와 다른 클라이언트 간 네트워크 파티션이 없는 경우) 이상치 탐지는 클라이언트별로 수행된다.

재시도

모든 시스템은 일시적인 장애를 겪는다. 네트워크 버퍼 오버플로우와 서버 종료로 인해 요청이 삭제되고 다운스트림 시스템이 실패하는 등의 문제가 발생한다. 재시도(동일한 요청을 동일한 서비스의 다른 엔드포인트로 전송)를 사용해 일시적인 장애의 영향을 완화할 수 있다. 그러나 재시도 정책이 잘못되면 빈번하게 발생하는 장애의 2차적 원인이 된다. "문제가 생겨서 클라이언트 재시도가 더 나빠졌다"는 가장 흔한 불만이다. 이 문제는 대부분 재시도가 애플리케이션에 하드 코딩돼 (예를 들어 네트워크 호출을 위한 for 루프 등) 변경이 어렵기 때문이다. 이스티오는 메시의 모든 서비스에 관해 전체적으로 재시도를 구성할 수 있는 기능을 제공한다. 더 중요한 것은 구성을 통해 런타임에 이러한 재시도 전략을 제어할 수 있게 하므로 다음과 같이 클라이언트 동작을 즉시 변경할 수 있다.

```
apiVersion: networking.istio.io/v1alpha3
kind: VirtualService
metadata:
  name: foo-default
spec:
  hosts:
  - foo.com
  gateways:
  - foo-gateway
  http:
  - route:
    - destination:
        host: foo.default.svc.cluster.local
    retries:
      attempts: 3
      perTryTimeout: 500ms
```

VirtualService에 정의된 재시도 정책은 대상의 DestinationRule에 정의된 커넥션 풀 설정과 함께 작동해 대상에 대한 총 동시 미해결 재시도 횟수를 제어한다. 8장 앞부분 'DestinationRule' 절에서 자세한 내용을 볼 수 있다.

타임아웃

타임아웃은 일관된 동작으로 시스템을 구축하는 데 중요하다. 요청에 데드라인을 첨부하면 너무 오래 걸리고 제약 없이 서버 리소스를 사용하는 요청을 포기할 수 있다. 또한 클라이언트에 관한 응답을 계산할 때 특정 요청을 기다리는 시간이 가장 길다는 것을 알게 되기 때문에 최종 대기 시간을 훨씬 세밀하게 제어할 수 있다. 예 8-31에 표시된 대로 VirtualService의 모든 HTTP 라우트에 타임아웃을 첨부할 수 있다(이 책 깃허브 저장소의 timeout.yaml(https://oreil.ly/8A8U6) 참조).

예 8-31 VirtualService에 대한 간단한 타임아웃

```
apiVersion: networking.istio.io/v1alpha3
kind: VirtualService
metadata:
  name: foo-default
spec:
  hosts:
  - foo.com
  gateways:
  - foo-gateway
  http:
  - route:
    - destination:
        host: foo.default.svc.cluster.local
    timeout: 1s
```

타임아웃이 재시도와 함께 사용되면 클라이언트는 서버가 결과를 반환하기 위해 대기하는 총 시간을 나타낸다. 예 8-32는 각 개별 시도의 시간 초과를 제어하는 각 시도별 타임아웃$^{per-try-timeout}$ 구성을 보여준다(이 책 깃허브 저장소의 per-try-timeout.yaml (https://oreil.ly/gzixs) 참조).

예 8-32 재시도당 타임아웃이 구성된 VirtualService

```
apiVersion: networking.istio.io/v1alpha3
kind: VirtualService
metadata:
```

```
    name: foo-default
spec:
  hosts:
  - foo.com
  gateways:
  - foo-gateway
  http:
  - route:
    - destination:
        host: foo.default.svc.cluster.local
    timeout: 2s
    retries:
      attempts: 3
      perTryTimeout: 500ms
```

예 8-32의 VirtualService는 클라이언트가 최대 2초 동안 대기하고 각각 500밀리초 타임아웃으로 3번까지 재시도하도록 구성한다. 재시도 간 랜덤한 대기를 허용하기 위해 약간의 여유 시간을 추가한다.

결함 주입

결함 주입은 신뢰할 수 있는 분산 애플리케이션을 테스트하고 구축하는 매우 강력한 방법이다. 넷플릭스 같은 회사는 이것을 극한으로 끌어올려 운영 시스템에 결함 주입을 통해 시스템이 신뢰할 수 있고 환경 장애에 견딜 수 있도록 한 구축 사례를 '카오스 엔지니어링chaos engineering'이란 용어로 설명한다.

이스티오를 사용하면 일부 트래픽 비율에 관해 임의의 지연을 주입하거나 특정 응답 코드(예: 500)를 반환해 HTTP 트래픽에 관한 결함을 구성할 수 있다.

```
apiVersion: networking.istio.io/v1alpha3
kind: VirtualService
metadata:
  name: foo-default
spec:
```

```
hosts:
- foo.default.svc.cluster.local
http:
- route:
  - destination:
      host: foo.default.svc.cluster.local
    fault:
      delay:
        fixedDelay: 5s
        percentage: 100
```

예를 들어 앞의 예에서 VirtualService는 foo 서비스를 호출하는 모든 트래픽에 관해 5초 지연을 주입한다. 백엔드가 멀리 떨어져 있을 때 UI가 나쁜 네트워크에서 동작하는 방식과 같은 것을 안정적으로 테스트할 수 있는 좋은 방법이다. 또한 애플리케이션 요청이 타임아웃을 설정했는지 테스트하는 데 도움이 된다.

429 또는 500 같은 특정 응답 코드로 클라이언트에게 응답하는 것도 테스트에 도움이 된다. 예를 들어 의존하는 서드파티 서비스가 실패하기 시작할 때 애플리케이션의 작동 방식을 프로그래밍적인 방법으로 테스트하기 어려울 수 있다. 이스티오를 사용하면 다음과 같은 종속성 오류가 있는 경우 애플리케이션 동작에 대한 신뢰할 수 있는 종합적인 테스트 세트를 작성할 수 있다.

```
apiVersion: networking.istio.io/v1alpha3
kind: VirtualService
metadata:
  name: foo-default
spec:
  hosts:
  - foo.default.svc.cluster.local
  http:
  - route:
    - destination:
        host: foo.default.svc.cluster.local
      fault:
        abort:
```

```
httpStatus: 500
percentage: 10
```

예를 들어 500 응답 코드로 런타임에 일부 백엔드에 대한 요청의 10%를 시뮬레이션할
수 있다.

인그레스와 이그레스

Gateway는 배포에서 네트워크 신뢰 경계를 나타낸다. 다시 말해 일반적으로 Gateway를
사용해 네트워크 에지에서 프록시를 모델링하고 네트워크의 트래픽이 인그레스로 들어
오는 것과 이그레스로 나가는 것을 제어한다(쿠버네티스와 같은 환경에서 파드에 플랫 네트
워크를 제공하며, 네트워크 범위는 전체 클러스터로 확대된다). Gateway와 VirtualService는
트래픽이 메시에 들어오고 나가는 방법을 정확하게 제어할 수 있다. 더욱이, 이스티오가
정책을 활성화한 상태로 배포되면 트래픽이 메시에 들어오거나 나가는 트래픽에 정책
을 적용할 수 있다.

인그레스

8장 앞부분 'Gateway' 절에서는 VirtualService를 해당 Gateway에 바인딩해 Gateway
에서 호스트 이름을 "노출"하는 방법을 설명했다. VirtualService가 Gateway에 바인딩
된 후 재시도, 결함 주입 또는 트래픽 조정과 같은 이전 절에서 설명한 모든 일반적인
VirtualService 기능을 인그레스 트래픽에 적용할 수 있다. 여러모로 인그레스 Gateway
는 "클러스터 외부, 클라이언트 측 서비스 프록시" 역할을 한다.

그러나 이스티오가 제어할 수 없는 한 가지는 클라이언트 트래픽이 인그레스 프록시에
어떻게 도달하는지다. 쿠버네티스 환경에서 일반적인 패턴은 이스티오의 인그레스 프
록시를 노드 포트^{NodePort} 서비스로 모델링한 다음 플랫폼이 퍼블릭 IP 주소, DNS 레코
드 등을 처리하도록 하는 것이다.

이그레스

인그레스 프록시를 일종의 "외부-클러스터, 클라이언트 측 서비스 프록시"로 생각하는 것과 동일한 방식으로 생각해본다면, 이그레스 프록시는 일종의 "내부-클러스터, 서버 측 서비스 프록시" 역할을 한다. ServiceEntry, DestinationRule, VirtualService 및 Gateway를 결합해 아웃바운드 트래픽을 잡아서[trap] 정책을 적용할 수 있는 이그레스 프록시로 리디렉션할 수 있다.

이그레스 Gateway 예를 들어보자. 여기서는 이스티오가 istio-egressgateway.istio-system.svc.cluster.local을 이그레스 프록시로 사용해 배포됐다고 가정한다. 이를 위해 예를 들어 도달하려는 외부 목적지를 모델링하는 것으로 시작한다. 예 8-33은 https://wikipedia.org를 ServiceEntry로 사용한다(이 책 깃허브 저장소의 se-gress-gw.yaml(https://oreil.ly/8NYdX) 참조).

예 8-33 이그레스 게이트웨이에 매핑된 ServiceEntry

```
apiVersion: networking.istio.io/v1alpha3
kind: ServiceEntry
metadata:
  name: https-wikipedia-org
spec:
  hosts:
  - wikipedia.org
  ports:
  - number: 443
    name: https
    protocol: HTTPS
  location: MESH_EXTERNAL
  resolution: DNS
  endpoints:
  - address: istio-egressgateway.istio-system.svc.cluster.local
    ports:
      http: 443
```

예 8-34에 표시된 대로 다음으로 wikipedia.org의 트래픽을 허용하도록 이그레스

Gateway를 구성할 수 있다(이 책 깃허브 저장소의 egress-gw-wiki.yaml(https://oreil.ly/_ bYos) 참조).

예 8-34 wikipedia.org로 향하는 아웃바운드 트래픽을 허용하도록 구성된 이그레스 Gateway

```
apiVersion: networking.istio.io/v1alpha3
kind: Gateway
metadata:
  name: https-wikipedia-org-egress
spec:
  selector:
    istio: egressgateway
  servers:
    - port:
        number: 443
        name: https-wikipedia-org-egress-443
        protocol: TLS # HTTPS를 통과할 때 TLS로 마킹.
      hosts:
      - wikipedia.org
      tls:
        mode: PASSTHROUGH
```

그래도 여전히 문제가 있다. 이그레스 Gateway가 DNS를 사용해 wikipedia.org에 대한 주소를 가져와 요청을 전달하기를 원하겠지만 메시의 모든 프록시가 wikipedia.org를 이그레스 Gateway로 해석하도록 프록시를 구성했다(따라서 프록시가 메시지를 그 자체로 전달하거나 제거한다). 이 문제를 해결하려면 VirtualService를 Gateway에 바인딩하고 wikipedia.org로 가는 트래픽을 생성한 가짜 이름(예를 들면 egress-wikipedia-org)으로 라우팅할 수 있다는 사실을 이점으로 활용해야 한다.

```
apiVersion: networking.istio.io/v1alpha3
kind: VirtualService
metadata:
  name: egress-wikipedia-org
spec:
  hosts:
  - wikipedia.org
```

224

```
gateways:
- https-wikipedia-org-egress
tls:
- match:
  - ports: 443
    sniHosts:
    - wikipedia.org
  route:
  - destination:
      host: egress-wikipedia-org
```

그런 다음 ServiceEntry를 사용해 wikipedia.org를 DNS를 통해 egress-wikipedia-org로 해석한다.

```
apiVersion: networking.istio.io/v1alpha3
kind: ServiceEntry
metadata:
  name: egress-https-wikipedia-org
spec:
  hosts:
  - egress-wikipedia-org
  ports:
  - number: 443
    name: https
    protocol: HTTPS
  location: MESH_EXTERNAL
  resolution: DNS
  endpoints:
  - address: wikipedia.org
    ports:
      http: 443
```

이를 통해 전용 이그레스 Gateway 배포를 통해 외부 사이트로 트래픽을 강제 전송한다. 기본적으로 이스티오는 ServiceEntry가 없는 대상으로 트래픽을 라우팅할 수 있다. 최상의 보안을 위해 이 기본 설정을 뒤집어야 하고 ServiceEntry를 작성해 메시 외부의 서비스를 명시적으로 화이트리스트에 추가해야 한다. 이그레스 프록시를 거치지 않고 외부 서비스로 송신할 수 있게 하려면 ID ServiceEntry를 작성하자.

```
apiVersion: networking.istio.io/v1alpha3
kind: ServiceEntry
metadata:
  name: egress-https-wikipedia-org
spec:
  hosts:
  - wikipedia.org
  ports:
  - number: 443
    name: https
    protocol: HTTPS
  location: MESH_EXTERNAL
  resolution: DNS
  endpoints:
  - address: istio-egressgateway.istio-system.svc.cluster.local
    ports:
      http: 443
```

이스티오 네트워킹 API의 모든 기능을 살펴봤고 매우 많은 기능이 있었다. 기억해야 할
것은 점진적으로 대상에 접근할 수 있다는 것이다. 오늘 나에게 유용한 기능 중 하나를
선택하자. 서비스에 작은 구성을 적용하고 편안하게 사용하자. 그 후, 다음 문제를 해결
할 기능을 찾자.

## 9장

메시의 믹서와 정책

믹서를 사용하는 다양한 방법 가운데 믹서의 책임은 원격 측정과 정책 시행의 두 가지 범주로 나눌 수 있다. 믹서가 공개하는 API를 살펴보면 믹서에 두 가지 주요 API(check (사전 조건 테스트)와 report(원격 측정))가 존재하는 점을 보면 이러한 책임 영역이 좀 더 명확하다. 이 두 가지 초점 영역을 반영하면 기본적으로 이스티오 배포에서 두 개의 믹서 파드가 컨트롤 플레인에서 실행된다. 하나는 원격 측정을 위한 믹서 파드와 다른 하나는 정책 시행을 위한 믹서 파드다.

믹서의 원격 측정 집계 지점으로서의 역할을 감안할 때, 서비스 프록시에서 원격 메트릭 속성을 수집하고 이를 (어댑터를 통해) 외부 시스템으로 변환 혹은 퍼널링^{funnelling}하기 때문에 속성 처리 엔진^{attribute-processing engine}이라고도 한다. 아울러 정책 평가자로서의 역할을 고려해 믹서가 트래픽 정책을 확인하기 위한 요청에 응답하고 평가 결과를 캐시한다는 점에서 (2차) 캐시라고도 한다. 믹서는 다른 소스에서 다른 구성을 수집하고 함께 섞는다.

아키텍처

컨트롤 플레인에 상주하는 믹서는 데이터 플레인과 관리 플레인 사이를 연결한다. 이스티오 기본 구성은 HA(HorizonPodAutoscaler)에 대한 파드 복제본 세트를 포함하기 때문에, 믹서가 그림 9-1에 표시되는 방식과 달리 단일 장애 지점^{single point of failure}이 아니다.

믹서는 99.999%의 가용성을 제공하기 위해 강화된 디자인과 함께 캐싱과 버퍼링 기술을 사용하는 상태 비저장 구성 요소다.

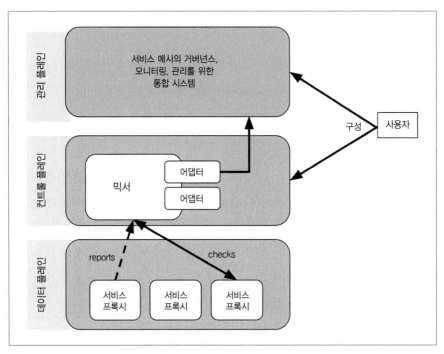

그림 9-1 믹서 아키텍처 개요

API 표면이 책임에 의해 분할되더라도 두 함수는 동일한 도커 이미지를 사용해 동일한 바이너리를 실행하기 때문에 믹서는 단일 개체$^{single\ entity}$라고 불린다. 이들은 단지 인스턴스가 처리하는 기능(정책 또는 원격 측정)에 따라 다르게 작동하도록 프로비저닝될 뿐이다. 여러 개의 배포로 분리하면 각 책임 영역은 독립적으로 확장 가능하며 한 영역이 다른 영역의 성능에 영향을 미치지 않는다. 정책 적용과 원격 측정 생성의 로드 특성이 다르므로 런타임 최적화가 도움이 된다. 이러한 방식으로 독립적으로 확장 가능할 뿐만 아니라 원격 측정 대 정책 전용의 리소스 사용량 메트릭을 추적할 수 있다. 정확히는 이웃이 아닌 이 형제들은 여전히 서로에게 시끄럽다. 믹서에 배치된 환경의 로드에 따라 리소스 사용을 최적화하려는 경우 이들을 단일 유닛으로 결합하거나 배포할지 여부는 사용자에게 달려 있다. 둘을 단일 배포로 결합할 수 있다.

믹서는 원격 측정 처리, 정책 평가 및 확장성의 중심점 역할을 한다. 믹서는 범용 플러그인 모델을 통해 높은 확장성을 달성한다. 믹서 플러그인을 어댑터라고도 한다. 이스티오 배포에서 다수의 어댑터를 실행할 수 있다. 어댑터는 믹서의 두 가지 책임 영역을 확장한다.

정책 평가(checks)

어댑터는 사전 조건 확인(예: ACL, 인증)과 할당량 관리(예: 속도 제한)를 추가할 수 있다.

원격 측정 수집(reports)

어댑터는 메트릭(예: 요청 트래픽 통계), 로그 및 추적(예: 성능 또는 서비스 전체에 전달되는 기타 컨텍스트)을 추가할 수 있다.

서비스 프록시는 클라이언트 라이브러리를 통해 믹서와 상호작용한다. 믹서는 check 또는 report API의 요청 속성에 따라 요청이 진행될 권한이 있는지(사전 조건 점검) 또는 요청 속성이 요청 후 분석을 위해 라우팅될 원격 측정인지 여부에 관해 판단한다.

정책 시행

istio-policy에 의해 노출된 check API는 인증 및 할당량과 같은 다른 유형의 정책을 처리한다. 서비스 프록시가 각 요청을 처리할 때 check API가 인라인으로 (동기적으로) 참조되는 것을 고려할 때 check API의 성능 및 가용성이 중요하다. 제시된 요청 속성에 따라 check API는 주어진 요청이 믹서에 구성된 활성화된 정책을 준수하는지 여부를 검증한다. 궁극적으로 믹서 어댑터는 특정 정책의 조건이 충족되는지를 결정한다. 일부 어댑터는 백엔드 시스템에 관해 정책 조건의 유효성을 검사하는 반면 일부 프로세스는 어댑터 자체 내에서 검사한다(예: 블랙리스트, 할당량).

 할당량은 요청의 임의 차원일 수 있다. 예를 들어 API 토큰 또는 IP 주소를 기반으로 속도 제한을 통해 할당량을 적용할 수 있다.

속성 처리 엔진인 믹서는 어댑터를 통해 속성을 특정 백엔드에 대한 요청으로 변환하며, 어댑터는 평가를 위해 속성을 백엔드 시스템 고유의 형식으로 마사지한다. 예를 들어 어댑터가 인터페이스 가능한 백엔드 시스템은 정책 엔진 또는 API 관리 시스템일 수 있다. 이러한 시스템은 다양한 조건에 따라 요청에 긍정적 또는 부정적으로 응답해 확인 요청을 평가한다. 믹서용으로 제작되는 서드파티 어댑터가 점점 늘고 있으며, 그 어댑터들은 특정 백엔드 시스템을 대표하는 서드파티 벤더들이 많은 시간을 들여 기여한 것이다.

istio-policy가 확인 요청 수신, 정책 평가와 결과에 관해 어떻게 반응하는지 믹서의 아키텍처를 다시 살펴보자. istio-policy는 그림 9-2에 표시된 것처럼 고정된 매개변수 세트로 check API를 노출한다.

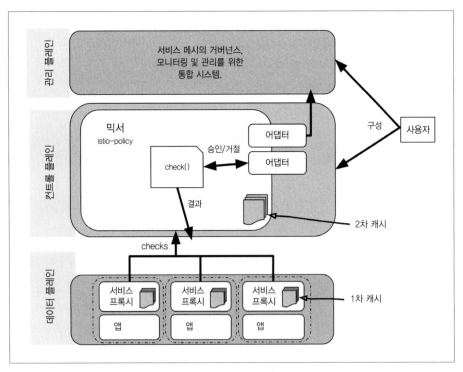

그림 9-2 믹서 istio-policy 아키텍처 개요

230

서비스 프록시는 각 요청의 사전 조건 검사 전과 각 요청의 원격 측정 보고 후 믹서를 호출한다. 믹서의 검사 결과는 서비스 프록시에 캐시된다. 1차 캐시 역할을 하는 서비스 프록시는 로컬 캐시를 통해 비교적 많은 비율의 사전 조건 검사에 응답할 수 있다. 차례로 믹서는 캐시 역할을 한다. 정책 결과에 대한 2차 캐시 역할은 믹서에서 정책 확인 트래픽의 양과 평가 오버헤드를 완화하는 데 중요하다.

잘 설계된 캐시는 분산 시스템의 보안 관행에 성실성^{conscientiousness}을 부여하는 데 중요하다. 이상적으로 서비스 간 요청은 업스트림 서비스 체인을 통해 모든 단일 홉(요청에 응답하는 과정에서 다른 서비스에 대한 다수의 요청을 암시하는 한 번의 요청)에서 인증 및 권한 부여된다. 전통적으로 인증 및 권한 부여는 서비스 게이트웨이에서 API 게이트웨이와 같은 방식으로 수행된다. 일반적인 패턴은 요청이 에지에서 인증되고 권한이 부여된 후, 이 요청 체인의 다른 서비스에 대한 요청은 이후에 확인되지 않고 안전하다고 간주된다.

이상적으로 분산 시스템은 에지뿐만 아니라 서비스 체인의 모든 지점에 정책을 적용한다. 이것이 분산 시스템 전체의 보안 일관성을 얻는 방법이다. 그러나 이것은 인증 서비스인 이스티오 믹서에 실질적인 문제를 발생시킨다. 모든 단일 서비스가 믹서를 호출하는 경우, 예를 들어 8개의 서비스와 관련된 하나의 요청은 8개의 서로 다른 권한 부여 요청이 믹서에 전송돼 검토된다. 믹서와 서비스 프록시는 분산 캐시를 효과적으로 운영해야 한다.

믹서 정책 작동 방식의 이해

정책 시행이 활성화돼 있는가? 불필요한 오버헤드 제거를 위해 이스티오 v1.1 이상의 기본 설치 프로파일은 기본적으로 정책 시행이 비활성화돼 있다. 정책은 두 곳에서 제어된다.

- 믹서 정책 내 — `mixer.policy.enabled`. 기본적으로 이 기능은 비활성화된다. 활성화된 경우에만 두 번째 구성 항목이 적용된다.

- global.disablePolicyChecks 내 — 믹서 정책을 확인할지 여부를 제어한다. 이 구성 항목이 true로 설정되면 믹서 정책 검사를 비활성화한다. 이 구성 항목에 대한 변경 사항을 적용하려면 파일럿을 재시작해야 한다.

정책을 시행하도록 이스티오를 설치하려면 --set global.disablePolicyChecks = false Helm 설치 옵션을 사용하자. 또는 이미 이스티오 서비스 메시를 배포한 경우 먼저 정책 시행의 활성화 여부를 확인해야 한다.

```
$ kubectl -n istio-system get cm istio -o jsonpath="{@.data.mesh}" |
    grep disablePolicyChecks
```

믹서 구성은 사용 중인 어댑터와 작동 방식을 기술한다. 다른 어댑터는 특정 사례 및 백엔드 통합을 기반으로 요청 속성을 어댑터 입력에 매핑한다. 각 어댑터는 특정한 입력을 통해 호출된다.

원격 측정 보고

원격 측정은 데이터 플레인의 서비스 프록시가 요청(네트워크 트래픽)을 수신할 때 생성된다. 수신된 각 요청에 관해 캡처할 수 있는 메타데이터 배열이 존재한다. 이 메타데이터는 각 요청에 대한 컨텍스트 및 설명 가능한 세부 정보를 제공하며 속성 형식으로 캡처된다. 믹서는 지속적으로 이러한 요청 속성(원격 특정)을 수신하고 처리한다. 그림 9-3에서 istio-telemetry는 어댑터에 따라 다양한 속성 목록이 있는 report API를 노출한다.

Envoy가 요청을 처리할 때 보고서가 생성되고 요청 대역 외부에서 믹서의 report API(Isoio-telemetry에 의해 노출됨)로 비동기식으로 전송된다. Envoy는 발신되는 원격 측정을 버퍼링해 많은 요청(구성 가능한 버퍼 크기)을 처리한 후에만 믹서가 호출되도록 한다. 믹서가 속성을 분석하고 하나 이상의 어댑터를 통해 원격 측정 백엔드로 푸시하는 곳은 istio-telemetry 내다.

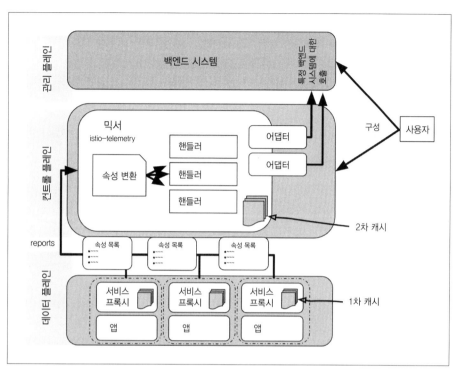

그림 9-3 믹서 istio-telemetry 아키텍처 개요: 모든 개별 서비스 프록시는 주기적으로 믹서의 report API로 플러시(flush)되는 원격 측정을 배치 처리하기 위해 보고서 버퍼(report buffer)를 가진다.

이스티오 v1.x 아키텍처에서 어댑터는 믹서 바이너리에 내장된다. 그러나 활성화 여부는 구성 가능하다.

언급한 것처럼 원격 측정 보고서는 서비스 프록시가 요청을 처리할 때 생성된다. 요청은 클라이언트-서버 상호작용의 형태로 제공된다. 요청은 클라이언트에 의해 작성돼 서비스로 전송되며, 이 서비스는 (클라이언트로서) 다른 서비스(서버)에 대한 요청을 시작할 수도 있음을 고려하자. 클라이언트 및 서버 서비스는 처리된 모든 요청에 대한 원격 측정 보고서를 보낼 수 있다. 버전 1.1 이후 이스티오 릴리스의 기본 구성은 하나의 원격 측정 보고서를 보내도록 원격 측정 보고서를 보내는 서버를 하나만 두는 것이다. 그러나 요청에 대한 보고서를 클라이언트 및 서버 측 모두 포함하도록 구성할 수 있다.

속성

속성은 믹서의 핵심 개념이며 본질적으로 유형이 지정된 이름/값 튜플의 모음이다. 서비스 프록시에서 믹서로 정보를 전송하기 위한 유연하고 확장 가능한 메커니즘을 제공한다. 속성은 요청 트래픽 및 해당 컨텍스트를 설명할 수 있으므로, 메시 운영자가 요청 정보의 어떤 비트가 정책에서 검사되고 원격 측정으로 수집돼야 하는지 세부적으로 조절할 수 있도록 한다. 속성은 운영자가 이스티오를 경험하는 방법의 기본이며 구성 및 로그에 표시된다.

속성 값은 존재하고 활성화된 어댑터에 따라 많고 다양하다. 값은 문자열, 정수, 부동 소수점, 부울, 타임 스탬프, 기간, IP 주소, 원시 바이트, 문자열 맵 등이 될 수 있다. 알려진 속성의 확장 가능한 어휘가 존재한다. 표 9-1은 런타임에 믹서 엔진으로 전송되는 속성의 작은 샘플을 보여준다. 이스티오가 알고 있는 전체 속성 세트는 배포 시 수정됐지만 이스티오 릴리스 간에 버전으로 관리된다. 전체 목록을 보려면 이스티오 속성 어휘 Attribute Vocabulary 페이지(https://oreil.ly/zGWf5)를 방문하자.

표 9-1 믹서로 전송되는 속성의 예

이름	유형	설명	쿠버네티스 예제
source.uid	string	소스 워크로드 인스턴스의 플랫폼별 고유 식별자	kubernetes://redis- master-2353460263-1ecey.my-namespace
source.ip	ip_address	소스 워크로드 인스턴스 IP 주소	10.0.0.117
source.labels	map[string, string]	소스 인스턴스에 연결된 키/값 쌍의 맵	version ≥ v1
source.name	string	소스 워크로드 인스턴스 이름	redis-master-2353460263-1ecey
source.namespace	string	소스 워크로드 인스턴스 네임스페이스	my-namespace
source.principal	string	소스 워크로드 인스턴스가 어떤 권한하에서 실행 중인지	service-account-foo
source.owner	string	소스 워크로드 인스턴스를 제어하는 워크로드에 대한 참조	kubernetes://apis/extensions/v1beta1/namespaces/istio-system/deployments/istio-policy

보고서 전송

서비스 프록시는 속성(유형 키/값 쌍) 형태로 요청 및 응답에 대한 정보를 믹서에 보낸다. 믹서는 운영자가 제공한 구성에 따라 속성 세트를 구조화된 값으로 변환한다. 믹서는 운영자 제공 구성에 따라 파생된 값을 어댑터 세트로 디스패치한다. 어댑터는 원격 측정 데이터를 백엔드 시스템에 게시해 추가 소비 및 분석에 사용할 수 있다. 속성은 주로 서비스 프록시에 의해 생성된다. 그러나 믹서 어댑터도 속성을 생성할 수 있다.

캐시 확인

믹서가 초기 정책 평결을 한 후 속성 프로토콜이 작동한다. Envoy와 믹서는 잘 알려진 속성을 사용해 서비스 요청을 평가하는 데 사용되는 정책을 기술한다. 믹서는 요청에 대한 평결을 내릴 때 이러한 속성을 사용해 해시 키를 계산한다. Envoy는 이와 동일한 속성을 사용하므로, 일단 판정이 전달되면 믹서와 Envoy가 캐시로 작동하므로 요청 대기 시간의 오버헤드가 줄어든다. 믹서는 속성 키를 사용해 해시 키를 만든다. Envoy 구성의 목표는 과도한 해시 키 세트와 캐시 적중의 균형을 맞추는 것이다.

검사 캐시에는 캐시된 검사 결과를 신뢰할 수 있는 최대 시간을 나타내는 TTL 값이 포함된다. 믹서 구성은 시간이 지남에 따라 변경될 수 있으므로 캐시를 새로 고쳐야 하며, 결과적으로 확인 결과를 결정할 때 믹서가 참조하는 백엔드가 변경될 수 있으며 서비스 프록시가 검사 캐시를 새로 갱신해야 할 수도 있다. 다시 이러한 방식으로 서비스 프록시는 1차 캐시로서 기능하고 믹서는 2차 공유 캐시로서 기능한다.

어댑터

이스티오 v1.x 아키텍처에서 어댑터는 믹서 바이너리에 내장된다. 그러나 활성화 여부는 구성 가능하다. 이스티오 믹서 구성은 어댑터를 활성화한다. 비활성 어댑터에 지불된 유일한 페널티는 어댑터 비트의 풋 프린트에 관한 것이다. 동일하거나 다른 유형의 여러 어댑터를 동시에 실행할 수 있다. 어댑터를 연결해 정책을 정의할 수 있다. 자체 어댑터로 자체 믹서를 컴파일할 수 있다. 현재 믹서 아키텍처는 프로세스 내 어댑터^{in-process} ^{adapter}를 기술하지만, 프로세스 외부 어댑터^{out-of-process adapter}에 대한 gRPC 인터페이스는 v1.0에서 알파로 릴리스됐다.

어댑터를 사용하면 믹서가 사용 중인 인프라 백엔드와 상관없이 일관된 단일 API를 노출할 수 있다. 대부분의 어댑터는 외부의 원격 백엔드를 참조하지만 다른 어댑터는 자체 충족되므로^{self-contained} 믹서 내에서 완전한 기능을 제공한다(베이비 백엔드라고도 한다). 베이비 백엔드는 어댑터 수준 구성을 통해 이스티오에서 구성된다. 예를 들어 List 어댑터는 간단한 화이트리스트 또는 블랙리스트 검사를 제공한다. 목록과 함께 List 어댑터를 직접 구성해 확인하거나 목록을 가져와야 하는 URL(파일 경로일 수도 있다)을 제공할 수 있다. 런타임에 일치하는 문자열, IP 주소 또는 정규식^{regex} 패턴 목록이 포함 또는 제외돼 목록이 검사된다.

프로세스 내 어댑터

프로세스 내 어댑터는 Go로 작성되고 믹서 프로세스로 컴파일된다. 다시 말하지만, 어댑터가 핸들러, 인스턴스와 규칙을 통해 구성됐는지 여부에 따라 어댑터의 관련 여부가 결정된다. 이스티오의 각 릴리스에 다음의 각 어댑터들이 믹서 바이너리에 내장된다.

사전 조건 점검

    denier, listchecker, memquota, opa, rbac, redisquota

원격 측정

    circonus, cloudwatch, dogstatsd, fluentd, prometheus, solarwinds, stack driver, statsd, stdio

속성 생성

    kubernetesenv

새로운 프로세스 내 어댑터를 만들기 위해 벤더들이 일련의 Golang 인터페이스를 구현하고 이스티오 프로젝트에 포함시키는 것에 대한 검토를 위해 그들의 어댑터를 제출한다.

프로세스 외부 어댑터

어댑터는 초기에 프로세스 내 어댑터로 기본 제공됐지만, 어댑터 코드가 이스티오 프로젝트 내에 유지되지 않고 벤더가 별도로 유지 관리하는 프로세스 외부 모델로 이동하고 있다. 프로세스 외부 어댑터는 템플릿 인프라 백엔드 프로토콜을 구현하고 믹서 프로세스(공동 프로세스 어댑터 또는 백엔드 서비스일 수 있다) 외부에서 실행되는 gRPC 서비스를 통해 인터페이스한다. 프로세스 외부 어댑터 모델로 전환함에 따라 이스티오는 특정 어댑터를 포함하거나 제외하는 데 사용자 정의 믹서 빌드가 필요하지 않다. 어댑터 작성자는 gRPC를 통한 추상화를 고려해 원하는 언어로 어댑터를 작성할 수 있다. 프로세스 외부 모델로 전환함에 따라 믹서는 더 이상 자신의 프로세스에서 독립적으로 실행되는 어댑터와 공통된 운명을 공유하지 않는다.

믹서 정책 작성과 어댑터 사용

운영자로서 이스티오 플로우에 정책을 적용하기 위해 수행한 일련의 단계는 다음과 같다.

- 쿠버네티스에 정책을 적용한다. 정책은 kube-api 서버로 이동한다.

- 갤리는 정책을 당겨오고 다음 중 하나를 수행한다.
  - Envoy 구성으로 인식하도록 파일럿으로 푸시한다.
  - 정책을 조회하고 구현할 서비스 프록시가 믹서를 통해 정책을 동적 디스패치할 수 있도록 사전 준비를 위해 정책을 믹서로 푸시한다.

이스티오 구성은 쿠버네티스 API 서버에 존재한다. 믹서의 관점에서 쿠버네티스 API 서버는 구성 데이터베이스다. 파일럿의 관점에서 쿠버네티스 API 서버는 서비스 발견 메커니즘이다. 동일한 신뢰 소스가 구성과 서비스 발견 모두에 관해 참조된다는 것은 쿠버네티스의 산물일 뿐이며 소스가 동일한 소스^{one-and-the-same source}여야 한다는 것은 이스티오의 요구 사항은 아니다. 이스티오는 서비스 발견을 위해 Consul을 사용하고 구성 데이터베이스로 kube-api 서버를 사용하더라도 동일하게 동작할 수 있다.

믹서 구성

서비스 운영자는 구성 자원을 조작해 믹서 배포의 모든 운영 및 정책 측면을 제어한다. 믹서 구성은 사용할 어댑터, 작동 방법, 어댑터 입력에 매핑할 요청 속성 및 특정 입력에 관해 특정한 어댑터가 언제 호출될지에 대한 기술이 포함된다. 믹서 구성은 규칙, 처리기, 인스턴스 및 어댑터와 같은 쿠버네티스 사용자 지정 리소스를 통해 조작 및 표현된다.

어댑터는 백엔드와 인터페이스하는 데 필요한 로직을 캡슐화한다. 어댑터 구성 스키마는 어댑터 패키지로 지정된다. 구성은 작동을 위해 어댑터 코드에 필요한 작동 매개변수를 포함한다. 핸들러는 어댑터(구성된 어댑터)의 인스턴스다. 핸들러는 데이터(속성)를 받을 수 있다. 인스턴스는 요청 데이터로 가득 찬 객체다. 인스턴스는 잘 알려진 필드를 가진 구조화된 요청 속성 세트다. 인스턴스는 요청 속성을 어댑터 코드에 전달된 값에 매핑한다. 속성 매핑은 속성 표현식을 통해 제어된다.

속성 표현식의 예로, 예 9-1의 요청에 대한 프로메테우스 인스턴스를 고려하자. 이 예제에서 requestduration은 response.code가 없을 때 response.code 200을 리턴하도록 구성된다. destination.service가 없으면 보고^{report}가 실패한다.

예 9-1 프로메테우스 인스턴스 예

```
$ kubectl -n istio-system get metrics requestduration -o yaml
apiVersion: config.istio.io/v1alpha2
kind: metric
metadata:
  name: requestduration
  namespace: istio-system
spec:
```

```
dimensions:
  destination_app: destination.labels["app"] | "unknown"
  destination_principal: destination.principal | "unknown"
  destination_service: destination.service.host | "unknown"
  destination_service_name: destination.service.name | "unknown"
  request_protocol: api.protocol | context.protocol | "unknown"
  response_code: response.code | 200
...
```

규칙은 특정 인스턴스로 특정 핸들러가 호출되는 시기를 지정하고 핸들러와 인스턴스를 서로 매핑한다. 규칙은 기본적으로 주어진 조건이 true일 때 특정 핸들러 특정 인스턴스(요청 속성)가 제공되도록 강제한다.

규칙은 매칭 술어 속성 표현식^{match predicate attribute expression}과 술어가 true로 평가되는 경우 수행할 조치 목록을 포함한다. 매칭이 지정되지 않은 경우 모든 요청에 대한 규칙이 true로 평가된다. 이러한 동작은 그림 9-2에 설명되는 것처럼 memquota 어댑터(사전 조건 점검 유형 어댑터)에 대한 규칙 코드 조각(스니펫)처럼 할당량 적용을 고려할 때 유용하다. 다음 예에서 매칭 조건이 없는 규칙은 평가될 때마다 항상 true로 평가되므로 요청 횟수가 증가한다.

예 9-2 매칭 조건이 없는 규칙

```
...
spec:
  actions:
  - handler: handler.memquota
    instances:
    - requestcount.quota
...
```

OPA 어댑터

OPA^{Open Policy Agent}는 권한 부여 결정을 오프로드하는 데 사용되는 범용 정책 엔진이다. OPA는 Rego를 선언적 정책 언어로 사용한다. OPA는 Go로 구현되며 라이브러리 또는 데몬으로 배포될 수 있다.

믹서의 OPA 어댑터는 검사[check] 유형 어댑터다. 검사 유형 어댑터에 대한 믹서 보안 모델은 보안 유지를 위해 실패가 발생하면 클로즈[fail closed]돼야 한다. OPA로 수행 가능한 임의의 정책은 OPA 믹서 어댑터로 수행할 수 있다. OPA 믹서 어댑터는 OPA 런타임을 번들로 제공한다. 속성은 어댑터의 전체 OPA 인스턴스가 처리할 수 있도록 Rego 언어 엔진에 제공된다.

예 9-3부터 9-5까지 제시된 OPA 어댑터의 규칙, 처리기 및 인스턴스에 관한 구성 예를 검토해보자.

예 9-3 샘플 OPA 규칙 구성

```
apiVersion: config.istio.io/v1alpha2
kind: rule
metadata:
  name: authz
spec:
  actions:
  - handler: opa-handler
    instances:
    - authz-instance
```

예 9-4 샘플 OPA 인스턴스 구성

```
apiVersion: config.istio/v1alpha2
kind: authz
metadata:
  name: authz-instance
spec:
  subject:
    user: source.uid | ""
  action:
    namespace: target.namespace | "default"
    service: target.service | ""
    path: target.path | ""
    method: request.method | ""
```

예 9-5 샘플 OPA 핸들러 구성

```
apiVersion: config.istio.io/v1alpha2
kind: opa
metadata:
  name: opa-handler
spec:
  checkMethod: authz.allow
  policy: |
    package authz
    default allow = false
    allow { is_read }
    is_read { input.action.method = "GET" }
```

어떤 정책이 파일럿에서 제공되고 어떤 정책이 믹서를 통과하는가?

트래픽에 영향을 미치는 정책은 파일럿에 정의된다. 요청에 대한 인증 및 권한 부여를 요구하는 정책은 믹서를 통과한다. 정책을 결정하기 위해 정책이 외부 시스템을 참조해야 하는 경우 믹서를 거친다.

프로메테우스 어댑터

프로메테우스 어댑터는 믹서 바이너리에 내장돼 있으며 기본적으로 메트릭 만료 기간은 10분이다. 프로메테우스 어댑터는 사용자 정의 자원(예 9-6에 표시된 메트릭)을 정의한다.

예 9-6 프로메테우스에서 사용 가능한 이스티오 구성 요소가 추적하는 메트릭 목록

```
$ kubectl -n istio-system get metrics
NAME                     AGE
requestcount             25h
requestduration          25h
requestsize              25h
responsesize             25h
tcpbytereceived          25h
tcpbytesent              25h
tcpconnectionsclosed     25h
tcpconnectionsopened     25h
```

프로메테우스 핸들러는 메트릭의 특정 기준과 유형을 알아야 한다. 이를 일반적으로 인스턴스라고 부르지만 적절한 이름을 가진 몇 가지 특수 인스턴스가 있다. 메트릭이 그 가운데 하나다. 일반적으로 어댑터는 특정 인스턴스를 예상하도록 제작된다. 예 9-7에서 프로메테우스 어댑터가 사용하는 인스턴스 세트를 볼 수 있다.

예 9-7 프로메테우스 어댑터가 사용하는 예제 인스턴스 세트

```
$ kubectl -n istio-system get metrics tcpbytereceived -o yaml

apiVersion: config.istio.io/v1alpha2
kind: metric
metadata:
  labels:
    app: mixer
    release: istio
  name: tcpbytereceived
  namespace: istio-system
spec:
  dimensions:
    connection_security_policy: conditional((context.reporter.kind | "inbound") ==
    "outbound", "unknown", conditional(connection.mtls | false, "mutual_tls",
    "none"))
    destination_app: destination.labels["app"] | "unknown"
    destination_principal: destination.principal | "unknown"
    destination_service: destination.service.host | "unknown"
    destination_service_name: destination.service.name | "unknown"
    destination_service_namespace: destination.service.namespace | "unknown"
    destination_version: destination.labels["version"] | "unknown"
    destination_workload: destination.workload.name | "unknown"
    destination_workload_namespace: destination.workload.namespace | "unknown"
    reporter: conditional((context.reporter.kind | "inbound") == "outbound",
    "source", "destination")
    response_flags: context.proxy_error_code | "-"
    source_app: source.labels["app"] | "unknown"
    source_principal: source.principal | "unknown"
    source_version: source.labels["version"] | "unknown"
    source_workload: source.workload.name | "unknown"
    source_workload_namespace: source.workload.namespace | "unknown"
```

```
monitored_resource_type: '"UNSPECIFIED"'
value: connection.received.bytes | 0
```

믹서는 이 메트릭 데이터를 언제 생성해 프로메테우스로 보내야 하는지 알아야 한다. 이것은 규칙으로 정의된다. 모든 규칙에는 평가되는 매칭 조건이 존재한다. 매칭되는 경우 규칙이 트리거된다. 예를 들어 매칭을 사용해 HTTP 데이터만, 혹은 TCP 데이터만 수신 가능하게 할 수 있다. 프로메테우스는 예 9-8에 표시된 것처럼 정확하게 이 작업을 수행하고 메트릭 설명을 가진 각 프로토콜 세트에 관한 규칙을 정의한다.

예 9-8 믹서 규칙 목록

```
$ kubectl -n istio-system get rules
NAME                         AGE
kubeattrgenrulerule          25h
promhttp                     25h
promtcp                      25h
promtcpconnectionclosed      25h
promtcpconnectionopen        25h
stdio                        25h
stdiotcp                     25h
tcpkubeattrgenrulerule       25h
```

다시 한 번 검사해 모양이 어떠한지 살펴보자.

```
$ kubectl -n istio-system get rules promtcpconnectionopen -o yaml

apiVersion: config.istio.io/v1alpha2
kind: rule
metadata:
  annotations:
  ...
  generation: 1
  name: promtcpconnectionopen
  namespace: istio-system
spec:
  actions:
```

```
- handler: prometheus
  instances:
  - tcpconnectionsopened.metric
match: context.protocol == "tcp" && ((connection.event | "na") == "open")
```

10장은 이러한 모든 메트릭이 분석, 시각화, 경고 등을 위해 백엔드에 노출됨을 설명한다.

믹서: 수정 중인 디자인

Mixer v1 아키텍처의 강점은 유연한 어댑터 모델, 강력한 기능 및 백엔드 세부 정보 및 백엔드 오류로부터 메시를 분리한다는 사실이다. v1 아키텍처는 사전 조건 확인 결과를 위한 2차 캐시 역할을 한다. 믹서가 공유 다중 레벨 캐시를 적극적으로 사용해 메시 가용성을 높이고 대기 시간을 줄임으로써 SLO를 증가시킨다는 주장에도, 일부는 그것만으로는 부족하다고 생각한다. 이런 의심은 관련된 관리 오버헤드, 발생한 요청 지연 오버헤드 및 단일 장애 지점에 대한 우려로 인해 발생했다. 사용의 용이성에 관해서도 의문이 제기됐다. 프로젝트 초반(v0.3)부터 메인테이너(maintainer)는 이러한 우려를 파악해 이에 관해 이야기했다(https://oreil.ly/BQexz).

믹서의 v2 아키텍처가 믹서의 많은 기능을 Envoy 필터(일반적으로 C++로 작성된다)로 옮길 수 있을지는 여전히 결정이 필요하다. 그러나 요청 및 응답 흐름 중에 LuaJIT를 사용해 Lua 스크립트를 실행할 수 있도록 HTTP Lua 필터를 사용할 수 있다. gRPC 확장을 통해 다른 언어로 필터를 작성할 수도 있다.

다중 성격 컨트롤 플레인 구성 요소인 믹서는 서비스 운영자가 구성을 기반으로 정책 결정 및 원격 측정 발송을 제어하고 이스티오와 인프라 백엔드 간 통합 지점 역할을 한다. 믹서는 두 가지 서비스(istio-policy와 istio-telemetry)를 통해 다음과 같은 핵심 기능을 제공한다.

- 사전 조건 확인(ACL, 인증)

- 할당량 관리(속도 제한)

- 원격 측정 보고(메트릭, 로그, 추적)

이스티오 배포 구성 방법에 따라 믹서의 성능 오버헤드가 상당히 높아질 수 있다. 믹서는 공격적인 캐싱을 제공하고 관찰된 대기 시간을 줄이며 서비스 사업자가 정책 시행 및 원격 측정 수집을 제어할 수 있도록 중재 장치를 제공한다. 믹서는 백엔드 추상화를 통해 시스템 복잡성을 줄이고 어댑터 모델은 백엔드 이동성을 가능하게 한다.

10장

원격 측정

마이크로서비스를 운영하는 데 있어 결정적인 것은 마이크로서비스의 행동을 추론하는 능력이다. 여기에는 로그, 메트릭 및 추적의 이점뿐만 아니라 시각화^{visualization}, 문제 해결 및 디버깅도 필수적으로 필요하다. 2장에서 일반적으로 서비스 메시와 이스티오가 균일한 관찰 가능성을 제공하는 방법에 관해 설명했다. 10장에서는 이스티오에서 실행되는 서비스를 모니터링하는 데 사용 가능한 다양한 신호와 도구를 구체적으로 조사한다. 이어지는 11장에서 문제 해결과 디버깅을 설명한다.

믹서(9장에서 설명)는 서비스 프록시가 생성한 원격 측정을 수집하고 통합하는 데 중요한 역할을 한다. 서비스 프록시는 처리하는 트래픽을 기반으로 런타임에 원격 측정을 생성하고 추가 처리를 위해 원격 측정을 믹서로 플러시하기 전에 버퍼링한다. 믹서의 책임 중 절반은 이 중요한 신호를 모으고, 번역하고, 전송하는 것이다(다른 절반은 권한 부여다). 이러한 다양한 신호의 라우팅은 믹서가 실행 중인 어댑터의 위치와 유형에 따라 다르다. 믹서의 어댑터에 관해 더 알아보자.

 4장에서 언급한 것처럼 Bookinfo는 이스티오의 정식 샘플 애플리케이션이다. 10장 전체에서 예제 애플리케이션으로 사용한다.

어댑터 모델

9장에서 설명한 것처럼 어댑터는 믹서를 로깅, 모니터링, 할당량, 접근 제어 목록 확인 등과 같은 핵심 기능을 제공하는 다양한 인프라 백엔드와 통합한다. 운영자는 기존 백 엔드와 통합되거나 자체적인 가치를 제공하는 어댑터를 옵션으로 선택해 배포될 어댑터 수와 유형을 선택할 수 있다. 믹서는 동일 유형의 다중 어댑터를 동시에 사용할 수 있도록 지원한다(예: 두 개의 다른 백엔드에 로그를 보내는 두 개의 로깅 어댑터). 원격 측정 또는 정책 어댑터보다 항상 먼저 실행되는 특별 케이스인 속성 생성 어댑터가 존재한다. kubernetesenv는 이러한 유형 중 가장 눈에 띄는 예다. kubernetesenv는 쿠버네티스 환경에서 정보를 추출하고 다운스트림 어댑터에서 사용 가능한 속성을 생성한다.

원격 측정 어댑터도 병렬로 실행된다. 배치 처리와 관련해서는 조금 더 복잡하지만, 논리적으로 믹서는 어댑터 호출을 병렬로 발송하고 완료될 때까지 기다린다. 동일한 유형의 어댑터 중 두 개를 동시에 배포할 수 있다.

원격 측정 보고

2장을 다시 기억해보면 이스티오는 3가지 형태의 원격 측정(메트릭, 로그, 추적)을 지원하며, 이들 사이에 다양한 통찰력을 전달할 수 있다. 원격 측정은 데이터 플레인에서 컨트롤 플레인으로 보고된다. 서비스 프록시 보고서에는 속성이 포함된다(속성에 관한 자세한 내용은 9장 참조). 컨텍스트^{context} 속성은 정책 내에서 HTTP 프로토콜과 TCP 프로토콜을 구별하는 기능을 제공한다.

서비스 프록시가 속성을 생성할 때 원격 측정 보고서는 세 가지 시점에 전송된다.

- 연결이 설정된 경우(초기 보고서)

- 연결이 유지되는 동안 주기적으로(정기 보고서)

- 연결이 끊어진 경우(최종 보고서)

정기 보고서의 기본 간격은 10초다. 이 간격은 1초 이내로는 설정하지 않는 것이 좋다.

메트릭

서비스 메트릭은 원격 측정 보고서를 istio-telemetry 믹서 서비스로 보내는 사이드카 서비스 프록시에 의해 수집된다. 믹서에 임의의 수와 유형의 어댑터가 로드될 수 있다. 메트릭 어댑터 템플릿 기반 믹서 어댑터를 사용해 믹서가 전달한 메트릭을 수집하고 처리할 수 있다. 어댑터의 일반적인 구성 방법을 살펴보고 프로메테우스 믹서 어댑터를 예로 사용하자.

메트릭을 수집하도록 믹서 구성

원격 측정(및 정책)은 세 가지 유형의 리소스를 사용해 구성된다.

핸들러(Handler)

사용 중인 어댑터 세트와 작동 방식을 결정한다. 핸들러 구성을 예로 들면, 원격 syslog 서버의 IP 주소를 설정한 로깅 어댑터를 제공한다.

인스턴스(Instance)

(서비스 프록시가 생성한) 요청 속성을 어댑터 입력(어댑터가 생성한 원격 측정을 수신할 위치)에 매핑하는 방법을 기술한다. 인스턴스는 하나 이상의 어댑터가 작동할 데이터 청크를 나타낸다. 예를 들어 운영자는 destination_workload와 같은 속성에서 request_bytes 메트릭 인스턴스를 생성하기로 결정할 수 있다.

규칙(Rule)

특정 어댑터가 언제 호출되고 어떤 인스턴스가 제공되는지(어떤 원격 측정이 퍼널링되는지)를 식별한다. 규칙은 매칭 표현식[match exrpession]과 동작[action]으로 구성된다. 매칭 표현식은 어댑터를 호출할 시점을 제어하지만 동작은 어댑터에 제공할 인스턴스 세트를 결정한다.

프로메테우스 믹서 어댑터를 사용하려면 동일한 쿠버네티스 클러스터 또는 프로메테우스 믹서 어댑터에서 메트릭을 스크랩 가능한 다른 위치에 프로메테우스 서버를 배포해야 한다. 쿠버네티스 또는 외부에 프로메테우스를 배포하는 방법은 여러 가지이며, 그 세부 사항은 이 책의 범위를 벗어난다.

메트릭 수집 설정과 메트릭 질의

프로메테우스 믹서 어댑터를 구성하고 사용하려면 다음을 수행해야 한다.

1. 예 10-1처럼 이스티오가 생성 및 수집할 메트릭을 설정하고, 메트릭을 수집할 프로메테우스 핸들러를 구성하며, 적절한 레이블을 할당한 다음 프로메테우스 인스턴스가 스크랩해서 사용할 수 있게 메트릭 인스턴스를 생성한다(네트워크 트래픽: 이 책의 깃허브 저장소의 전체 구성(https://oreil.ly/GcDZ5) 참조).

예 10-1 1단계: 프로메테우스 핸들러에서 발췌한 내용과 핸들러가 다양한 레이블을 통해 추적하는 requests_total 메트릭

```
apiVersion: "config.istio.io/v1alpha2"
kind: handler
metadata:
  name: prometheus
  namespace: istio-system
spec:
  compiledAdapter: prometheus
  params:
    metrics:
    - name: requests_total
      instance_name: requestcount.metric.istio-system
      kind: COUNTER
      label_names:2
      - reporter
      - source_app
      - source_namespace
      - source_principal
      - source_workload
      - source_workload_namespace
      - source_version
      - destination_app
```

```
- destination_namespace
- destination_principal
- destination_workload
- destination_workload_namespace
- destination_version
- destination_service
- destination_service_name
- destination_service_namespace
- request_protocol
- response_code
- connection_mtls
```

2. 예 10-2에 설명된 대로 프로메테우스를 업데이트해 프로메테우스 믹서 어댑터
   에서 메트릭을 스크랩하고, 이스티오 믹서가 수집한 메트릭을 구성된 레이블이
   존재하는 프로메테우스 믹서 어댑터로 전달할 이스티오 규칙을 만든다.

예 10-2 2단계: HTTP 트래픽을 매칭시키고 메트릭을 프로메테우스 핸들러로 전달하기 위한 조치 수행

```
apiVersion: "config.istio.io/v1alpha2"
kind: rule
metadata:
  name: promhttp
  namespace: istio-system
  labels:
    app: mixer
    chart: mixer
    heritage: Tiller
    release: istio
spec:
  match: (context.protocol == "http" || context.protocol == "grpc") &&
         (match((request.useragent | "-"), "kube-probe*") == false)
  actions:
  - handler: prometheus
    instances:
    - requestcount.metric
    - requestduration.metric
    - requestsize.metric
    - responsesize.metric
```

추적

분산 추적은 틀림없이 서비스 메시에서 수집한 원격 측정 정보 중 가장 통찰력 있는 정보이므로 "서비스가 왜 느린가요?"와 같은 대답하기 어려운 질문에 대한 통찰력을 제공한다. Zipkin과 Jaeger는 모두 이스티오 릴리스에 번들로 제공되며 추적 데이터를 저장, 수집, 해석하기 위해 널리 사용되는 오픈소스 분산 추적 시스템이다.

추적 스팬 생성

이스티오 서비스 프록시 Envoy는 초기 추적 헤더를 생성하고 OpenTelemetry에 호환되는 방식으로 동작한다. OpenTelemetry(이전의 OpenTracing과 호환되는 방식)는 분산 추적을 위한 언어 중립 사양이다. x-request-id 헤더는 Envoy에서 요청을 고유하게 식별하고 안정적인 접근 로깅과 추적을 수행하기 위해 생성, 사용된다. Envoy는 x-request-id를 요청과 상호작용하는 모든 서비스에 전파하고, 그 고유한 요청 ID를 생성할 로그 메시지에도 통합한다. 따라서 Kibana와 같은 시스템에서 고유한 request-id를 검색하면 해당 특정 요청에 관한 모든 서비스의 로그가 표시된다.

추적 헤더 전파

이 부분은 이스티오 기능이 과도하게 적용될 수 있는 영역이다. 서비스 프록시는 애플리케이션의 사이드카이므로 애플리케이션에서 들어오고 나가는 요청에 대한 많은 컨텍스트를 가진다. 이로 인해 애플리케이션의 측정 책임을 완전히 제거하는 것은 적합하지 않다. 애플리케이션은 다음을 포함한 작은 HTTP 헤더 세트를 수집하고 전파하기 위해 씬 클라이언트^{thin-client} 라이브러리가 필요하다.

- x-request-id

- x-b3-traceid

- x-b3-spanid

- x-b3-parentspanid

- x-b3-sampled

- x-b3-flags

- x-ot-span-context

샘플 애플리케이션 Bookinfo의 각 서비스는 이러한 HTTP 추적 헤더를 전파하도록 설계됐다. 따라서 애플리케이션 요청에서 다양한 '홉' 사이의 지연 시간을 탐색하기 위해 (예를 들면) Jaeger를 분산 추적 시스템으로 사용할 수 있어야 한다. 예 10-3은 HTTP 요청을 듣고 추적 헤더를 추출해 표준 출력(stdout)에 출력하는 A 함수가 포함된 간단한 Go 프로그램이다(이 책 깃허브 저장소의 예제 코드(https://oreil.ly/zg-4Q) 참조).

예 10-3 추적 헤더를 출력하는 간단한 Go 프로그램

```
package main

import (
  "fmt"
  "log"
  "net/http"
)

func tracingMiddleware(next http.HandlerFunc) http.HandlerFunc {
  incomingHeaders := []string{
    "x-request-id",
    "x-b3-traceid",
    "x-b3-spanid",
    "x-b3-parentspanid",
    "x-b3-sampled",
    "x-b3-flags",
    "x-ot-span-context",
  }

  return func(w http.ResponseWriter, r *http.Request) {
    for _, th := range incomingHeaders {
      w.Header().Set(th, r.Header.Get(th))
    }
    next.ServeHTTP(w, r)
```

```
    }
}

func main() {
    http.HandleFunc("/", tracingMiddleware(func(w http.ResponseWriter,
                      r *http.Request) {
        fmt.Fprintf(w, "Hello headers, %v", r.Header)
    }))

    log.Fatal(http.ListenAndServe(":8081", nil))

}
```

추적 비활성화

요청 추적 샘플링은 성능 오버헤드 측면에서 비용이 발생한다. 그림 10-1의 Meshery
(https://oreil.ly/WsTUW)에서 볼 수 있듯이 1% 비율과 100% 비율의 샘플링 추적 간에
는 큰 차이가 있다.

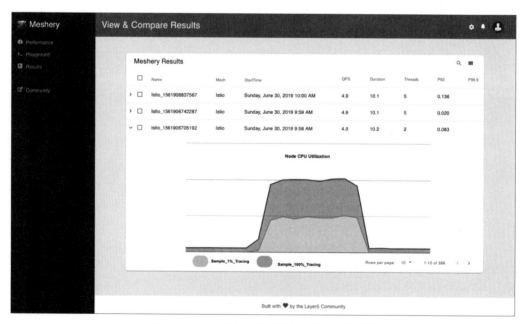

그림 10-1 두 성능 테스트 간의 평균 노드 CPU 사용량 차이

추적 기능을 전혀 사용하지 않고 이스티오 메시를 실행하는 가장 간단한 방법은 서비스 메시를 설치할 때 이를 사용하지 않는 것이다. 이에 관한 Helm 차트는 다음과 같다.

```
--set tracing.enabled=false
```

이스티오를 설치할 때 기본 및 최소 이스티오 구성 프로파일은 추적을 사용하지 않는다. 추적이 설정된 상태에서 배포되고, 컨트롤 플레인이 **istio-system** 네임스페이스에 설치됐다면, 다음을 실행해 추적을 비활성화할 수 있다.

```
$TRACING_POD=`kubectl get po -n <istio namespace> | grep istio-tracing
            | awk `{print $1}`
$ kubectl delete pod $TRACING_POD -n <istio namespace>
$ kubectl delete services tracing zipkin -n <istio namespace>
```

믹서 배포에서 Zipkin URL의 참조를 제거하자.

```
$ kubectl -n istio-system edit deployment istio-telemetry
```

이제 파일에서 **trace_zipkin_url** 인스턴스를 수동으로 제거하고 저장하자.

로그

서비스 접근 로그는 특정 서비스 접근 정보를 기록하는 데 중요하다. 믹서의 내장 logentry 어댑터는 기본 어댑터다. logentry 믹서 어댑터 템플릿을 기반으로 하는 커뮤니티 제공 믹서 어댑터를 사용해 이스티오 믹서가 전달한 로그를 수집하고 처리할 수 있다. 그중에서도 Fluentd 믹서 어댑터를 많이 사용한다.

Fluentd 어댑터를 사용하려면 동일한 쿠버네티스 클러스터 또는 다른 곳에서 Fluentd 데몬을 실행하고 리스닝해야 한다(쿠버네티스 또는 외부에 Fluentd를 배포하는 방법은 여러 가지가 있지만 자세한 내용은 이 책의 범위를 벗어난다). 다른 믹서 어댑터와 마찬가지로 Fluentd 믹서 어댑터를 구성하고 사용하려면 다음을 수행해야 한다.

1. 이스티오가 생성 및 수집할 로그 스트림을 구성하는 로그 항목 인스턴스를 작성한다.

2. 수집된 로그를 리스닝하는 Fluentd 데몬에 전달하도록 Fluentd 핸들러를 구성한다.

3. 이스티오 믹서가 수집한 로그 스트림을 Fluentd 믹서 어댑터로 전달하는 이스티오 규칙을 작성한다.

예 10-4의 샘플 구성은 fluentd 데몬이 `localhost:24224`에서 사용 가능한 것으로 가정한다.

예 10-4 로깅 믹서 어댑터 구성

```
apiVersion: "config.istio.io/v1alpha2"
kind: logentry
metadata:
  name: istiolog
  namespace: istio-system
spec:
  severity: '"warning"'
  timestamp: request.time
  variables:
    source: source.labels["app"] | source.service | "unknown"
    user: source.user | "unknown"
    destination: destination.labels["app"] | destination.service | "unknown"
    responseCode: response.code | 0
    responseSize: response.size | 0
    latency: response.duration | "0ms"
  monitored_resource_type: '"UNSPECIFIED"'
---
# fluentd 핸들러 구성
apiVersion: "config.istio.io/v1alpha2"
kind: fluentd
metadata:
  name: handler
  namespace: istio-system
```

```
spec:
  address: "localhost:24224"
  integerDuration: n
---
# fluentd 핸들러로 logentry 인스턴스를 보내는 규칙
apiVersion: "config.istio.io/v1alpha2"
kind: rule
metadata:
  name: istiologtofluentd
  namespace: istio-system
spec:
  match: "true" # Match for all requests
  actions:
  - handler: handler.fluentd
    instances:
    - istiolog.logentry
```

이 전역 기본 로깅 수준은 기본적으로 "Info"로 설정되지만 인스턴스 구성에서 원하는
심각도 수준으로 설정할 수 있다. 심각도 수준 외에도 요청이 성공적으로 완료되지 않
은 경우에만 기록하도록 매칭 조건을 구성할 수 있다. 200이 아닌 응답의 경우 예 10-5
에 설명된 것처럼 매칭 조건을 편집할 수 있다.

예 10-5 구성 매칭의 예

```
apiVersion: "config.istio.io/v1alpha2"
kind: instance
metadata:
  name: requestcount
  namespace: {{ .Release.Namespace }}
  labels:
    app: {{ template "mixer.name" . }}
    chart: {{ template "mixer.chart" . }}
    heritage: {{ .Release.Service }}
    release: {{ .Release.Name }}
spec:
  compiledTemplate: metric
  params:
```

```
    value: "1"
    dimensions:
      reporter: conditional((context.reporter.kind | "inbound") == "outbound",
          "source", "destination")
      source_workload: source.workload.name | "unknown"
      source_workload_namespace: source.workload.namespace | "unknown"
      source_principal: source.principal | "unknown"
      source_app: source.labels["app"] | "unknown"
      source_version: source.labels["version"] | "unknown"
      destination_workload: destination.workload.name | "unknown"
      destination_workload_namespace: destination.workload.namespace | "unknown"
      destination_principal: destination.principal | "unknown"
      destination_app: destination.labels["app"] | "unknown"
      destination_version: destination.labels["version"] | "unknown"
      destination_service: destination.service.host | "unknown"
      destination_service_name: destination.service.name | "unknown"
      destination_service_namespace: destination.service.namespace | "unknown"
      request_protocol: api.protocol | context.protocol | "unknown"
      response_code: response.code | 200
      response_flags: context.proxy_error_code | "-"
      permissive_response_code: rbac.permissive.response_code | "none"
      permissive_response_policyid: rbac.permissive.effective_policy_id | "none"
      connection_security_policy: conditional((context.reporter.kind | "inbound")
          == "outbound", "unknown", conditional(connection.mtls | false,
          "mutual_tls", "none"))
    monitored_resource_type: '"UNSPECIFIED"'
```

 이스티오는 (오류 전용 로깅과 같은 실험적 기능으로) 잠정적인 샘플링 지원을 추가하기 시작했지만, 이 시점에서 이를 실제 권장 사항으로 변경하지는 않았다. 이는 향후 릴리스에서 처리할 항목이다.

메트릭

차트 및 대시보드 도구를 통해 시각화된 메트릭에서 최고 수준의 서비스 성능을 쉽게 얻을 수 있다. Grafana는 메트릭을 질의, 분석, 경고하는 데 널리 사용되는 오픈소스 메트릭 시각화 도구다. Grafana는 믹서 어댑터로 배포되지 않지만 기본 이스티오 배포에 애드온으로 포함되며 프로메테우스에서 메트릭을 읽도록 구성된다. 프로메테우스는 시계열$^{time-series}$ 데이터베이스 및 수집 툴킷이다. Grafana의 이스티오 배포에는 사전 정의된 대시보드가 제공된다. Grafana 이스티오 대시보드에 표시되는 메트릭은 환경에서 실행되는 Prometheus에 따라 다르다. 다음은 패키지 대시보드에 포함된 일부 항목이다.

메시 요약 뷰(Mesh Summary View)

서비스 메시의 전체 요약 뷰를 제공하고 HTTP/gRPC 및 TCP 워크로드를 보여준다.

개별 서비스 뷰(Individual Services View)

메시 내 각 개별 서비스에 대한 요청과 응답(HTTP/gRPC 및 TCP)에 대한 메트릭을 제공한다. 또한 이 서비스의 클라이언트 및 서비스 워크로드에 대한 메트릭도 제공한다.

개별 워크로드 뷰(Individual Workloads View)

메시 내 각 개별 워크로드(HTTP/gRPC 및 TCP)에 대한 요청과 응답에 대한 메트릭을 제공한다. 또한 이 워크로드에 대한 인바운드 워크로드 및 아웃바운드 서비스에 대한 메트릭을 제공한다.

시각화

조금 더 통찰력 있는 원격 측정 기능 중 하나(블라인더를 제거하는 것과 비슷)인 토폴로지 시각화$^{topology\ visualization}$는 배포를 이해하는 데 중요한 요소다. 이전에는 이스티오가 이러한 요구를 충족하는 ServiceGraph라는 기본적인 솔루션을 갖고 있었다.

- /force/forcegraph.html, 대화식 D3.js 시각화

- /dotviz, 정적 Graphviz 시각화

- /dotgraph, DOT 직렬화^{serialization}

- /d3graph, D3 시각화를 위한 JSON 직렬화

- /graph, 일반적인 JSON 직렬화

ServiceGraph는 Kiali(https://www.kiali.io)로 대체됐으며, Kiali는 애드온으로 설치돼 웹 기반 GUI에서 메시 및 이스티오 구성 객체의 서비스 그래프를 보는 데 사용된다. 실시 간 트래픽 흐름에 중점을 둔 Vistio(https://oreil.ly/YpvqZ)는 프로메테우스 데이터에서 클러스터 트래픽을 시각화하는 데 도움이 되는 또 다른 애플리케이션이다.

서비스 메시는 관찰 가능한 시스템 구축 시 기본 구성 요소로 고유하게 배치된다. 데이 터 플레인 프록시는 요청 경로에 존재하며 시스템의 중요한 품질을 관찰하고 보고할 수 있다. 원격 측정에는 비용이 들기 때문에 트레이드 오프를 잘 조율해야 한다. Kiali와 같 은 프로젝트는 이스티오가 통한 구성 또는 트래픽 흐름을 시각화하는 데 도움이 된다.

## 11장

이스티오 디버깅

다른 소프트웨어와 마찬가지로 이스티오를 운영하는 것은 때때로 문제 해결과 디버깅을 의미한다. 이스티오와 기타 오픈소스 도구는 구성 요소 관리를 지원하기 위해 로깅, 검사, 디버깅을 제공한다.

이스티오 구성 요소 검사

이스티오 구성 요소는 ControlZ(줄여서 ctrlz(https://oreil.ly/9yY2K))라는 일반적인 내부 검사inspecting 패키지를 통합하도록 설계됐다. ControlZ는 실행 중인 이스티오 구성 요소의 내부 상태를 쉽게 검사하고 조작할 수 있는 유연한 내부 검사 프레임워크다. ControlZ는 포트(기본적으로 9876)를 열어, 웹 브라우저 또는 REST를 통해 접근 가능한 관리 UI를 제공하며 외부 도구들의 제어를 받는다. ControlZ 내부 검사 프레임워크의 간단한 UI는 이스티오 구성 요소의 상태에 대한 상호작용식 뷰interactive view를 제공한다.

믹서, 파일럿, 시타델, 갤리는 ctlz 패키지를 포함한 상태로 구축되지만 게이트웨이는 ctlz를 포함하지 않는다. 게이트웨이는 ControlZ 관리 UI를 구현하지 않는다. Envoy의 관리 콘솔을 대신 구현한 Envoy 인스턴스이기 때문이다. 믹서, 파일럿, 시타델, 갤리 구성 요소가 시작되면 ControlZ와 상호작용하기 위해 연결할 IP 주소와 포트를 나타내는 메시지가 기록된다. ControlZ는 '토픽topic'이라는 아이디어를 중심으로 설계됐다. 토픽은 UI의 서로 다른 섹션에 해당한다. 핵심 내부 검사 기능을 나타내는 내장 토픽built-in

^{topic} 모음이 존재하며, ControlZ를 사용하는 각 컨트롤 플레인 구성 요소는 해당 목적에 맞는 새 항목을 추가할 수 있다.

기본적으로 ControlZ는 포트 9876에서 실행된다. ControlZ가 노출할 특정 주소와 포트를 제어하려면 구성 요소를 시작할 때 --ctrlz_port 및 --ctrlz_address 명령줄 옵션을 사용해 이 기본 포트를 재정의할 수 있다.

컨트롤 플레인 구성 요소 중 하나의 ControlZ 인터페이스에 접근하려면 kubectl을 사용해 로컬 호스트에서 원격 ControlZ 포트로 포트 포워딩하자.

```
$ kubectl port-forward -n istio-system istio-pilot-74cb7cd5f9-lbndc 9876:9876
```

그림 11-1에 표시된 대로 브라우저를 http://localhost:9876으로 열어 ControlZ에 원격으로 접근하자.

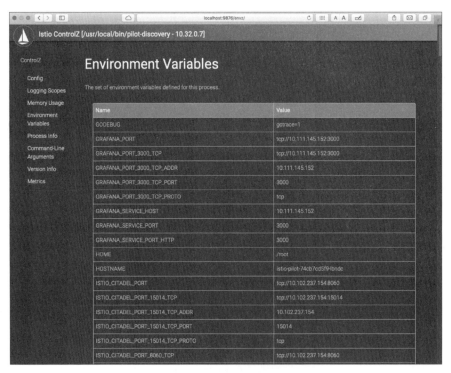

그림 11-1 파일럿의 ControlZ 검사 기능

ControlZ는 이스티오의 검사 기능을 구현한다. 구성 요소가 ControlZ와 통합되면 운영자는 로깅 범위 제어, 명령줄 옵션 보기, 메모리 사용 등을 포함한 각 프로세스의 여러 측면을 시각화하고 제어할 수 있는 IP 포트를 자동으로 얻는다. 또한 그 포트는 앞서 설명한 것과 동일 상태에 대한 접근 및 제어를 허용하는 REST API를 구현한다.

ControlZ 관리 인터페이스는 주로 문제 해결 중에 좀 더 자세한 로그를 활성화하는 데 유용하다. 관리 플레인 Meshery와 같은 다른 도구는 일반적으로 메시에서 이스티오의 수명주기 및 워크로드를 관리하기 위한 더욱 효과적인 제어 지점으로 사용된다. 관리 플레인 예를 살펴보자.

관리 플레인 문제 해결

1장을 복습해보면 관리 플레인은 컨트롤 평면보다 상위 레벨에 존재하며 여러 동종과 이종 서비스 메시 클러스터에서 작동한다. 무엇보다도 관리 플레인은 워크로드 및 메시 구성 검증을 수행할 수 있다. 워크로드를 메시에 온보드로 준비하거나 컨트롤 및 데이터 플레인을 실행하는 새 버전의 구성 요소 또는 새 버전의 애플리케이션으로 업데이트할 때 구성을 지속적으로 진단할 수 있다. 기존의 워크로드 구성(그리고 서비스 메시 구성)에 관해 일련의 검사를 실행하기 위한 진단 활동^{vetting exercise}을 진행한다. 이렇게 하려면 예 11-1에 표시된 명령을 사용해 CLI 관리 도구 mesheryctl을 다운로드해 Meshery (https://oreil.ly/xubaa)를 설치한 후 시작하자.

예 11-1 Meshery 컨트롤 플레인을 로컬로 설치하는 단계

```
$ sudo curl -L https://git.io/mesheryctl -o /usr/local/bin/mesheryctl
$ sudo chmod a+x /usr/local/bin/mesheryctl
$ mesheryctl start
```

구성을 지속적으로 검증하려면 클러스터에 Meshery를 설치하자. Meshery UI가 자동으로 로드되지 않으면 http://localhost:9081로 연다. 환경에 따라 Meshery는 클러스터를 자동으로 연결하고 메시 및 워크로드 구성을 분석하며 구성 모범 사례와의 차이를

강조하거나 배포의 문제 영역에 대한 수정을 제안한다(그림 11-2 참조).

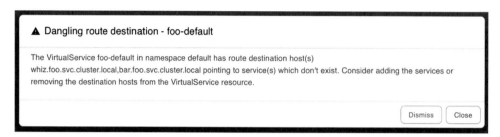

그림 11-2 고립된 서비스 메시 구성을 식별하는 Meshery

kubectl에 한 번 더 베팅하기

7장의 파일럿 문제 해결과 관련해 언급한 것처럼 Meshery와 istioctl은 이스티오 컨트롤 플레인 구성 요소와 해당 데이터 플레인 서비스 프록시 간의 동기화와 조정을 평가하는 강력한 도구다. 쿠버네티스 환경에서 Meshery와 istioctl은 모두 kubectl exec를 사용한다. kubectl exec 호출은 두 개의 HTTP 스트리밍 프로토콜 중 하나를 사용해 로컬 kbuectl CLI로부터 쿠버네티스 API 서버로 향하는 통신을 통해 실행에 관여하는데, 이때 API 서버는 Meshery나 istioctl를 통해 조회되는 서비스 프록시가 실행 중인 노드에 로컬로 설치된 kubelet에 위치한다.

이 두 HTTP 스트리밍 프로토콜의 특정 메커니즘은 사용 중인 쿠버네티스 버전과 컨테이너 런타임에 따라 다르다. 쿠버네티스 API 서버는 SPDY 프로토콜(더 이상 사용되지 않음)과 HTTP/2 웹소켓[HTTP/2 WebSocket]을 지원한다(웹소켓이 익숙하지 않은 경우 웹소켓을 HTTP를 양방향 바이트 스트리밍 프로토콜로 변환하는 프로토콜로 생각하면 된다). 쿠버네티스 API 서버는 이 스트림 외에 추가로 다중화된[multiplexed] 스트리밍 프로토콜을 도입했다. 많은 사례에서 API 서버가 여러 독립 바이트 스트림을 서비스하는 기능이 매우 유용하기 때문이다. 예를 들어 컨테이너 내에서 명령을 실행하는 것을 고려해보자. 이 경우 실제로 유지 관리해야 하는 스트림은 stdin, stderr, stdout 이 세 가지다.

kubectl exec가 호출되면 일련의 동작을 수행한다. 처음에 kubectl exec가 쿠버네티스

API 서버의 다음 위치에 HTTP POST 요청을 발행한다.

```
/api/v1/namespaces/$NAMESPACE/pods/$NAME/exec
```

해당 요청은 다음과 같이 어떤 컨테이너에서 어떤 명령(들)을 실행할지와 stdin, stdout, stderr의 다중 양방향 스트리밍을 설정할지 여부를 정의하는 쿼리 문자열을 포함한다.

```
?command=<command-syntax>&container=<name>&stderr=true&stdout=true
```

이 쿼리 매개변수들은 자체 설명적self-explanatory이어서 실행할 명령, stdin을 사용하도록 설정해야 하는 경우, stdout을 사용하도록 설정해야 하는 경우, stderr을 사용하도록 설정해야 하는 경우와 컨테이너 이름을 나타낸다. 이 쿼리 문자열 매개변수를 사용하면 웹소켓 연결이 설정되고 kube-apiserver가 그림 11-3에 표시된 것처럼 Meshery/istioctl과 해당 kubelet 간 데이터 스트리밍이 시작된다.

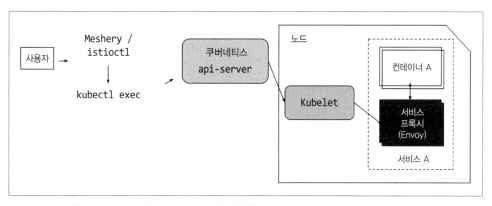

그림 11-3 Meshery 및 istioctl이 kubectl을 활용해 서비스 프록시에서 메시 구성을 조회하는 방법

웹소켓에 쓸 때 데이터는 표준 입력(stdin)으로 전달되고 웹소켓의 결과를 받는 부분은 표준 출력(stdout) 및 오류(stderr)가 된다. 웹소켓 API는 단일 연결을 통해 stdout 및 stderr을 다중화하는 간단한 프로토콜을 정의한다. 웹소켓을 통해 전달된 모든 메시지는 메시지가 속하는 스트림을 정의하는 단일 바이트(표 11-1 참조)로 시작한다.

표 11-1 kubectl exec/attach/logs/proxy에 사용되는 기본 스트리밍 프로토콜 채널

채널	목적	설명
0	stdin	프로세스에 쓰기 위한 stdin 스트림. 이 스트림에서는 데이터를 읽지 못함
1	stdout	프로세스에서 stdout을 읽기 위한 stdout 출력 스트림 이 스트림에 데이터를 쓰지 않아야 함
2	stderr	프로세스에서 stderr을 읽기 위한 stderr 출력 스트림 이 스트림에 데이터를 쓰지 않아야 함

kube-apiserver는 해당 파드가 상주하는 노드의 kubelet에 접속한다. 여기에서 kubelet
은 수명이 짧은 토큰을 생성하고 CRI^Container Runtime Interface를 향하도록 경로 재지정을 요
청한다. CRI는 kubectl exec 요청을 처리하고 docker exec API 호출을 발행한다. stdin,
stdout, stderr의 기본 프로토콜 채널은 각각 docker exec API 호출에 대한 입력, 출력
및 오류로 지정된다. kubectl exec/attach/logs/proxy는 이러한 명령 중 하나라도 즉
각적인 일회성 응답이 아닌 시간에 따라 스트리밍되는 데이터가 필요할 수 있기 때문에
kube-apiserver에 대해 장기간 유지되는 연결이 필요할 수 있다.

워크로드 준비

이스티오 구성 요소에 이슈가 있을 뿐만 아니라 새로 메시에 배포된 애플리케이션에서
도 이슈가 있을 수 있다. 기존 서비스가 서비스 메시에 탑재돼 있으므로 애플리케이션
과 이스티오의 호환성을 확인해야 한다. 다음과 같이 검토할 호환성 문제가 있다.

애플리케이션 구성

UID 1337을 피한다. 파드에서 사용자 ID(UID) 값이 1337인 사용자로 애플리케이션을
실행하지 않아야 한다. 이스티오 서비스 프록시는 1337을 UID로 사용한다. 이러한 충
돌을 피해야 한다.

네트워크 트래픽 및 포트

HTTP/1.1 또는 HTTP/2.0이 필요하다. 애플리케이션은 모든 HTTP 트래픽에 HTTP/1.1 또는 HTTP/2.0 프로토콜을 사용해야 한다. HTTP/1.0은 지원되지 않는다.

서비스 포트의 이름을 지정해야 한다. 이스티오 트래픽 라우팅을 사용하려면 각 서비스에 다음 구문에 따른 포트 이름 키/값 쌍이 존재해야 한다. name:<protocol>[-<suffix>]. <protocol>에 사용된 값은 다음 유형(문자열) 중 하나와 일치해야 한다.

- grpc

- http

- http2

- https

- mongo

- redis

- tcp

- tls

- udp

기본적으로 이스티오는 트래픽을 TCP로 처리한다. 포트에서 UDP 트래픽을 명시적으로 나타내는 데 UDP를 사용하지 않거나 서비스의 포트 이름 시작이 이러한 접두사 중 하나와 일치하지 않으면 이스티오가 포트의 트래픽을 TCP로 처리한다. 따라서 이름이 없는 포트의 트래픽도 TCP로 처리된다. 유효한 포트 이름의 예는 http2-myservice 또는 http2다. 그러나 http2myservice는 유효하지 않다.

이 동작은 서비스가 TCP를 서비스의 기본 프로토콜로 사용한다는 점에서 쿠버네티스 동작과 유사하지만 지원되는 다른 프로토콜(TCP, UDP, HTTPS, 프록시, SCTP)도 사용 가능한 점이 다르다. 많은 서비스가 하나 이상의 포트를 노출해야 하므로 쿠버네티스는 서비스 객체에서 다중 포트 정의를 지원한다. 각 포트 정의는 동일하거나 다른 프로토콜을 가질 수 있다. 그러나 쿠버네티스는 동일한 파드 포트를 참조하는 서로 다른 두 서비스가 동일한 프로토콜을 정의하도록 요구하지 않는다.

파드에는 각 컨테이너가 리스닝하는 포트의 명시적인 목록이 포함돼야 한다. 각 포트의 컨테이너 사양에서 containerPortconfiguration을 사용하자. 나열되지 않은 포트는 이스티오 프록시를 지나친다[bypass].

서비스와 배포

모든 파드를 하나 이상의 서비스에 연결하자. 포트 노출 여부에 관계없이 모든 파드는 하나 이상의 쿠버네티스 서비스에 속해야 한다. 여러 쿠버네티스 서비스에 속하는 파드의 경우 동일한 포트 번호(예: HTTP 및 TCP)를 참조할 때 각 서비스가 동일한 유형의 프로토콜을 정의해야 한다.

쿠버네티스 레이블을 통해 의미 있는 원격 측정이 가능하다. app 및 version 레이블을 적용한 배포에서는 명시적 app 및 version 레이블을 추가하는 것이 좋다. 쿠버네티스 배포를 사용해 배포된 파드의 배포 사양에 레이블을 추가하자. app 및 version 레이블은 이스티오가 수집한 원격 측정에 컨텍스트 정보를 추가한다.

app 레이블

    각 배포 사양에는 의미 있는 값을 가진 고유한 app 레이블이 존재해야 한다.

version 레이블

    특정 배포에 해당하는 애플리케이션 버전을 나타낸다.

이 레이블은 분산 추적에서 컨텍스트 전파에 도움이 된다.

파드

파드 구성은 NET_ADMIN 기능을 허용해야 한다. 클러스터가 파드 보안 정책을 시행하는 경우 파드는 NET_ADMIN 기능을 허용해야 한다. 5장에서 설명했듯이 이스티오는 서비스 프록시 사이드카를 주입하는 동안 애플리케이션 컨테이너에 대한 요청을 가로채기 위해 초기화 컨테이너를 사용해 파드의 **iptables** 규칙을 조작한다. 서비스 프록시 사이드카에서 루트 권한으로 실행할 필요는 없지만, 수명이 짧은 초기화 컨테이너는 서비스 메시에 온보드 파드의 기본 컨테이너를 시작하기 직전에 각 파드에 **iptables** 규칙을 설치하기 위해 **cap_net_admin** 권한이 필요하다.

iptables 규칙 조작은 리눅스 커널에서 NET_ADMIN 기능을 통해 높은 접근 권한이 필요한 작업이다. 이 커널 수준 기능이 활성화된 파드는 호스트 노드의 네트워킹 구성뿐만 아니라 다른 파드의 네트워킹 구성을 조작할 수 있다. 대부분의 쿠버네티스 운영자는 테넌트 파드가 이 기능을 갖지 않게 하고, 최소한 공유 테넌트 클러스터를 운영하는 기능을 갖지 않도록 한다.

이스티오 CNI 플러그인(https://oreil.ly/G4TK0)을 사용하는 경우 CNI 플러그인(권한 있는 파드)이 **istio-init** 컨테이너 대신 관리 기능을 수행하므로 NET_ADMIN 기능 요구 사항이 적용되지 않는다. 다음은 클러스터에서 파드 보안 정책이 활성화돼 있는지 확인하는 방법이다.

```
$ kubectl get psp
No resources found.
```

이 예는 파드 보안 정책이 정의되지 않은 클러스터를 보여준다. 클러스터에 파드 보안 정책이 정의됐다면 지정된 서비스 계정에 관해 허용된 정책 기능 목록에서 NET_ADMIN 또는 *를 찾자. 파드 배포에 쿠버네티스 서비스 계정이 지정되지 않으면 파드는 해당 파드가 배포된 네임스페이스의 기본 서비스 계정으로 실행된다. 파드의 서비스 계정에 어떤 기능이 허용되는지 확인하려면 다음 명령을 실행하자.

```
$ for psp in $(kubectl get psp -o
    jsonpath="{range .items[*]}{@.metadata.name}{'\n'}{end}");
    do if [ $(kubectl auth can-i use psp/$psp --as=system:serviceaccount:<your
    namespace>:<your service account>) = yes ]; then kubectl get psp/$psp
    --no-headers -o=custom-columns=NAME:.metadata.name,CAPS:.spec.allowed
    Capabilities; fi; done
```

NET_ADMIN 기능에 대한 자세한 내용은 이스티오 필수 파드 기능^{Required Pod Capabilities} 페이지(https://oreil.ly/33bCH)를 참조하자.

이스티오 설치와 업그레이드, 제거

많은 설치 메커니즘 및 구성 가능한 옵션과 마찬가지로 설치를 고려할 때 많은 선택 사항이 있다. 그에 더해 시간이 지남에 따라 배포를 업그레이드해야 하며, 서비스 메시 배포가 서비스의 애플리케이션 수명주기를 따른다는 점에서 언젠가는 제거해야 한다.

설치

배포 스크립트를 다시 실행하면 된다. 설치 YAML 파일을 쿠버네티스 클러스터에 다시 적용해 설치 명령을 실행해 초기 설치 문제를 극복할 수 있다. 네트워크 트래픽 손실 또는 예약된 리소스(예: CRD)로 인해 kube-api에서 아직 완전히 인스턴스화되지 않았다면 최초 클러스터 적용 시 일부 이스티오 구성 요소가 인스턴스화되지 않는 경우도 있다.

이 경우 다음과 같은 메시지가 표시될 수 있다.

```
unable to recognize "install/kubernetes/istio-demo-auth.yaml": no
    matches for kind
```

다음 명령을 실행해 CRD가 적용됐는지 확인해야 한다.

```
$ kubectl apply -f install/kubernetes/helm/istio/templates/crds.yamlt
```

업그레이드

이스티오 업그레이드 경로는 다양하다. Helm과 Tiller를 함께 사용, Tiller 없이 Helm만 사용, 이 두 가지 경로를 살펴보자.

Helm과 Tiller 사용

(Tiller 포함) `helm install`을 사용해 설치한 경우 다음과 같다.

```
$ helm install install/kubernetes/helm/istio --name istio
    --namespace istio-system
```

또 다음과 같이 `helm upgrade`를 사용해 이스티오 배포를 업그레이드하는 방법을 선택할 수 있다.

```
$ helm upgrade istio install/kubernetes/helm/istio
    --namespace istio-system
```

Tiller 없이 Helm 사용

(Tiller 없이) Helm 템플릿을 사용해 이스티오를 설치한 경우 Helm 업그레이드 명령은 Tiller가 설치된 경우에만 작동한다는 점을 이해하자. 여기에서 두 가지 선택이 있다. Helm을 사용해 소스 버전을 설치한 후 프로세스에 Tiller를 설치한 다음 `helm upgrade` 명령을 사용할 수 있다. 또는 이스티오를 설치하는 데 사용한 것과 동일한 Helm 템플릿 프로세스를 사용해 이스티오를 업그레이드할 수도 있다.

```
$ helm template install/kubernetes/helm/istio --name istio --namespace
    istio-system > istio.yaml
$ kubectl apply -f istio.yaml
```

Helm 템플릿 설치(업그레이드) 프로세스는 쿠버네티스 롤링 업데이트 프로세스를 활용하며 모든 배포 및 구성 맵을 새 버전으로 업그레이드한다. 이 방법을 사용하면 필요한 경우 이전 버전의 YAML 파일을 적용해 롤백할 수 있다.

제거

이스티오는 깨끗하게 제거되지 않고 존재하는 잔여 아티팩트를 남길 수 있다. 다음과 같은 아티팩트가 저장돼 있다.

잔여 CRD

이스티오를 제거했지만 CRD가 남은 경우 다음과 같이 각 개별 CRD를 반복적으로 삭제할 수 있다.

```
$ for i in install/kubernetes/helm/istio-init/files/crd*yaml;
    do kubectl delete -f $i; done
```

설치 프로파일에 따라 배치에 다른 수의 이스티오 CRD가 존재한다. 이스티오 CRD 제거를 확인하는 방법은 다음과 같다.

```
$ kubectl get crds | grep istio
```

모든 CRD가 성공적으로 제거되면 결과 집합이 비어 있어야 한다.

믹서 문제 해결

다음은 믹서에 대한 디버그 로깅을 활성화하는 명령이다.

```
$ kubectl edit deployment -n istio-system istio-mixer
# 인자 목록에 추가:
      - --log_output_level=debug
```

다음과 같이 kubectl logs 명령을 통해 믹서 로그에 접근할 수 있다.

istio-policy 서비스의 경우:

```
kubectl -n istio-system logs $(kubectl -n istio-system get pods -lapp=policy
    -o jsonpath='{.items[0].metadata.name}') -c mixer
```

istio-telemetry 서비스의 경우:

```
kubectl -n istio-system logs $(kubectl -n istio-system get pods
    -lapp=telemetry -o jsonpath='{.items[0].metadata.name}') -c mixer
```

ControlZ(ctrlz) 사용

또는 믹서 포트 9876에서 ControlZ를 사용해 믹서 디버깅을 켤 수 있다. 그렇게 하려면
ControlZ로 포트 포워드하자.

```
$ kubectl --namespace istio-system port-forward istio-[policy/telemetry]-<pod#>
    9876:9876
```

http://localhost:9876으로 브라우저를 열자.

파일럿 문제 해결

전체 메시 구성과 엔드포인트 정보를 검색하기 위해 호스트 및 IP 주소 목록에 관해 파
일럿의 등록 API를 쿼리할 수 있다. 응답은 다음과 비슷한 큰 JSON이어야 한다.

```
$ kubectl run -i --rm --restart=never dummy --image=tutum/curl:alpine -n
        istio-system --command \
-- curl -v 'http://istio-pilot.istio-system:8080/v1/registration'
```

이 책의 깃허브 저장소에 파일럿 등록 API의 출력 예제(https://oreil.ly/iJD2W)가 포함돼
있다.

파일럿 로그를 수집하려면 다음을 실행하자.

```
$ kubectl logs -n istio-system -listio=pilot -c discovery
```

이 책 깃허브 저장소의 파일럿 발견 컨테이너^{discovery container} 로그(https://oreil.ly/1b5W6)
를 참조하자.

'파일럿 검색' 검색 서비스가 실행 중인지 확인하자.

```
$ kubectl -n istio-system exec -it istio-pilot-644ff8f78d-p757j -c discovery sh -
# ps -ax
  PID TTY    STAT   TIME COMMAND
    1 ?      Ssl    72:49 /usr/local/bin/pilot-discovery discovery...
```

갤리 디버깅

이스티오 v1.1부터 갤리의 두 가지 주요 책임 영역은 사용자가 생성한 이스티오 구성의
구문과 의미 유효성 검사이며 기본 구성 레지스트리 역할을 한다. 갤리는 MCP(https://
oreil.ly/DkCL9)를 사용해 구성 요소와 상호작용한다.

이스티오 내 기본 구성 수집 및 배포 메커니즘으로서 갤리는 그림 11-4에 표시된 것처
럼 사용자 제공 구성을 검증하고 쿠버네티스 승인 컨트롤러^{Kubernetes Admission Controller}를
사용해야 한다.

```
$ kubectl get validatingwebhookconfigurations
NAME                  CREATED AT
istio-galley          2019-06-11T15:33:21Z
```

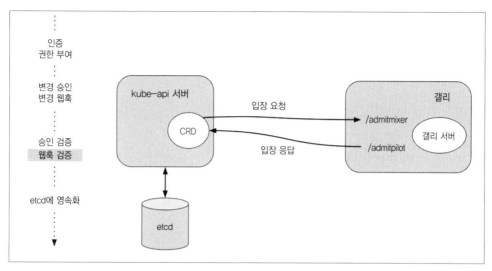

그림 11-4 갤리의 두 가지 검증 웹훅: pilot.validation.istio.io와 mixer.validation.istio.io

istio-galley 서비스는 포트 443을 통해 제공되는 두 개의 웹훅을 가진다.

/admitpilot

파일럿이 소비한 구성의 유효성 검사를 담당(예: VirtualService, 인증)

/admitmixer

믹서가 사용하는 구성의 유효성 검증을 담당

두 웹훅 모두 모든 네임스페이스에 적용되며 각 pilot.validation.istio.io와 mixer.validation.istio.io의 namespaceSelector는 빈 집합이어야 한다.

```
$ kubectl get validatingwebhookconfiguration istio-galley -o yaml
```

빈 네임스페이스가 설정된 건강한 istio-galley 유효성 검사 웹훅 구성의 출력 예제는 이 책의 깃허브 저장소(https://oreil.ly/6PWBG)를 참조하자.

"istio-galley" 서비스를 위한 호스트는 없다. 구성을 만들거나 업데이트할 수 없는 경우 갤리가 제대로 작동하지 않을 수 있다. 표준 상태 문제 해결 절차는 먼저 파드 상태를 확인하는 관점에서 갤리에 적용된다.

```
$ kubectl -n istio-system get pod -listio=galley
NAME                            READY   STATUS    RESTARTS   AGE
istio-galley-74c6547b94-4vw58   1/1     Running   0          14h
```

"istio-galley" 서비스에 사용할 수 있는 엔드포인트는 없다. 다음으로 엔드포인트에 대한 유사한 검증이 필요하다.

```
$ kubectl -n istio-system get endpoints istio-galley
NAME           ENDPOINTS                                            AGE
istio-galley   10.32.0.17:15014,10.32.0.17:443,10.32.0.17:9901     14h
```

파드 또는 엔드포인트가 준비 상태가 아닌 경우, 파드 로그 및 상태를 확인해 웹훅 파드의 시작 및 트래픽 제공과 관련된 실패 원인을 확인하자.

```
$ kubectl logs -n istio-system istio-galley-755f8df6cb-zq4p8
```

istio-galley 파드의 출력에 관해서는 이 책의 깃허브 저장소(https://oreil.ly/rpU8s)를 참조하자.

Envoy 디버깅

네트워킹은 어렵다. 추상화 및 간접 계층은 네트워크 문제 디버깅을 더욱 어렵게 만든다.

Envoy 관리 콘솔

Envoy 관리 인터페이스는 포트 15000에서 실행된다(전체 포트 목록은 4장 참조). kubectl을 사용해 로컬 컴퓨터에서 Envoy가 있는 특정 파드의 사이드카로 포트 포워딩을 수행해 Envoy의 관리 인터페이스에 접근할 수 있다.

```
$ kubectl port-forward <pod> 15000:15000 &
```

백그라운드에서 실행 중인 포트 포워딩 작업을 중지하려면 kill %1을 실행하자(다른 백
그라운드 작업이 실행 중이 아니라고 가정한다). 활성 작업 목록을 보려면 작업을 실행하자.

Envoy 구성의 YAML 형식 출력물을 보려면 다음을 실행하자.

```
$ curl http://localhost:15000/config_dump | yq r -
```

또는 브라우저(http://localhost:15000)를 통해 전체 관리 콘솔을 불러오자. 사용 가능한
관리 조치에 관한 설명은 http://localhost:15000/help를 참조하자. 모든 관리 기능에
관한 자세한 내용은 Envoy 작업 및 관리 문서(https://oreil.ly/7DY65)를 참조한다.

503 또는 404 요청

서비스에 접근하려고 할 때 이 두 가지 오류 코드 중 하나가 표시되면 다양한 원인이 있
지만 가장 일반적인 원인은 다음과 같다.

- Envoy와 파일럿 간 연결이 끊어졌다. 해결 단계는 다음과 같다.

    1. 파일럿이 실행 중인지 확인한다. '파일럿 문제 해결' 절을 참조하자.

    2. istioctl proxy-status를 사용해 파일럿과 Envoy 간 통신 상태를 확인하자.
       정상 작동 중에 각 xDS에는 SYNCED 상태가 표시된다.

- 쿠버네티스 서비스 매니페스트에 네트워크 프로토콜이 없거나 올바르지 않다.
  수정하려면 서비스의 노출된 포트에 적합한 이름으로 서비스 매니페스트를 구성
  하자. 프로토콜 이름 목록은 '워크로드 준비' 절을 참조하자.

- Envoy 구성이 잘못된 업스트림 클러스터에서 경로를 캡처하고 있다. Virtual
  Service 구성이 올바르지 않다. 해결 단계는 다음과 같다.

    1. 에지 서비스(인그레스 게이트웨이에 인접함)를 식별한다.

2. Envoy 로그를 검사하거나 Jaeger 같은 도구를 사용해 오류가 발생한 위치를 확인한다.

사이드카 주입

사이드카 주입에 어려움이 있는 경우 환경에 몇 가지 다른 문제가 있을 수 있다. 사이드카 주입 여부를 설명하는 세 가지 요소는 다음과 같다.

- 웹훅 namespaceSelector

- 기본 정책

- 파드별 어노테이션 재정의

다음 항목이 참인지 확인하자.

파드에서 UID 1337로 애플리케이션을 실행하지 않는다.

애플리케이션 컨테이너는 1337이 서비스 프록시 Envoy에서 사용하는 UID이므로 UID 1337과 함께 실행하면 안 된다. 현재 Envoy 사이드카 프록시는 UID 1337을 사용해 istio-proxy로 실행해야 하며, 중앙에서 구성할 수 있는 배포 옵션이 아니다.

승인 컨트롤러가 활성화됐다.

다음과 같은 오류가 표시되면 쿠버네티스 버전 1.9 이하를 실행 중일 수 있다.

```
error: unable to recognize "istio.yaml": no matches for
    admissionregistration.k8s.io/, Kind=MutatingWebhookConfiguration
```

변경 승인 웹훅을 지원하지 않거나 활성화되지 않은 것이 오류의 원인이다.

istio-injection 레이블이 존재한다.

5장에서 논의한 것처럼, 파드가 자동 사이드카 주입의 이점을 누리려면 네임스페이스에
istio-injection 레이블이 있어야 한다. 따라서 istio-injection = enabled 레이블이
있는 네임스페이스에서 생성된 파드에 관해서만 주입 웹훅이 호출된다. 영향을 받는 파
드가 이 레이블이 있는 네임스페이스 내에 있는지 확인하자.

```
$ kubectl get namespace -L istio-injection
NAME              STATUS   AGE   ISTIO-INJECTION
default           Active   39d   enabled
istio-system      Active   13h
kube-node-lease   Active   39d
kube-public       Active   39d
kube-system       Active   39d
```

웹훅의 namespaceSelect 범위가 정확하다.

웹훅의 namespaceSelector는 웹훅이 대상 네임스페이스에 관해 옵트 인 또는 옵트 아
웃 범위인지 결정한다. 옵트 인용 namespaceSelector는 다음과 같다.

```
$ kubectl get mutatingwebhookconfiguration istio-sidecar-injector -o yaml
    | grep "namespaceSelector:" -A5

namespaceSelector:
  matchLabels:
    istio-injection: enabled
rules:
  - apiGroups:
    - ""
```

옵트 아웃을 위한 namespaceSelector는 다음과 같다.

```
namespaceSelector:
  matchExpressions:
  - key: istio-injection
    operator: NotIn
```

```
    values:
    - disabled
rules:
  - apiGroups:
    - ""
```

시타델 디버깅

다른 문제를 해결할 때와 마찬가지로 시타델 로그 및 이벤트를 참조하면 문제를 진단하는 데 도움이 된다.

```
$ kubectl logs -l istio=citadel -n istio-system
$ kubectl describe pod -l istio=citadel -n istio-system
```

istio-citadel 파드가 실행되고 있지 않은 경우 상태를 확인하자.

```
$ kubectl get pod -l istio=citadel -n istio-system
NAME                              READY   STATUS    RESTARTS   AGE
istio-citadel-678b7c5cd4-ndn4n    1/1     Running   0          13h
```

istio-citadel 파드가 실행 중 상태가 아닌 경우 재배포하자.

버전 호환성

이스티오 구성 요소, istioctl 및 Bookinfo 샘플 애플리케이션 버전을 서로 혼합해 사용할 수 없다. 예를 들어 이스티오 v1.1, istioctl v.1.0 및 Bookinfo v1.2를 동시에 실행하지 말자. 패치 버전도 마찬가지다. 예를 들어 istioctl v1.1.3을 사용하는 동안 이스티오 v1.1.4를 실행하지 말자. 실행 중인 각 이스티오 컨트롤 플레인 구성 요소의 버전을 확인하려면 다음을 실행하자.

```
$ istioctl version --remote -o yaml
```

또는 컨트롤 플레인 구성 요소 중 하나에서 image 태그를 볼 수 있다. 파일럿을 예로 사용하면 다음을 실행할 수 있다.

```
$ kubectl get deployment istio-pilot -o yaml -n istio-system | grep image:
    | cut -d ':' -f3 | head -1
```

이러한 디버깅 도구와 예제 사용은 잘 작동한다. 그러나 이것은 완전한 목록과는 거리가 멀다. 다른 장애 및 문제 해결 시나리오도 존재하며 다행스럽게도 다른 도구도 사용할 수 있다. 서비스 메시가 확산되면서 서비스 메시 환경에 유용한 유틸리티 및 관리 도구(https://oreil.ly/U6Vwa)가 많이 등장했다. 컨트롤 플레인 소프트웨어의 성장 추세는 계속될 것으로 예상된다.

## 12장

애플리케이션 배포를 위한 실제 고려 사항

사람들은 여러 가지 이유로 서비스 메시를 채택한다. 최소한 사용자에게 제공하는 서비스의 안정성을 향상시키기 위해서다. 이스티오의 워크로드 안정성을 개선하기 위한 주요 고려 사항은 이스티오의 안정성 특성을 이해하는 것이다. 예상한 대로 이 두 가지의 신뢰성이 연결돼 있다. 이스티오(또는 모든 서비스 메시)를 사용하면 모든 워크로드(메시 온/오프)에 극적으로 도움이 되지만 서비스 네트워크를 생성하는 서비스 프록시와 같이 시스템에 추가 구성 요소를 도입하면 잠재적인 실패의 새로운 가능성이 생긴다. 12장에서는 이스티오 및 이스티오상에서 워크로드를 안정적으로 배포하기 위한 고려 사항을 중점적으로 다룬다.

이전 장들에서는 이스티오가 애플리케이션 안정성을 향상시키는 방법(이상치 감지, 서킷 브레이커 및 재시도 포함)을 설명했다. 이스티오를 사용해 메시를 통해 트래픽이 흐르는 위치를 매우 정확하게 제어하는 방법과 이스티오가 애플리케이션에 대한 원격 측정을 생성해 배포에 대한 가시성을 얻는 방법을 조사했다. 특정 유형의 장애로부터 사용자를 보호하는 데 도움이 되는 이스티오 기능들을 다뤘지만, 가장 일반적인 중단 원인(새로운 버전의 애플리케이션 배포로 인한 중단) 완화에 이스티오가 어떻게 도움이 되는지 자세히 설명하지는 않았다. 다행히 트래픽을 제어하고 트래픽이 어떻게 작동하는지 확인하는 기능이 애플리케이션 재배포 위험을 최소화하기 위해 정확히 필요한 것이다.

이스티오의 컨트롤 플레인 구성 요소를 배포할 때 고려할 사항을 살펴보고 애플리케이션 카나리아 배포에 관한 사례 연구를 살펴보자. 이스티오가 자체 애플리케이션을 더욱 안전하게 배포하는 데 어떻게 도움이 되는지 검토하면서 이스티오 컨트롤 플레인 구성 요소가 런타임에 상호작용하는 방식과 해당 동작이 해당 안정성에 어떤 영향을 미치는지 살펴본다.

컨트롤 플레인 고려 사항

이스티오 각 구성 요소에는 다양한 실패 모드가 있으며 실패는 메시에 다른 방식으로 나타난다. 각 컨트롤 플레인 구성 요소에 관해 이러한 모드와 동작을 가장 잘 이해하기 위해 일반적인 실패 모드 세트(워크로드에서 분할되거나 서로 분할된 구성 요소 등), 해당 구성 요소와 관련된 모든 실패 모드 및 이러한 문제들이 런타임 시 메시에 나타나는 형태를 검토한다. 주요 실패 모드를 다루지만 빠짐없이 전부 다루진 못한다. 여기서의 목표는 행동 패턴과 의존성에 관한 지식으로 독자들을 무장시키고 구성 요소별 해당 장의 내용과 결합해 새로운 실패 모드가 나타날 때 이해할 수 있도록 하는 것이다.

이 절은 대부분의 장애에 관해 실제 다양한 실패 모드를 대신해 네트워크 파티션 측면에서 설명한다. 예를 들어 "갤리가 구성 저장소에서 분할됨(Galley is partitioned from its config store)"이라는 오류는 여러 가지 원인으로 인해 발생할 수 있다. 예를 들어 실제 네트워크 파티션, 500 오류를 제공하는 구성 저장소, 전혀 연결을 허용하지 않는 구성 저장소 또는 허용할 수 없는 높은 대기 시간을 제공하는 구성 저장소 등이다. 근본 원인과 상관없이 컨트롤 플레인 구성 요소의 안정성 특성을 이해하기 위해, 시스템의 한 구성 요소가 필요할 때 필요한 데이터를 얻을 수 없다는 점에서 이러한 모든 오류는 동일하다.

또한 이스티오 구성 요소 업그레이드에 관해 높은 수준에서 논의할 가치가 있다. 역사적으로 이스티오 업그레이드는 오류(정지)로 인한 어려움을 겪었다. 이스티오 1.0 릴리스부터 프로젝트는 원활한 업그레이드 프로세스를 보장하기 위해 노력했지만 여전히 프로젝트에 대해 계속 진행 중인 학습 프로세스다. 예를 들어 릴리스 후 소수 사용자가 배포한 사용자 구성의 경우 1.0에서 1.1로 업그레이드하면 메시의 애플리케이션 트래픽이 중단되는 것이 발견됐다. 이 사건과 다른 학습의 결과로, 이스티오 프로젝트는 메시 컨트롤 플레인 및 이스티오 구성 요소(일반적으로 컨트롤 플레인뿐만 아니라 노드 에이전트 및 데이터 플레인)의 업그레이드 가능성에 관한 몇 가지 장기적인 이니셔티브를 시작했다. 이러한 노력은 주로 컨트롤 플레인 구성 요소 자체를 카나리아로 만드는 기능에 중점을 둔다. 이 글을 쓰는 시점에 이 작업은 완료되지 않았다. 12장에서 살펴볼 각 구성 요소에 관해 특별한 업그레이드 고려 사항에 관해 언급하지만 한 버전에서 다른 버전으로 업그레이드할 때 알려진 특정한 문제는 언급하지 않는다.

갤리

갤리는 다른 이스티오 컨트롤 플레인 구성 요소로의 구성 배포를 담당한다. 갤리를 사용할 수 없는 경우(자체 소스에서 분할한 다른 이스티오 컨트롤 플레인 구성 요소, 충돌 반복 또는 기타) 기본 증상은 메시에 새로운 구성을 적용할 수 없는 것이다. 메시가 현재의 정상 상태로 계속 작동해야 하지만 갤리가 복원될 때까지 메시 구성 변경에 영향을 줄 수 없다.

일반적인 이스티오 메시 설치는 갤리 인스턴스가 상대적으로 적다. 컨트롤 플레인 배포마다 하나 또는 (HA 쌍을 실행 중인 경우) 두 개의 갤리 인스턴스가 일반적이다. 갤리는 나머지 컨트롤 플레인 구성 요소와 반드시 네트워크 대기 시간 측면에서 "가까이" 있을 필요는 없다. 갤리와 나머지 컨트롤 플레인 사이의 대기 시간이 길면 사용자 구성이 적용되는 데 더 오랜 시간이 걸린다. 세계 반대편의 컨트롤 플레인 인스턴스를 제어하는 단일 글로벌 갤리 인스턴스조차도 메시가 올바르게 작동하기에 충분한 지연 시간을 가진다.

구성 저장소에서 단절됨

갤리가 구성 저장소에 도달할 수 없다면 갤리로부터 다른 이스티오 구성 요소로 새로운 구성이 흐르지 않는다. 이스티오의 모든 구성 요소는 현재 상태를 메모리에 캐시하며, 갤리도 예외가 아니다. 갤리 자체가 죽지 않는 한 구성 저장소에 관한 연결을 다시 설정하려고 시도하면서 나머지 컨트롤 플레인에 현재 구성을 계속 제공한다. 갤리 자체가 종료되고 이 시간 동안 다시 시작되면 자체 구성 저장소에 대한 연결을 다시 설정할 때까지 나머지 컨트롤 플레인에 구성을 제공할 수 없다.

이런 방식의 실패를 완화하는 한 가지 방법은 로컬 구성을 조금 더 영구적으로 캐시하는 것이다. 갤리는 (쿠버네티스 API 서버와 같은) 원격 소스 외에도 로컬 파일시스템에서 구성을 수집할 수 있다. 갤리가 원격 구성 저장소에 대한 연결을 설정하는 동안 항상 서비스 가능한 로컬 파일시스템(갤리를 다시 시작해도 지속됨)에서 기본 구성 세트를 제공할 수 있다. 변화율이 낮은 시스템에서는 파일시스템 기반 구성 소스만 사용해 갤리를 실행할 수 있다.

갤리가 쿠버네티스에 배포되면 유효성 검사 컨트롤러 역할도 한다. 즉, 갤리는 쿠버네티스 API 서버에 제출된 구성의 유효성을 검사해야 한다. 이 경우 쿠버네티스에 푸시된 구성은 푸시 타임 때 거부된다(즉, kubectl apply가 실패한다).

다른 이스티오 구성 요소에서 단절됨

갤리가 다른 컨트롤 플레인 구성 요소에서 단절된 경우 갤리 자체는 실패하지 않지만 해당 구성 요소는 구성 업데이트를 받지 못한다. 갤리에 접근할 수 없는 실패 모드에 관한 자세한 내용은 이전 절을 참조하자.

메시 워크로드에서 단절됨

갤리는 메시에 배포된 워크로드 또는 노드와 직접 상호작용하지 않는다. 갤리는 다른 이스티오 컨트롤 플레인 구성 요소 및 갤리 자체 구성 저장소와만 상호작용한다. 이스티오 컨트롤 플레인 구성 요소 자체가 갤리와 통신 가능한 한 갤리가 메시의 모든 워크로드에 도달할 수 없어도 괜찮다.

업그레이드

갤리는 실패 모드의 특성으로 인해 갤리를 전체 또는 롤링으로 업그레이드하기 매우 쉽다(이전 작업은 예약 취소되고 교체할 새 작업이 생성되기 때문에 전체 업그레이드는 이 맥락에서 임시 파티션과 사실상 동일하다). 다른 이스티오 구성 요소는 DNS를 통해 갤리를 찾고 연결이 끊어지면 갤리에 다시 연결을 시도한다. 이스티오는 서로 다른 두 버전의 컨트롤과 데이터 플레인 구성 요소를 함께 테스트하는 왜곡 테스트^{skew test}를 수행해 인접한 두 버전(예: 1.0-1.1) 간 업그레이드가 중단되지 않도록 한다. 여러 버전을 건너뛰어도 안전하다는 보장은 없다(예: 1.0-1.2).

파일럿

파일럿은 런타임에 서비스 메시의 데이터 플레인을 구성한다. 파일럿이 사용 불가능하면 메시의 현재 네트워킹 구성을 변경할 수 없다. 새 워크로드를 시작할 수는 없지만 기존 워크로드는 파일럿과의 통신 손실 직전의 구성에 따라 계속 서비스된다. 서비스 프록시는 파일럿에 관한 연결을 재설정하거나 다시 시작할 때까지 동일한 구성을 유지한다. 메시 전체의 정책 또는 원격 측정 설정 업데이트와 같이 런타임(부트스트랩 아님) 구성이 필요한 다른 데이터 플레인 구성은 파일럿이 복구될 때까지 적용되지 않는다.

일반적인 서비스 메시 배포는 여러 개의 파일럿 인스턴스를 가진다. 파일럿은 다른 이스티오 컨트롤 플레인 구성 요소와 마찬가지로 필요에 따라 수평 확장이 가능한 상태 비저장 서비스다. 실제로 이것이 프로덕션 배포에 권장되는 모범 사례다. 쿠버네티스와 같은 기반 플랫폼은 기본적으로 파드의 수평 자동 스케일링을 지원해 이러한 프로덕션 구성을 비교적 간단하게 만든다. 파일럿 관리에서 서비스 레지스트리, 파일럿 및 서비스 프록시 간 지연 시간은 워크로드가 스케줄되거나 이동함에 따라 메시에서 엔드포인트를 업데이트하는 데 중요 경로^{critical path}다. 이 지연 시간을 낮게 유지하면 전반적인 메시 성능이 향상된다. 일반적으로 파일럿은 구성을 제공하는 서비스 프록시를 "가까이"(낮은 대기 시간) 해야 한다. 파일럿의 성능은 구성 소스와의 거리에 덜 민감하다.

파일럿 확장과 관련해 논의해야 할 한 가지 어려움이 있다. Envoy는 gRPC 스트림을 사용해 구성을 전달하기 때문에 파일럿 인스턴스 간 요청당 로드 밸런싱이 없다. 대신 이스티오 배포의 각 Envoy는 관련 파일럿에 달라붙는다. 해당 Envoy는 연결된 파일럿이 연결을 끊지 않으면 (또는 연결을 제공하는 파일럿이 죽지 않으면) 다른 파일럿과 통신하지 않는다. 이러한 이유로 파일럿을 확장하는 것은 까다로울 수 있다. 종종 여러 인스턴스를 수평 확장한 다음 오버로드된 파일럿 인스턴스를 종료해 Envoy가 새로 배포된 파일럿 인스턴스 간 균형을 다시 조정해야 한다. 이러한 유지 관리 문제는 다가올 이스티오 릴리스에서 파일럿 인스턴스가 오버로드될 때, 일부 연결을 파일럿이 자체적으로 닫아 Envoy가 파일럿에 재접속하거나 새로운 파일럿 인스턴스에 접속되게 해 해결됐다.

구성 저장소에서 단절됨

다른 이스티오 구성 요소와 마찬가지로 파일럿은 현재 상태를 메모리에 캐시한다. 파일럿 구성은 이스티오 네트워킹 구성과 서비스 레지스트리 환경 상태라는 두 가지 범주로 나뉜다.

파일럿이 이스티오 네트워킹 구성(이전 버전 이스티오에서 갤리 또는 쿠버네티스 API 서버)을 위한 구성 저장소와 통신할 수 없는 경우 현재 캐시된 상태를 계속 유지한다. 새로운 워크로드를 예약할 수 있으며 서비스 프록시는 파일럿의 현재 캐시된 구성을 기반으로 구성을 받는다. 구성 저장소와 통신할 수 없거나 파일럿의 새 인스턴스가 시작되는 동안, 파일럿 자체가 재시작되면 통신하는 서비스 프록시에 대한 구성을 제공할 수 없다.

파일럿이 서비스 레지스트리와 통신할 수 없으면 소스에 다시 연결하려고 시도하는 동안 메모리에서 현재 상태를 다시 제공한다. 이 시간 동안 메시에 도입된 새로운 서비스(예: 쿠버네티스에서 새로운 서비스 리소스 생성)는 메시의 워크로드로 라우팅할 수 없다. 마찬가지로 새 엔드포인트는 Envoy 서비스 프록시로 푸시되지 않는다. 즉, 파일럿이 서비스 검색 소스에서 연결이 끊어지더라도 스케줄링이 중단되거나 이동 중인 작업 부하의 경우 네트워크 엔드포인트가 다른 서비스의 로드 밸런싱 세트에서 제거되지 않으며, 메시의 프록시를 사용해 현재 죽은 엔드포인트로 트래픽을 보내려고 시도할 수 있다. 배포 전체에서 이상치 탐지를 통한 자동 재시도를 설정하면 이와 같은 일시적인 오류가 발생하는 동안 애플리케이션 트래픽을 건강하게 유지할 수 있다. 이전과 마찬가지로 서비스 레지스트리를 사용할 수 없을 때 이 구간 안에서 파일럿 자체가 재시작되면 해당 레지스트리의 서비스를 메시에서 라우팅할 수 없다.

다른 이스티오 구성 요소에서 단절됨

파일럿은 다른 이스티오 구성 요소와 마찬가지로 시타델에서 네트워크 ID를 받는다. 파일럿에 새 ID 문서가 필요할 때(예: 새 인스턴스가 예약됐거나 현재 자격증명이 만료된 경우) 시타델에 도달할 수 없는 경우 워크로드가 파일럿과 통신할 수 없다. 자세한 내용은 '시타델' 절을 참조하자.

갤리와 통신할 수 없는 문제 해결에 관해서는 이전 절과 '갤리' 절에서 설명했다. 파일럿은 믹서와 직접 통신하지 않으므로 믹서 정책 또는 원격 측정 서비스에 연결할 수 있다고 해서 런타임의 파일럿에 영향을 미치지 않는다.

메시 워크로드에서 단절됨

메시의 워크로드가 파일럿과 통신할 수 없는 경우 해당 워크로드의 서비스 프록시는 새로운 런타임 구성을 수신할 수 없다. 특히 네트워킹 구성, 서비스 대 서비스 권한 부여 정책 및 새 서비스 추가에 대한 업데이트가 누락돼 엔드포인트 변경 사항이 서비스 프록시로 푸시되지 않는다. 다른 모든 이스티오 구성 요소처럼 서비스 프록시는 현재 구성을 캐시하고 일부 파일럿 인스턴스에 다시 연결될 때까지 해당 구성을 계속 제공한다. 파일럿이 사용 불가능한 동안 새로 예약된 워크로드는 구성을 받지 못하므로 네트워크를 통해 전혀 통신할 수 없다(이스티오는 사이드카가 페일 클로즈하도록 구성한다). 새로 스케줄링된 워크로드는 시타델로부터 ID를 받을 수 없다. 이는 해당 ID가 파일럿에 의해 처음 채워지기 때문이다. 기존 워크로드는 현재 ID(파일럿과의 연결이 끊어진 시점)를 계속 사용하며 파일럿을 사용할 수 없는 경우에도 시타델에서 해당 ID에 대한 새로운 자격증명을 계속 받을 수 있다.

앞서 논의한 바와 같이, 메시 전체에 기본 재시도, 서킷 브레이킹 및 이상치 탐지 정책을 구성하면 오래된 런타임 구성을 유발하는 일시적인 파일럿 중단의 영향을 완화할 수 있다. 클라이언트 측 로드 밸런싱의 주요 이점 중 하나는 클라이언트 관점에서 서버의 사용 가능 여부에 따라 개별 클라이언트가 통신할 서버를 선택할 수 있다는 점이다. 배포의 나머지 부분의 변경률이 낮고 메시 전체에 우수한 네트워크 복원성 정책이 존재하는 한 메시는 성능이 저하된 파일럿과 함께 계속 잘 작동한다.

업그레이드

갤리와 마찬가지로 라이브 배포에서 파일럿을 업그레이드하는 것은 네트워크 파티션과 유사하다. 특히 데이터 플레인이 계속 서비스를 제공하더라도 새로 스케줄링되거나 스케줄링 취소된 워크로드와 같은 업데이트는 Envoy 인스턴스로 전파되지 않는다. '파일럿' 절 도입부에서 언급했듯이 Envoy는 파일럿 인스턴스 간 요청을 로드 밸런싱하지 않으므로 새 파일럿을 이전 파일럿과 나란히 배포하는 것만으로는 충분하지 않다. 실제로 롤링 업그레이드(새 버전이 기존 버전을 대체할 때, 기존 인스턴스가 죽는 순간 트래픽을 이전)를 수행해야 하거나, 새 파일럿 인스턴스가 생성되면 이전 파일럿 인스턴스를 수동으로 스케줄링을 취소한다.

이러한 제한은 Envoy의 제한으로 인해 부분적으로 발생한다. Envoy는 부트스트랩 구성을 사용하며 이는 변경 불가능하다. 이 구성의 일부는 파일럿 주소다. 부트스트랩 구성을 업데이트하려면 Envoy를 다시 시작해야 하며 Envoy가 파일럿과 통신하는 방법을 구성하는 Envoy 구성 전체를 사용할 수 없다. 예를 들어 Envoy(또는 이스티오)의 자체 구성을 사용해 Envoy가 사용할 새로운 파일럿의 백분율 기반 롤아웃을 수행할 수 없다(이는 Envoy 측에서 대규모 실패를 제한하려는 의도적인 설계 결정이다. Envoy를 잘못 설정한 컨트롤 플레인은 올바른 구성을 수신하기 위해 컨트롤 플레인과 다시 통신할 수 없다). 그러므로 새로운 파일럿 버전을 점진적으로 출시하는 기술에 제약이 있다.

믹서

믹서에는 두 가지 작동 모드가 있으며 서로 다른 실패 모드가 있다. 정책 모드에서 믹서는 요청 경로의 일부이며 실패는 사용자 트래픽에 직접 영향을 준다. 이것은 정책이 요청을 차단할 필요가 있기 때문이다. 원격 측정 모드에서 믹서는 요청 경로에서 벗어나 있으며 실패는 메시가 원격 측정 트리를 생성하는 기능에만 영향을 미친다(물론 메시의 일부에 관해 원격 측정이 실패하면 모든 종류의 경보가 발생할 수 있다). 실패 모드 처리 다음에 나오는 절은 모두 공통이며 각 모드에 대한 특별 고려 사항을 개별적으로 설명한다.

믹서는 거의 라우터로 작성된다. 믹서 구성은 실제로 데이터 세트에서 값을 작성하는 방법과 해당 값을 전달할 위치를 기술한다. 결과적으로, 두 가지 작동 모드에서 믹서는 일반적으로 수신하는 모든 요청에 관해 일련의 원격 백엔드와 통신한다. 이는 믹서가 다른 컨트롤 플레인 구성 요소보다 훨씬 더 네트워크 파티션 및 네트워크 대기 시간에 특히 민감함을 의미한다. 또한 오늘날의 믹서 배포 모델에서 이스티오는 믹서와 통신하는 백엔드가 메시 자체가 아니라고 가정한다. 이스티오는 여러 가지 이유로 이 가정을 한다. 예를 들어 재귀 호출을 피하기 위해(믹서는 콜렉터로 추적을 전송해 콜렉터의 사이드카가 믹서로 추적을 전송하도록 트리거한다. 믹서는 이 추적을 콜렉터로 전송해 콜렉터의 사이드카를 트리거한다) 파일럿이 아닌 믹서는 사이드카 자체 뒤에 있다. 이를 통해 이스티오 구성을 사용해 믹서가 백엔드와 통신하는 방법(서킷 브레이크 및 자동 재시도 같은 복원성 구성 포함)을 제어할 수 있다.

구성 저장소에서 단절됨

다른 이스티오 구성 요소와 마찬가지로 믹서는 현재 서비스하는 구성을 메모리에 유지한다. 갤리로부터 단절은 새로운 구성을 받지 않지만 믹서가 현재 구성을 계속 실행하는 기능을 방해하지는 않는다. 믹서를 사용할 수 없는 상태에서 믹서가 종료되고 다시 시작되면 믹서는 기본 구성만 제공한다. 각 모드에서 기본 구성을 제공하는 믹서의 동작을 잠시 후에 개별적으로 논의한다. 두 모드 모두 로컬 파일시스템에서 구성을 제공해 믹서에 다른 기본 구성을 제공할 수 있다.

믹서 정책 믹서 정책은 설치 시 구성을 해제할 때 연결을 열거나 닫도록 기본값으로 설정할 수 있다. 이스티오 기본 설치는 정책이 적용되지 않는 기본 개방형 구성으로 제공된다. 이 구성을 사용하면 구성되지 않은 믹서에 대한 서비스 프록시 호출 검사는 항상 트래픽을 허용한다. 기존 클러스터에 이스티오를 설치해도 모든 트래픽이 차단되지는 않는다. 선택 사항이 아닌 정책을 적용하기 위해 믹서를 사용하는 경우, 이스티오 설치 중에 구성 해제할 때 믹서를 기본 폐쇄로 구성해야 한다. 권한 부여 정책은 일부 서비스 팀이 선택 사항이 아닌 것으로 간주하는 정책의 좋은 예다. 다른 서비스 팀은 사용자 트래픽을 제공하기 위해 시간 제한에 실패하거나 악용 탐지를 허용하기 때문에 이러한 정책은 "선택적"으로 간주될 수 있다.

믹서 원격 측정 이것은 요청 경로에 없으므로 실패는 메시의 트래픽에 영향을 미치지 않는다. 구성되지 않은 믹서 원격 측정은 메시의 서비스 프록시로부터의 보고서 데이터를 수락한다. 그러나 원격 측정을 생성하지 않는다(구성되지 않은 믹서 보고서는 작동하지 않는다). 이 상황에서는 메트릭이 누락돼 영향을 받는 모든 서비스에 대한 경고가 동시에 트리거될 수 있으므로 호출기 폭풍^{pager storm}이 발생할 수 있다.

안타깝게도 믹서는 로컬 파일시스템과 원격 구성 서버에서 모두 구성을 읽는 모드를 지원하지 않는다. 따라서 오늘 원격 구성 서버(예: 파일럿)를 사용하는 경우 상위 레벨 플래그 이외의 믹서에 대한 기본 구성을 설정할 수 없다(예: 정책 기본값이 열림 또는 닫힘일지). 이것은 알려진 개선 영역이며, 이스티오 후속 버전에서 이 문제를 해결해야 한다.

다른 이스티오 구성 요소에서 단절됨

대부분의 다른 이스티오 구성 요소는 믹서와 통신하지 않으며 믹서에 대한 런타임 종속성이 없다. 정책을 시행하는 서비스 프록시 뒤에서 실행되는 이스티오 구성 요소(예: 파일럿)의 경우 믹서와 통신할 수 없는 실패 모드는 메시의 다른 작업과 동일하다. 그렇지 않다면, 다른 컴포넌트와 믹서 사이에 특별한 런타임 종속성이 없다.

메시 워크로드에서 단절됨

워크로드가 믹서와 통신할 수 없으면 예상대로 실패한다. 정책의 경우 서비스 프록시는 설치 시 설정된 기본 동작(실패 시 열림 또는 닫힘)을 시행한다. 원격 측정의 경우 서비스 프록시는 다시 믹서로 전달할 수 있을 때까지 최대한 많은 데이터를 버퍼링한다. 서비스 프록시는 고정 크기 순환 버퍼를 사용해 믹서에 전달하려는 보고서 메타데이터를 임시로 저장하므로 결국 데이터가 손실된다. 버퍼 크기는 시작 시 서비스 프록시에 전달된 플래그를 통해 구성할 수 있다. 이 구성 항목은 현재는 Helm 차트에 표시되지 않는다.

업그레이드

프록시는 서비스 프록시가 파일럿과 통신하는 방식(gRPC 스트림을 사용해 Pilot의 xDS 인터페이스에 전달)과 달리 프로토콜 서비스 단항을 사용해 믹서와 통신한다. 즉, 메시지가 개별적으로 전송되고 스트리밍되지 않는다. 따라서 각 요청을 로드 밸런싱할 수 있다. 이를 통해 새 버전을 자동으로 카나리아 배포할 수 있는 Envoy 및 이스티오의 기본 기능을 사용해 새 버전의 믹서를 훨씬 쉽게 배포할 수 있다.

믹서 정책을 업그레이드할 때 새 인스턴스로 전환할 때 나타나는 지연 시간 급증에 주의하자. 믹서 정책은 정책 결정을 매우 적극적으로 캐시하며, 트래픽을 새 인스턴스로 전환하면 캐시 미스 확인 및 결정을 위한 정책 백엔드 호출로 지연이 급증한다. 이는 새 인스턴스의 캐시 워밍 기간 동안 정책 백엔드에서도 트래픽이 증가함을 의미한다. 이는 50번째 백분위 수$^{50th\ percentile}$ 대기 시간에는 영향을 미치지 않지만 99번째 백분위 수$^{99th\ percentile}$에는 영향을 줄 수 있다.

믹서 원격 측정에 대한 특별한 고려 사항은 없지만 믹서가 런타임 구성을 지연 로드하는 방식은 처음 몇 가지 보고서 요청에 관해 대기 시간이 매우 길다는 것을 의미한다. 보고서는 트래픽의 비동기 및 대역 외이므로 사용자 트래픽이 느려지지 않아야 한다.

시타델

시타델은 서비스 메시에서 ID 발급과 회전을 담당한다. 시타델을 사용할 수 없으면 인증서가 만료되기 전에는 아무 일도 일어나지 않는다. 그런 다음 메시를 통해 통신을 설정하지 못한 것을 보게 된다. 시타델이 다운된 동안 기존 트래픽은 계속 작동하지만 시타델과 통신할 수 없는 상태에서 워크로드의 인증서가 만료되면 새 워크로드는 통신할 수 없으며 새 워크로드 또는 기존 워크로드로 새 연결을 설정할 수 없다. 이스티오 컨트롤 플레인에서 기본 설치 설정인 mTLS를 사용하는 경우 다른 모든 컨트롤 플레인 구성 요소의 시작은 시타델 시작에 의존한다. 통신이 허용되기 전에 시타델이 각 컨트롤 플레인 구성 요소에 관한 ID를 작성해야 하기 때문이다.

구성 저장소에서 단절됨

시타델은 다른 구성 요소와 마찬가지로 구성 저장소에 도달할 수 없는 경우 현재 상태로 계속 서비스한다. 대부분의 다른 컨트롤 플레인 구성 요소와 달리 시타델은 갤리로부터 구성을 거의 받지 않고, 대신 ID를 발견하고 인증서를 발급하기 위해 사용하는 환경 구성 소스(특히 쿠버네티스 API 서버)에 더 밀접하게 연결돼 있다. 시타델은 이러한 ID 소스를 사용할 수 없으면 새 워크로드에 대한 인증서를 작성할 수 없으며 기존 인증서에 대한 인증서를 교체할 수 없다.

다른 이스티오 구성 요소에서 단절됨

다른 이스티오 구성 요소는 시타델 관점에서 볼 때 일반적인 메시 워크로드와 동일하다. 컨트롤 플레인 구성 요소는 특별하지 않다. 다음 절에서 이를 자세히 설명한다.

메시 워크로드에서 단절됨

메시의 워크로드가 시타델과 통신할 수 없으면 새 ID 인증서를 받을 수 없다. 이는 시타델이 해당 워크로드에 대한 ID를 지정할 수 없기 때문에 새로운 워크로드 시작 시 mTLS가 필요한 메시의 어떤 것과도 통신할 수 없음을 의미한다. 인증서가 만료되는 기존 워크로드는 새 연결을 설정할 수 없지만 기존 연결은 새 인증서를 받거나 닫을 때까지 열려 있고 유효하다. 이 통신 실패는 TCP 핸드셰이크 실패로 표시되며 "피어에 의한 연결 재설정(connection reset by peer)" 오류가 발생한다. 수명이 짧은 인증서(예: 몇 시간)를 설정하면 배포에서 인증서 교체와 관련된 일부 경우가 (연결 재설정 오류로 인해) 503으로 나타날 수 있다. 배포에서 이와 같은 503을 모두 제거하는 것이 이스티오의 지속적인 노력이며 인증서 교체의 일부 경우가 이러한 오류의 마지막 원인이다.

또한 "Thundering-herd(통신을 대기하던 하나의 프로세스만 깨어나야 하는데 대기 프로세스가 전부 깨어나는 상황)" 문제를 피하기 위해 개별 워크로드는 인증서가 만료되기 전에 임의의 간격으로 새로 고쳐진 인증서를 요청한다(예를 들어 모든 워크로드가 매시간마다 새로운 인증서를 요구하지 않도록). 이는 시타델에서 파티션될 때 동일한 서비스에 관한 다양한 워크로드가 서로 통신할 수 없는 반면, 또 다른 서비스는 여전히 통신할 수 있음을 의미한다.

업그레이드

인증서 새로고침 요청은 임의의 특성으로 인해 시타델에 대한 다운타임 일정을 쉽게 잡을 수는 없지만 메시의 워크로드에 의해 매우 간헐적으로만 호출된다. 그러나 새로운 시타델을 기존 인스턴스와 함께 배포할 수 있으며 기존 인스턴스를 중단(또는 완전히 종료, 예를 들어 쿠버네티스)해 메시의 트래픽을 중단 없이 새 인스턴스로 강제 전송할 수 있다. 시타델 시작 시 메시의 모든 ID에 대한 인증서를 열심히 작성하려고 시도하고 이 프로세스가 완료될 때까지 인증서를 발행할 수 없는 경우 새 버전의 시타델을 배치하고 시타델에 트래픽을 보내기 전 워밍업을 기다릴 수 있다.

사례 연구: 카나리아 배포

이스티오의 컨트롤 플레인 구성 요소가 상호작용하는 방법에 대한 이전 절의 정보는 메시 전체가 상호작용하는 방식과 각 구성 요소의 장애가 애플리케이션 내에서 나타나거나 애플리케이션에 영향을 미치는 방식에 대한 정신 모델을 구축하는 데 도움이 된다. 이 지식을 바탕으로 프로덕션 환경에서 이스티오를 안전하고 안정적으로 실행하고 관리하기 위한 계획을 개발할 수 있다. 이제 앞으로 이스티오 기능을 사용해 배포할 때 애플리케이션의 안정성을 어떻게 향상시키는가?

거의 모든 중단은 약간의 변경으로 인한 결과다. 변경 사항이 프로덕션 환경에 배포되는 방식과 적용 방식을 제어하는 것은 중단을 제어하는 데 중요하다. 서비스의 경우 새 바이너리를 배포하는 것이 가장 일반적인 변경 사항이며 해당 서비스에 대한 업데이트 된 구성을 배포하는 데 도움이 된다. 변경 관리(구성 및 이진 변경)를 동일하게 처리하는 것이 좋다. 프로덕션 배포가 성숙함에 따라 오늘날 바이너리 배포로 인해 중단이 더 많 이 발생할 수 있지만 대부분의 중단의 근본 원인이 구성으로 바뀔 수 있다. 하나의 일관 된 방식으로 둘 다 처리함으로써 근본 원인에 관계없이 서비스 중단을 완화하기 위한 단일 사례와 프로세스를 구축할 수 있다. 다행스럽게도 중단이 발생한 이전 문제와 동 일하게 중단이 발생하는 것은 비정형적인 일이다(중단의 원인이 된 이슈는 이미 처리됐으 므로). 따라서 일반적으로 말하면 문제 해결에 대한 한 가지 최적의 접근 방식은 없지만, 긴급 상황에서는 모든 상황에 관해 알려진 패턴 세트를 가진 편이 시간, 비용, 오류 예산 을 절약할 수 있다. 이해가 되는가? 그렇다면 어떻게 이스티오를 안전하게 사용해 새 바 이너리를 배포할 수 있는가?

카나리아는 변경 사항이 적용되는 방식과 영향을 신중하게 제어해 변경 사항을 점진적 으로 배포하는 프로세스다. 예를 들어 회사에서 직원이 고객에게 출시하기 전 개발 중 다음 버전의 제품을 테스트하도록 하는 것이 일반적이다. 이것이 카나리아다. 이스티오 를 사용하면 8장에서 다루는 서비스 그룹에 트래픽을 라우팅하는 방법을 결정하는 데 사용 가능한 다양한 옵션이 있다. 여기서는 백분율 기반 트래픽 분할을 사용해 새로운 서비스 배포를 카나리아로 만드는 사례 연구를 진행하자. 카나리아를 실시간으로 볼 수 있는 테스트 환경을 준비하기 위해 예 12-1에서 먼저 서비스와 함께 쿠버네티스에 간 단한 배포를 만든다(이 책 깃허브 저장소의 httpbin-svc-depl.yaml(https://oreil.ly/lmmyS) 참조).

 apiVersion: v1 레이블을 주목하자. 쿠버네티스 커뮤니티에서 version 레이블을 사용해 배포 버 전을 표시하고 app 레이블을 사용해 서비스에 대한 배포 세트를 선택하는 것이 일반적이다. 이스 티오 자체 기본 대시보드를 포함한 많은 툴링은 서비스 그래프를 그릴 때 version 레이블을 가정 한다. 사례 연구에서 이와 동일한 레이블을 사용해 트래픽 라우팅을 제어한다.

예 12-1 httpbin 앱에 대한 쿠버네티스 서비스 및 배포 정의

```
apiVersion: v1
kind: Service
```

```yaml
metadata:
  name: httpbin
  labels:
    app: httpbin
spec:
  ports:
  - name: http
    port: 8000
    targetPort: 80
  selector:
    app: httpbin
---
apiVersion: extensions/v1beta1
kind: Deployment
metadata:
  name: httpbin-v1
spec:
  replicas: 1
  template:
    metadata:
      labels:
        app: httpbin
        version: v1
    spec:
      containers:
      - image: docker.io/kennethreitz/httpbin
        imagePullPolicy: IfNotPresent
        name: httpbin
        ports:
        - containerPort: 80
```

클러스터 내의 httpbin 서비스로 트래픽을 보낼 수 있으며 메트릭을 볼 수 있다. 이를 쉽게 하기 위해 예 12-2와 같이 게이트웨이에서 httpbin을 노출해 클러스터 외부(예: 로컬 시스템)에서 접근할 수 있다. 다음 예제는 이 책 깃허브 저장소의 httpbin-gw-vs. yaml(https://oreil.ly/PwWAI)을 참조하자.

```
apiVersion: networking.istio.io/v1alpha3
kind: Gateway
metadata:
  name: httpbin-gateway
spec:
  selector:
    istio: ingressgateway
  servers:
  - port:
      number: 80
      name: http
      protocol: HTTP
    hosts:
    - "*"
---
apiVersion: networking.istio.io/v1alpha3
kind: VirtualService
metadata:
  name: httpbin
spec:
  hosts:
  - "httpbin.svc.default.cluster.local"
  gateways:
  - httpbin-gateway
  http:
  - route:
    - destination:
host: httpbin
port:
number: 8000
```

Gateway의 IP 주소를 좀 더 쉽게 curl로 연결하기 위해 호스트: "*"를 사용한다. istio-ingess gateway 서비스에 대한 DNS 이름이 있거나 IP 주소를 이미 알고 있는 경우 Gateway와 VirtualService의 호스트 필드 값("*" 대신)에서 이 이름을 사용할 수 있다.

예 12-3에 설명된 대로 로컬 컴퓨터에서 curl을 실행해 확인할 수 있다.

예 12-3 httpbin 서비스에 요청을 보내는 curl 명령

```
$ curl ${ISTIO_INGRESS_IP}/status/200
```

이제 새 버전의 httpbin 애플리케이션을 카나리아로 만들기 위해 새 배포를 만들 수 있다. 이로 인해 클러스터의 모든 httpbin 인스턴스에서 로드가 라운드 로빈 분산된다. 많은 트래픽으로 실행 중인 httpbin 인스턴스가 많다면 이는 받아들일 수 있다. 그러나 그렇지 않을 때가 많다. 대신 이스티오를 사용해 새로운 배포를 출시한 다음 점차적으로 트래픽을 이전하는 동안 알려진 올바른 버전으로 트래픽이 고정되도록 한다.

이를 위해 몇 가지 리소스를 만들어야 한다. 먼저 배포의 서브셋을 기술할 수 있도록 httpbin 서비스에 관한 DestinationRule을 만들어야 한다. 그런 다음 예 12-4에 표시된 것처럼 v2를 롤아웃할 때도 VirtualService에서 해당 서브셋을 사용해 v1으로 트래픽이 계속 전달되도록 한다(이 책 깃허브 저장소의 httpbin-destination-v2.yaml(https://oreil.ly/vzcPD) 참조).

예 12-4 두 개의 서브셋을 선언하는 httpbin 서비스의 이스티오 DestinationRule

```
apiVersion: networking.istio.io/v1alpha3
kind: DestinationRule
metadata:
  name: httpbin
spec:
  host: httpbin
  subsets:
  - name: v1
  labels:
    version: v1
 - name: v2
    labels:
      version: v2
```

이미 배포한 작업의 v1 서브셋과 배포하려는 작업의 v2 서브셋을 선언한다.

원래 애플리케이션을 배포할 때 사용했던 version:v1 레이블을 사용해야 한다. 또한 아

직 배포하지 않은 레이블을 대상으로 하는 새로운 서브셋 v2를 정의할 수 있다. 이것은 완전히 괜찮다. version:v2 레이블로 워크로드를 배포하면 DestinationRule이 이를 대상으로 한다. 그때까지 httpbin v2 서브셋을 가리키는 트래픽은 v2 서브셋에 정상적인 서버가 없기 때문에 500 오류가 발생한다.

이제 VirtualService를 업데이트해 예 12-5에 표시된 서브셋을 사용한다(이 책 깃허브 저장소의 httpbin-vs-v1.yaml(https://oreil.ly/a80aT) 참조).

예 12-5 destination 절에 서브셋을 포함하도록 업데이트된 예 12-2의 VirtualService

```
apiVersion: networking.istio.io/v1alpha3
kind: VirtualService
metadata:
  name: httpbin
spec:
  hosts: - "*"
  gateways:
  - httpbin-gateway
  - mesh # 또한 동일한 VirtualService를 사용해 메시의 트래픽을 직접 전송
  http:
  - route:
    - destination:
      host: httpbin
      subset: v1
      port:
        number: 8000
```

이를 통해 (mesh 게이트웨이로 인한) 메시 내와 (httpbin-gateway 게이트웨이로 인한) 인그레스 내 모든 트래픽이 v1인 httpbin의 서브셋에 고정된다. 이제 예 12-6에 설명된 대로 사용자 트래픽을 수신하지 않을 것이라고 확신하는 새 버전의 httpbin을 배포하는 것이 안전하다(이 책 깃허브 저장소의 httpbin-depl-v2.yaml(https://oreil.ly/uXK71) 참조).

예 12-6 version:v2 레이블이 있는 httpbin의 두 번째 배포

```
apiVersion: extensions/v1beta1
kind: Deployment
```

```
metadata:
  name: httpbin-v2
spec:
  replicas: 1
  template:
    metadata:
      labels:
        app: httpbin
        version: v2
    spec:
      containers:
      - image: docker.io/kennethreitz/httpbin
        imagePullPolicy: IfNotPresent
        name: httpbin
        ports:
        - containerPort: 80
```

클러스터 외부 또는 클러스터 내에서 계속 **httpbin** 서비스로 트래픽을 전송할 수 있으며 이제 이 새로운 배포에 트래픽이 도달하는 것을 볼 수 있다. 이스티오의 메트릭 항목을 사용해 이를 확인할 수 있다.

이제 이 새로운 배포를 카나리아로 만들 수 있다. 예 12-7에서 트래픽의 5%를 새로운 배포로 보내서 이스티오 메트릭을 통해 서비스의 응답 코드와 대기 시간을 관찰해 롤아웃이 양호하게 보이고 시간이 지남에 따라 점진적으로 비율을 올리는 방식으로 이를 수행한다(이 책 깃허브 저장소의 httpbin-vs-v2-5.yaml(https://oreil.ly/rB9cH) 참조).

예 12-7 예 12-6의 VirtualService가 트래픽의 5%를 httpbin의 v2 서브셋으로 보내도록 업데이트됐음

```
apiVersion: networking.istio.io/v1alpha3
kind: VirtualService
metadata:
  name: httpbin
spec:
  hosts:
  - "*"
  gateways:
```

```
  - httpbin-gateway
  - mesh # 또한 동일한 VirtualService를 사용해 메시의 트래픽을 직접 전송
http:
- route:
  - destination:
      host: httpbin
      subset: v1
      port:
        number: 8000
    weight: 95
  - destination:
      host: httpbin
      subset: v2
      port:
        number: 8000
    weight: 5
```

단계적으로 서브셋 v2의 가중치를 점차적으로 증가시키고 서브셋 v1의 가중치를 감소시켜 이 프로세스를 계속할 수 있다. 모든 가중치는 최대 100(%)까지 증가해야 하며 원하는 경우 한 번에 트래픽을 수신 가능한 서브셋이 많을 수 있다(이 예에서처럼 두 가지만이 아니다).

새 배포를 시작한 후에 선택을 해야 한다. DestinationRule을 정리해 (현재 사용되지 않은) 서브셋을 제거하거나 기존 서브셋을 그대로 둘 수 있다. 두 가지의 중간 지점을 권장한다. 현재와 다음 두 가지 서브셋을 처리 가능하도록 DestinationRules와 Virtual Services를 고정된 상태로 유지하자. 이 예에서는 v3를 출시할 때까지 서브셋 v1 및 v2를 유지할 수 있다. 그런 다음 v1을 v3로 바꾸고 전체 롤아웃 절차를 다시 수행해 v2에서 v3로 점진적으로 마이그레이션할 수 있다. 그런 다음 서브셋 v2 및 v3에 대한 구성(DestinationRule과 VirtualService)을 구성하고 v4의 시간이 되면 v2를 교체해서 v3에서 v4로 카나리아 배포를 수행한다. 이렇게 하면 이전에 알려진 정상 배포로 롤백해야 하는 긴급 상황에서 변경해야 할 구성의 양이 크게 줄어드는 부수 효과가 있다. 이미 알려진 정상 배포에 대한 구성을 이미 가지고 있으며, 수행해야 할 일은 바이너리를 재배포하고 VirtualService에서 가중치를 변경하는 것이다.

클러스터 간 배포

8장에서 설명한 것처럼 트래픽 라우팅 기술은 동일한 클러스터 내 서비스에만 사용하도록 제한되지 않는다. 쿠버네티스에 진지하게 투자하는 모든 회사는 여러 클러스터로 관리 및 배포하는 현실을 처리해야 한다. 여러 개의 클러스터가 일반적으로 여러 개의 격리된 장애 도메인을 만드는 데 사용된다. 클러스터를 사용해 장애 도메인을 만드는 경우 런타임 시 장애를 라우팅할 수 있도록 클러스터 간 트래픽을 전환할 수 있어야 한다. 카나리아에 사용하는 것과 동일한 트래픽 분할 기술을 사용해 한 클러스터에서 다른 클러스터로 트래픽을 점진적으로 (또는 한 번에) 강제 설정할 수 있다. 이스티오는 이를 최우선 사례로 지원한다(자세한 내용은 13장을 참조하자). 이것이 작동하는 방법을 빠르게 강조하기 위해 httpbin 서비스를 호스트하는 수신 IP 주소가 1.2.3.4인 원격 클러스터가 있다고 가정한다. 예 12-8에 표시된 httpbin 서비스가 존재하는 첫 번째 클러스터에서 새 클러스터의 시작을 가리키는 새 이스티오 ServiceEntry를 만들 수 있다(이 책 깃허브 저장소의 httpbin-cross-cluster-svcentry.yaml(https://oreil.ly/PGfU5) 참조).

예 12-8 httpbin.remote.global을 위한 ServiceEntry

```
apiVersion: networking.istio.io/v1alpha3
kind: ServiceEntry
metadata:
  name: httpbin-remote
spec:
  hosts:
  - httpbin.remote.global # 접두사 remote는 이스티오 DNS 플러그인이 사용
  location: MESH_INTERNAL # mTLS를 사용해야 함
  ports:
  - name: http
    number: 8000
    protocol: http
  resolution: DNS
  addresses:
  # 라우팅 가능할 필요는 없지만 각 서비스마다 고유해야 한다.
  # 클러스터를 통한 라우팅, 이스티오 DNS 플러그인에서 사용
  - 127.255.0.2
```

```
  endpoints:
  - address: 1.2.3.4 # 원격 클러스터 인그레스의 주소
    ports:
      # 이스티오 멀티 클러스터 설치를 사용하는 경우 이 포트 값을 변경하지 말자.
      http: 15443
```

로컬 클러스터에서 VirtualService를 업데이트해 예 12-9에서 설명한 것처럼 httpbin
으로 향하는 트래픽을 원격 클러스터로 강제 전송할 수 있다(이 책 깃허브 저장소의 httpbin
-cross-cluster-vs.yaml(https://oreil.ly/j7X6l) 참조).

예 12-9 예 12-5의 업데이트된 버전

```
apiVersion: networking.istio.io/v1alpha3
kind: VirtualService
metadata:
  name: httpbin
spec:
  hosts:
  - "*"
  gateways:
  - httpbin-gateway
  - mesh # 또한 동일한 VirtualService를 사용해 메시의 트래픽을 직접 전송
  http:
  - route:
    - destination:
        host: httpbin.remote.global
        port:
          number: 8000
```

이는 httpbin에 접속하려고 할 때 로컬 클러스터로 들어오는 트래픽과 로컬 클러스터의
메시 내부 트래픽이 원격 클러스터를 호출하도록 라우팅한다. ServiceEntry에서는 엔
드포인트가 MESH_INTERNAL임을 선언하므로 클러스터 간 통신에서 mTLS가 엔드 투 엔
드 통신으로 사용돼 클러스터 전체에 VPN 연결을 설정할 필요가 없다. 필요한 경우 인
터넷을 통해서도 라우팅할 수 있다.

12장은 컨트롤 플레인 구성 요소 실패 모드를 둘러봤으며 형제 컨트롤 플레인 구성 요소에서 데이터 플레인 서비스 프록시 및 사이드 워크로드에 이르기까지 서비스 메시에서 이러한 실패의 영향을 서비스 메시에 적용했다. 필요한 경우 사용자 트래픽을 이전 버전으로 롤백하는 기능을 포함해 사용자가 새 버전에 접근하는 방법을 높은 수준으로 제어할 수 있도록 기존 서비스의 새 버전을 안전하게 배포하기 위한 사례 연구를 살펴봤다. 마지막으로 카나리아에서 사용했던 것과 동일한 트래픽 라우팅 프리미티브를 사용해 클러스터에서 장애 조치를 제어하는 간단한 예를 살펴봤다. 이스티오는 이 영역에서 빛을 발하며 정말 적은 노력으로 액티브/패시브 또는 액티브/액티브 배포를 가능하게 한다.

고급 시나리오

일부 환경에서는 단일 클러스터 서비스 메시 배포가 필요할 수 있다. 그러나 다른 환경에서는 멀티 클러스터와 단일 글로벌 서비스 메시 배포 또는 독립 서비스 메시 배포들의 연합이 필요할 수 있다. 이러한 환경에는 기존 모놀리스 또는 기타 외부 서비스에 대한 고려가 포함될 수 있다. 마이크로서비스가 세계를 지배하고 모놀리식 애플리케이션이 역사의 뒤안길로 사라지는 날을 보게 돼 기쁘다. 이스티오 프로젝트는 이런 상황을 이해하고 다양한 배포 및 구성 모델을 지원한다.

13장은 몇 가지 일반적인 고급 토폴로지를 검토한다. 고급 토폴로지는 지리적으로 인접한 마이크로서비스 간에 초점이 맞춰지거나 지역이나 공급자 간 서비스 메시가 분산된 환경에서 유용하다.

고급 토폴로지 유형

수많은 토폴로지 구성이 가능하지만 여기서는 다른 구성으로 변형할 수 있는 몇 가지 핵심 사항에 관해 설명한다. 이 몇 가지를 단일 클러스터 배포 또는 멀티 클러스터 배포의 두 가지 기본 토폴로지로 분류해보겠다.

단일 클러스터 메시

고급 단일 클러스터 토폴로지는 메시 확장 토폴로지다. 메시 확장은 이스티오 서비스 메시에서 베어메탈 또는 VM(또는 둘 다)에서 기존의 마이크로서비스가 아닌 워크로드 (모놀리식 앱)를 실행하는 토폴로지다. 이러한 앱은 서비스 메시가 제공하는 모든 혜택을 받지는 못하지만 서비스 메시에 통합하면 이러한 서비스가 서로 통신하는 방식에 대한 통찰력을 얻고 제어할 수 있다. 메시 확장은 클라우드 네이티브 아키텍처로 마이그레이 션하거나 쿠버네티스 및 비쿠버네티스 노드에서 워크로드를 나누기 위한 토대를 마련 한다.

조금 더 자세한 내용은 13장 뒷부분에서 살펴본다. 여기서 요점은 트래픽을 관찰하고, 스트랭글러 패턴 적용을 통해 라우팅 규칙을 통해 트래픽을 제거해 모놀리스를 해체하 거나, 더 이상 VM 또는 호스트 시스템에서 실행되지 않을 때 이러한 서비스를 테스트할 수 있는 메시에 새로 통합되는 브라운필드 애플리케이션(기존 애플리케이션)을 메시 확 장을 통해 연결하는 것이다.

멀티 클러스터 메시

다른 두 가지 고급 토폴로지 유형은 이스티오 멀티 클러스터 및 교차 클러스터 모델의 토폴로지다. 이 두 토폴로지는 본질적으로 동일한 클러스터 간 통신 문제를 해결하려고 하기 때문에 동일한 멀티 클러스터 메시(페더레이션) 범주에 넣었다. 개별 서비스 메시를 실행하는 개별 쿠버네티스 클러스터 간 통신을 제공해 하나의 컨트롤 플레인 아래 또는 두 컨트롤 플레인 간에 클러스터를 통합한다. 그러나 이 부분에서 말이 조금 어려워지 고 혼란이 생길 수 있다.

단순함을 위해 이 두 가지 접근 방식을 요약하고 13장 뒷부분에서 자세히 살펴본다.

이스티오 멀티 클러스터(단일 메시)

이스티오 멀티 클러스터(단일 메시)는 여러 서비스 메시를 단일 서비스 메시에 연결하기 위한 중앙집중식 접근 방식이다. 마스터 클러스터로 사용되는 클러스터를 선택하고 다른 클러스터는 원격 클러스터로 선택하면 된다. 로컬 및 원격을 사용해 어떤 클러스터의 데이터 플레인이 중앙 컨트롤 플레인에 로컬이고 어떤 클러스터의 데이터 플레인이 중앙 컨트롤 플레인에서 원격인지 레이블을 지정한다.

단일 컨트롤 플레인 이스티오 배포는 네트워크 연결이 있고 IP 주소 범위가 겹치지 않는 한 여러 클러스터에 걸쳐 존재할 수 있다. 그림 13-1은 이스티오 v1.0이 클러스터 전체에서 이러한 플랫 네트워크 모델을 지원하는 방법을 보여준다. 클러스터 간 IP 주소 충돌이 존재하는 비플랫 네트워크로 이스티오 v1.0을 확장할 수 있다.

NAT$^{Network\ Address\ Translation}$와 VPN, 이스티오 Gateway 또는 기타 네트워크 서비스의 조합을 사용해 클러스터를 동일한 단일 컨트롤 플레인에서 동일한 관리 도메인으로 결합할 수 있다. v1.0에서 여러 컨트롤 플레인을 연합할 수 있지만 이스티오 내에 많은 수동조정 및 구성이 필요하다. 서비스 이름 확인 및 확인 가능한 ID를 사용하기 위해 네트워킹 클러스터에 대한 접근 방식에 관계없이 모든 네임스페이스, 서비스, 서비스 계정은 각 클러스터에서 동일하게 정의돼야 한다.

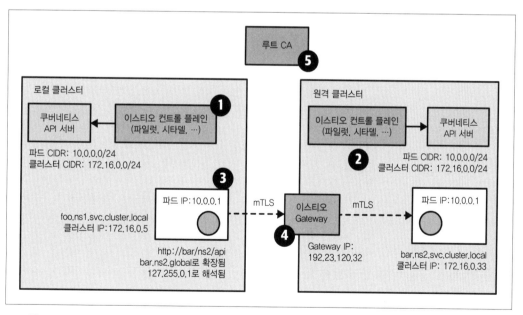

그림 13-1 이스티오 멀티 클러스터 접근 방식: 클러스터 전체에 직접 연결(플랫 네트워킹)되는 단일 컨트롤 플레인 이스티오 배포

이스티오 v1.1에선 플랫 네트워킹이 더 이상 필요하지 않다. 다른 멀티 클러스터 시나리오를 가능하게 하는 두 가지 추가 기능이 통합됐다.

스플릿-호라이즌(EDS)

파일럿은 Envoy의 EDS API를 구현하고 이를 사용해 특정 서비스 프록시의 클러스터에만 로컬인 서비스 및 엔드포인트에 대한 정보를 사용해 데이터 플레인에서 서비스 프록시를 구성한다. 스플릿-호라이즌split-horizon EDS를 통해 파일럿은 연결된 서비스 프록시가 있는 클러스터와 관련된 엔드포인트를 제공해 요청된 소스의 위치에 따라 이스티오가 다른 엔드포인트로 요청을 라우팅할 수 있도록 한다. 이스티오 Gateway는 TLS 핸드셰이크를 가로채서 구문 분석하고 SNI 데이터를 사용해 대상 서비스 엔드포인트를 결정한다.

SNI 기반 라우팅

SNI 기반 라우팅은 SNI TLS 확장을 사용해 클러스터 간 연결 및 통신에 관한 라우팅 결정을 내린다.

5장에서 봤듯이 EDS는 Envoy API의 일부다. 스플릿 호라이즌은 라우터가 자신이 학습한 인터페이스로 경로를 다시 알리는 것을 금지함으로써 라우팅 루프를 피하는 네트워킹 개념이다. 따라서 이스티오의 경우 파일럿이 서비스 및 엔드포인트 정보를 사용해 데이터 플레인의 서비스 프록시를 구성할 때, 연결된 서비스 프록시가 실행되는 클러스터와 관련된 엔드포인트에 대한 정보를 활용한다.

서비스, ServiceAccounts 등에 대한 네이밍은 전체 클러스터에서 일관돼야 하며, 이스티오 1.1은 클러스터 및 지역성locality을 더 잘 반영하도록 개선됐다. 쿠버네티스 라벨과 어노테이션을 활용하면, 더욱 지능적이고 지역성을 기반으로 한 로드 밸런싱이 가능하도록 네트워크별 기반(특정 클러스터에 연결된 각 네트워크) 및 지리적 위치 기반 모두에서 클러스터 구성을 더 잘 반영할 수 있다.

초기화 시 서비스 프록시는 각 서비스에 클러스터 레이블을 할당해 지정된 서비스 인스턴스를 본질적으로 클러스터에 연결한다. 일반적으로 각 클러스터마다 다른 레이블 값을 사용한다. 그러나 이는 여러 클러스터가 동일한 논리 네트워크에 속할 수 있도록 구성할 수 있으므로 직접 라우팅 가능해야 하며 (이상적으로는) 대기 시간이 짧아야 한다. 각 클러스터에는 인그레스 게이트웨이가 있으며 클러스터의 다른 워크로드와 동일한 네트워크 레이블 값을 공유한다. 일치하는 레이블 값은 클러스터 내 서비스 엔드포인트를 해당 클러스터의 인그레스 게이트웨이와 연관시킨다. 클러스터 간 통신에만 사용되므로 인그레스 게이트웨이는 이상적으로 클러스터 수신부와 분리돼 최종 사용자에게 노출되지 않는다.

멀티 클러스터 배포는 여러 클러스터를 하나의 논리 장치로 결합하고 하나의 이스티오 컨트롤 플레인에서 관리하며 클러스터 전체의 모든 서비스에 대한 단일 논리 뷰를 가진다. 이 구현은 복제된 구성과 동기화된 컨트롤 플레인 세트(일반적으로 공유 CI/CD 파이프라인 또는 GitOps 사례에 의해 구동되는 추가 툴링 사용) 또는 단일 데이터로 여러 데이터 플레인을 단일 서비스 메시로 운영하는 하나의 "물리적" 컨트롤 플레인일 수 있다. 어느 쪽이든 동일 메시의 일부인 클러스터 세트가 존재한다.

이스티오는 이러한 워크로드가 속하는 클러스터를 알아야 한다. 위치 기반 로드 밸런싱에 쿠버네티스 레이블을 사용하는 것과 유사하게 이스티오는 각 클러스터에 "network" 레이블을 할당한다. 이는 특정 네트워크와 연관된 클러스터와 관련해 이스티오 클러스터를 인식하는 데 다시 사용된다. 일반적으로 각 클러스터마다 다른 레이블 값을 사용하지만 여러 클러스터가 동일한 논리 네트워크의 일부인 경우(예: 직접 라우팅 가능, 낮은 대기 시간) 이 값을 조정할 수 있다.

이스티오 크로스 클러스터(메시 페더레이션)

이스티오 크로스 클러스터(메시 페더레이션)는 서비스 메시를 통합하는 분산된 접근 방식이다. 각 클러스터는 자체 컨트롤 플레인과 데이터 플레인을 실행한다. 리전 또는 클라우드 공급자에 관계없이 서비스 메시에 참여하는 클러스터가 둘 이상 존재할 수 있다. 클러스터 간 배포는 서로 다른 리전에서 실행되는 서로 다른 관리 도메인에서 서비스 메시마다 비교적 다른 구성을 가능하게 한다. 이러한 개별 관리 도메인을 염두에 두면 메시 페더레이션 패턴의 장점은 클러스터 간 선택적 연결이 가능하며 한 클러스터의 서비스가 다른 클러스터에 노출될 수 있다는 것이다.

크로스 클러스터 로드 밸런싱 개선

단일 클러스터에서 서비스를 실행하는 경우 일반적으로 해당 파드의 여러 복제본을 실행해 해당 서비스의 인바운드 요청을 로드 밸런싱한다. 그렇게 하면 확장성(및 처리 규모 관점에서 의미가 있지만 도메인 관점에서는 의미가 없는 가용성)에 도움이 된다. 여러 클러스터에서 서비스를 실행하는 경우 두 클러스터의 파드 간 인바운드 요청을 로드 밸런싱할 수 있다. 그렇게 하면 확장성뿐만 아니라 가용성(복원성)에도 도움이 된다. 그러나 멀티 클러스터에서 요청을 로드 밸런싱하는 동안 일반적으로 로컬 인식 로드 밸런싱이 필요하다. 즉, 해당 서비스 요청이 로컬로 충족될 수 있는 경우 (파드의 로컬 클러스터로 보내는 경우) 해당 서비스 로드에 대한 요청이 원격 클러스터로 밸런싱되는 것을 원하지 않는다.

일반적으로 트래픽을 로컬로 유지하려고 한다. 로컬리티 기반 로드 밸런싱은 모든 엔드포인트가 정상일 때 로드 밸런싱된 트래픽을 가장 근접한 위치에 유지하기 위해 로컬리티 인식이 사용되도록 이 동작을 지원한다. 이스티오 v1.1이 출시되면서 로컬리티 기반 로드 밸런싱이 도입됐다(새로운 기능 경로에 따라 실험적으로 1.1에서 지원되며 기본적으로 해제돼 있다). 이스티오는 리전, 존 및 서브존 개념의 조합을 사용해 지역을 지리적 위치로 정의해 요청이 전송되는 지리적 위치를 제어하기 위해 로드 밸런싱 풀의 우선순위를 지정한다.

이스티오는 특정 배포 환경의 속성으로 기본 플랫폼에서 로컬리티 정보를 제공한다. 쿠버네티스 플랫폼을 예로 들면 쿠버네티스에는 kubernetes.io 네임스페이스 내에 예약된 레이블 및 어노테이션 세트가 존재한다. 퍼블릭 클라우드에 배포될 때 클러스터의 각 노드에 존재하는 kubelet은 failure-domain.beta.kubernetes.io/region과 같은 예약된 레이블을 채워 이스티오가 리전, 존 및 서브존 위치 정보를 수집할 수 있게 한다.

이 새로운 기능은 분배(distribute) 및 페일오버(failover)라는 두 가지 로드 밸런싱 모드를 가능하게 한다. 분배 모드는 지역 우선순위 로드 밸런싱을 용이하게 한다. 한 지역의 일부 엔드포인트가 건강하지 않은 경우 이스티오 서비스 프록시인 Envoy는 가중치 기반 라운드 로빈(weighted round-robin) 스케줄링을 사용해 이를 반영하도록 지역 가중치를 조정한다. 페일오버 모드는 로컬 리전의 엔드포인트가 비정상 상태가 되면 트래픽이 원격 리전으로 라우팅되도록 한다. 다른 지역이 페일오버해야 하는 지역의 매핑을 구성한다.

멀티 클러스터 지원을 위한 v1.1의 향상된 기능을 사용해도 이스티오에서 모든 로드 밸런싱 알고리즘이 사용 가능한 것은 아니다. 현재 라운드 로빈(round robin), 랜덤(random), 가중치(weighted) 및 최소 요청(least-requests) 로드 밸런싱 모드를 지원한다. 단일 클러스터 로드 밸런싱은 여전히 개선 중이며 Envoy는 몇 가지 다른 정교한 로드 밸런싱 알고리즘을 지원한다.

사례

앞서 살펴본 고급 구성에서 알 수 있듯이 많은 사례가 있다. 서비스가 실행되는 위치나 실행 중인 환경(퍼블릭, 프라이빗 또는 하이브리드 클라우드)에 상관없이 서비스를 보호, 관찰, 제어 및 연결할 수 있어야 한다는 점을 명심하면서 이러한 고급 배포 모델을 가능하게 하는 경우를 간략하게 설명해보자.

HA(교차-리전)

멀티 클러스터 및 교차 클러스터를 사용해 교차-리전 스토리를 활성화할 수 있다. 즉, 서비스 트래픽이 두 리전에 안전하게 라우팅되는 별도의 두 개 리전에 쿠버네티스 클러스터를 구축할 수 있다. 교차 클러스터 설정으로 이러한 리전 간 페일오버를 수행해, 한 리전이 중단될 때 애플리케이션이 중단되지 않도록 할 수 있다.

교차 제공자(cross-provider)

리전 간 확장으로 두 토폴로지 모두 공급자 간의 멀티 클라우드 설정을 지원할 수 있다. 그러나 이를 수행하기 위한 요구 사항과 리전 간 요구 사항은 크게 다르다. 이러한 내용은 이후 절에서 더 자세히 살펴본다. 그러나 간단히 말해 이스티오를 사용하면 멀티 클라우드 서비스 메시 배포를 달성할 수 있다.

배포 전략

멀티 클러스터 설정을 사용하면 저렴한 제공자에서 저렴한 인스턴스에 카나리아를 온라인으로 배포할 수 있다. IBM 클라우드에서 실행 중인 프로덕션 환경에서 트래픽의 1%를 DigitalOcean에 전달해 카나리아를 가동한다고 상상해보자. 이것은 두 토폴로지 모두에서 가능하다. A/B 테스트 및 블루/그린 배포와 같은 전략도 유사한 논리를 따른다.

모놀리스에 대한 분산 추적

서비스 메시 확장을 사용하면 모놀리식 앱이 덜 불투명해진다. VM 또는 베어메탈에서 실행되는 기존 애플리케이션을 포함하도록 메시를 확장한 후 추적 데이터 등을 수집할 수 있다.

마이그레이션

교차 클러스터를 사용하면 서비스 트래픽 라우팅을 제어하기 위해 이스티오를 사용해 리전 간 또는 공급자 간 서비스를 이동할 수 있다. 더 흥미로운 마이그레이션 시나리오 중 하나는 브라운필드 애플리케이션을 가져와 부분적으로 쿠버네티스로 전환하는 기능이다. 이를 통해 브라운필드 애플리케이션을 클라우드 네이티브로 약간 포장할 수 있다. 이제 브라운필드는 원하는 경우 클러스터 내에 배포할 새 서비스와 통신할 수 있다.

13장 뒷부분에서 각 시나리오에 관해 더 깊이 파고들면 이러한 모든 시나리오가 이해되기 시작한다. 연습을 마친 후에는 각각을 설정하는 방법과 각각의 작동 방식을 기본적으로 이해해야 한다. 차이점을 설명하기 위해 Bookinfo 샘플 애플리케이션을 사용한다.

토폴로지 선택

각 배포 토폴로지 디자인에는 구현 권한이 제공된다. 선택한 접근 방식은 데이터(또는 컴퓨팅)의 위치에 따라 결정될 가능성이 높다. 퍼블릭 클라우드에서 클러스터만 사용하는 경우 교차 클러스터가 더 적합할 수 있다. 퍼블릭 클라우드에서 하나 또는 두 개의 클러스터로 온프레미스 클러스터를 실행하는 경우 멀티 클러스터가 적합할 수 있다. 온프레미스가 퍼블릭 클라우드가 제공되는 방식을 모델링(예: NetApp HCI, Azure Stack, GKE On-Prem 등과 같은 솔루션)한다고 온프레미스와 퍼블릭 클라우드 공급자 간 교차 클러스터를 사용할 수 없는 것은 아니다.

교차 클러스터 또는 멀티 클러스터?

더 깊이 들어가보자. 앞에서 설명한 것처럼 이스티오 멀티 클러스터와 교차 클러스터에 관해 생각하는 가장 좋은 방법은 각각 중앙집중식 컨트롤 플레인과 분산 컨트롤 플레인을 비교하는 것이다. 시간이 지남에 따라 이 두 가지 방식이 서비스 메시를 실행하는 여러 쿠버네티스 클러스터를 연결하는 두 가지 주요 접근 방식이 됐다. 둘 다 장단점이 있다. 멀티 클러스터로 시작해 장단점을 살펴보자.

중앙 컨트롤 플레인에서는 로컬 또는 원격으로 각 데이터 플레인이 파일럿 그리고 믹서와 같은 관리 구성 요소와 연결돼야 한다. 로컬 및 원격 데이터 플레인도 원격 제어를 중앙 컨트롤 플레인으로 푸시할 수 있어야 한다. 서비스 메시에 참여하는 모든 클러스터는 고유한 네트워크 범위를 가져야 하며 서로 라우팅 가능해야 한다. 공급자 또는 리전 간 연결을 용이하게 하는 일반적인 방법은 클러스터 간 사설 터널을 사용하는 것이다. 환경에 따라 온프레미스 클러스터와 공급자 간 또는 공급자 지역 간 VPN이 될 수 있다. Rancher의 Submariner(https://submariner.io) 또는 Amazon VPC 피어링이 적용 가능한 두 가지 기술이다. 점점 더 많은 사람들이 안전한 게이트웨이 간 통신의 이점을 활용해 이스티오 자체의 고유한 기능을 사용하고 있다.

이스티오 v1.1 멀티 클러스터 환경에서는 원격 클러스터로부터 해당 구성 요소로 통신이 라우팅되므로 단 하나의 클러스터에서만 다수의 컨트롤 플레인 구성 요소를 실행하면 된다. 원격 클러스터는 자동 사이드카 주입 및 시타델(루트 CA를 공유해야 함)로 설정된다. NAT 또는 VPN을 사용해 비플랫 네트워크를 지원하도록 네트워킹을 확장할 수 있다.

이 유형 배포의 사례 중 하나는 VPN을 통해 온프레미스 이스티오 서비스 메시를 퍼블릭 클라우드로 브리지하는 것이다. 이를 통해 개발자는 카나리아 또는 A/B 테스트 또는 사용자 정의 서비스를 통해 클라우드 제공업체의 서비스를 검증해 해당 트래픽이 온프레미스 프로덕션 환경에 도달할 필요성을 줄인다. 규제 요구 사항이 지역 구속력이 있는 경우 퍼블릭 클라우드로의 단계별 마이그레이션이나 좀 더 하이브리드 방식으로 더 쉽게 마이그레이션할 수 있다. 이것은 프라이빗 환경에서 퍼블릭 클라우드에 하이브리드 연결을 할 때 생기는 많은 스토리 중 하나다.

또한 컨트롤 플레인을 실행할 워크로드를 배치할 필요도 없다. 일부 사례에서 프라이빗 구성 요소에 중점을 둔 중앙집중식 컨트롤 플레인과 워크로드를 실행하는 원격 데이터 플레인 조합은 합리적이지만, 이런 스타일의 토폴로지는 컨트롤 및 데이터 플레인 간 네트워크가 복원력이 뛰어나지 않다면 파티션 분할의 위험이 커진다.

두 번째 배포 옵션은 그림 13-2에 설명된 대로 이스티오 교차 클러스터다.

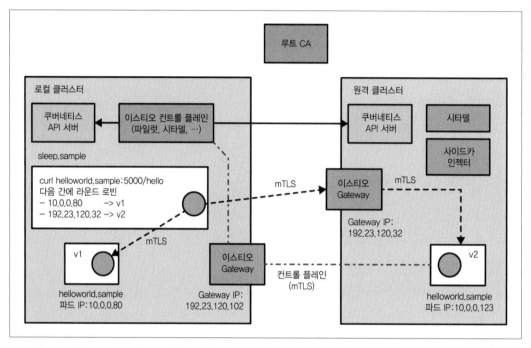

그림 13-2 클러스터 인식 서비스 라우팅이 포함된 이스티오 v1.1 교차 클러스터 토폴로지: 여러 쿠버네티스 클러스터에 걸친 단일 컨트롤 플레인

교차 클러스터 배포를 통해 분산된 이스티오 서비스 메시 그룹을 각 서비스 메시 내에 배포된 이스티오 라우팅 규칙을 사용해 연합할 수 있다. 이 시나리오에서 각 쿠버네티스 클러스터는 자체 컨트롤 플레인 인스턴스를 실행한다. 둘 다 워크로드를 실행하는 데 사용된다.

교차 클러스터 호출을 위한 흐름을 살펴보자. 호출된 시스템과 이 플로우를 지원하는 단계를 이해하면 교차 클러스터 동작을 이해하는 데 도움이 된다.

1. 클라이언트 워크로드는 원격 서비스 이름을 네트워크 엔드포인트를 통해 확인한다(예: 쿠버네티스 DNS 또는 기타 Consul과 같은 서비스 레지스트리 사용). 본질적으로 이는 클라이언트 워크로드가 이름을 엔드포인트로 성공적으로 해석하려면 전

제 조건으로 원격 서비스가 클라이언트의 로컬 네임 서버(DNS) 또는 서비스 레지스트리에 등록돼 있어야 함을 의미한다.

2. 네트워크 엔드포인트가 해석되면 클라이언트는 원격 서비스를 호출한다. 이러한 요청은 로컬 서비스 프록시가 가로챈다. 그런 다음 요청이 업스트림 및 특정 엔드포인트에 매핑된 다음 라우팅된다. 토폴로지 및 보안 구성에 따라 클라이언트 서비스 프록시가 원격 엔드포인트에 직접 연결할 수도 있다. 또는 이그레스나 인그레스 게이트웨이를 통해 연결할 수 있다.

3. 원격 서비스 프록시는 mTLS 교환을 사용해 연결을 수락하고 ID의 유효성을 검사한다(여기서는 동일하거나 다른 시타델에 의해 서명됐는지 여부에 관계없이 각 클러스터의 서비스 인증서가 공통 신뢰 루트를 공유하기 위한 암시적인 요구 사항이 있다).

4. 권한 부여 정책을 참조하려면 check 요청을 보내야 할 수도 있다. 클라이언트와 원격 서비스 ID(각각 다른 클러스터에서)는 평가를 위해 믹서로 전송된다.

운영자 관점에서 볼 때 직접 클러스터 연결, VPN, VPC 피어링 등을 설정할 필요가 없다는 점을 고려하면 멀티 클러스터보다 클러스터 간 요구 사항이 더 간단하다. 즉, 클러스터와 통신 가능한 특정 유형의 수신 엔드포인트와 해당 터널을 통해 통신하기 위해 포트가 열려 있어야 한다.

각 클러스터는 선택한 포트에서 각 대상 클러스터와 통신할 수 있어야 한다. 예를 들어 80 또는 443 말이다. 퍼블릭 클라우드 제공업체의 경우 각 측면에서 이것들이 퍼블릭 수신으로 변환된다. 예를 들어 소스 클러스터가 탄력적 로드 밸런싱을 통해 대상 클러스터와 통신 가능한지 확인해야 하며 그 반대도 마찬가지다. 수신은 이스티오 내에서 ServiceEntry로 사용된다.

여기서 잠시 멈추고 8장에서 언급했던 ServiceEntry의 정의를 다시 살펴보자. ServiceEntry는 호스트, 주소, 포트, 프로토콜 및 엔드포인트를 정의하는 다양한 속성을 포함한다. ServiceEntry는 이스티오가 이미 자동 발견하지 않은 서비스에 관해 이스티오에 알리는 데 사용된다. ServiceEntry는 메시 외부의 서비스 또는 메시 내부의 서비스를 식별할 수 있다.

교차 클러스터 토폴로지는 멀티 클러스터 토폴로지처럼 각 클러스터를 VPN으로 연결할 필요가 없다는 이점이 있다(이스티오 Gateway를 통해 v1.1의 클러스터 인식 라우팅을 사용하지 않는 경우에만 그러하다). 또한 교차 클러스터 토폴로지는 단일 장애 지점이 발생하지 않도록 보호한다. 단점은 현재 각 환경마다 고유한 정책의 존재다. 전 세계적으로 동일한 정책을 적용하려면 각 클러스터에서 개별적으로 적용해야 한다. 갤리Galley와 같은 솔루션이 이스티오에 구성 관리 서비스를 제공할 수 있을 것으로 기대된다.

또한 교차 클러스터의 클러스터들은 서로 다른 쿠버네티스 클러스터이므로, 여전히 두 환경 모두에 필요한 객체들을 복제하기 위한 솔루션이 필요하다. 쿠버네티스에서는 대부분의 객체가 연합돼 각 클러스터에 객체가 생성되고 페더레이션 구성원으로 참여하는 쿠버네티스 페더레이션Kubernetes Federation을 통해 이 문제를 해결할 수 있다.

 쿠버네티스 페더레이션 v2의 초기 상태를 고려할 때 v2가 성숙함에 따라 대체 GitOps 기반 접근 방식을 사용하는 것이 현명할 수 있다.

멀티 클라우드 공급업체를 통한 서비스 실행과 진정한 중복성redundancy을 원할 경우, 해결해야 할 또 다른 고려 사항은 클라우드 로드 밸런싱이다.

교차 클러스터 구성

교차 클러스터 토폴로지를 사용해 둘 이상의 클러스터를 배포하는 예를 살펴보자. 이 연습에서는 각 메시에 참여할 모든 클러스터에 고유한 네트워크가 존재하는지 확인하지 않아도 된다. Gateway는 문제 없이 서로에게 라우팅할 수 있어야 한다. 교차 클러스터 토폴로지를 사용하면 서비스 프록시는 로컬 컨트롤 플레인과 통신해 관리, authz, 원격 측정 등을 수행한다. 여기서는 쿠버네티스 클러스터 설치 및 구축 방법에 익숙하다고 가정한다. 번거로움을 피하고 싶다면 관리형 쿠버네티스 클러스터managed Kubernetes

^{cluster}에 두 개 이상의 클러스터를 배포해 이 연습을 빠르게 진행할 수 있다(쿠버네티스를 대규모로 실행하는 방법은 아니다).

이 연습을 위해서는 몇 가지 전제 조건이 필요하다.

1. 각 쿠버네티스 클러스터에 관해 ClusterAdmin 접근 권한이 있어야 하며 두 클러스터 모두에 대한 kubectl 접근 권한이 있어야 한다. 셸 접근은 필요하지 않다.

2. 각 클러스터의 Gateway는 TLS를 통해 클러스터 간 서비스 통신에 필요한 클러스터 간 연결을 제공한다. 각 클러스터의 `istio-ingressgateway` 서비스 IP 주소는 다른 모든 클러스터에서 접근 가능해야 한다.

3. 위에서 언급한 클러스터 간 통신에는 서비스 간 mTLS를 사용해야 하며, 자체적으로 공유 루트 CA가 필요하다. 이 요구 사항을 충족하려면 각 클러스터의 시타델을 공유 루트 CA가 생성한 중간 CA 자격증명으로 구성해야 한다.

4. 이스티오를 실행하는 각 쿠버네티스 클러스터는 이스티오가 1.0 이상으로 설치된 동일한 버전(1.12 이상)에서 실행돼야 한다. NKS^{NetApp Kubernetes Services}, GKE^{Google Kubernetes Engine} 또는 AKS^{Azure Kubernetes Service}와 같은 관리형 쿠버네티스 서비스를 사용하면 소요 시간을 줄일 수 있다. 물론 이러한 서비스를 사용할 필요는 없다. 어쨌든 CNCF를 준수하는 쿠버네티스 배포판이면 충분하다.

간편하게 이 설정을 대부분 자동화하는 Helm 차트가 존재한다. 각 단계에서 수행되는 작업을 살펴보고 기저에서 발생하는 상황을 살펴보자.

1. 둘 이상의 쿠버네티스 클러스터를 배포하자. 4장에 요약된 설치 과정을 따르면 잘 작동한다.

2. 이스티오 문서(https://istio.io/docs/)에 표시된 대로 Helm의 템플릿 기능을 사용해 Helm을 사용해 멀티 클러스터 게이트웨이 이스티오 구성 파일을 생성하자. 다음 명령을 실행해 helm이 로컬 이스티오 패키지 디렉터리에 설치됐는지 확인하자.

```
$ helm template install/kubernetes/helm/istio --name istio
    --namespace istio-system \ -f install/kubernetes/helm/istio
    /example-values/values-istio-multicluster-gateways.yaml >
    $HOME/istio.yaml
```

이 설정에는 서로 다른 시타델이 서명한 경우라도, 공통 신뢰 루트를 공유하기
위한 인증서가 필요하다. 여러 클러스터에 걸쳐 mTLS가 올바르게 작동하려면 공
유 루트 CA를 사용해야 한다. 동일한 클러스터가 각 클러스터에 존재하고 시타
델이 해당 서비스 프록시에 ID를 발행하고 제공 가능하다면 mTLS를 사용해 클
러스터 간 통신을 보호할 수 있다. 6장에서 시타델에 관해 자세히 설명했다.

3. 각 클러스터에 이스티오 CRD를 설치하자.

```
$ kubectl apply -f install/kubernetes/helm/istio-init/files/crd/
```

4. 각 클러스터에서 컨트롤 플레인을 생성해야 한다. 각 클러스터의 컨트롤 플레인
   은 동일하게 구성돼야 한다. 쿠버네티스 클러스터에서 **istio-system** 네임스페이
   스를 수동으로 생성해 시작하자.

```
$ kubectl create ns istio-system
```

5. 각 클러스터에서 다음을 실행해 시크릿을 인스턴스화하자.

```
$ kubectl create namespace istio-system
$ kubectl create secret generic cacerts -n istio-system \
    --from-file=samples/certs/ca-cert.pem \
    --from-file=samples/certs/ca-key.pem \
    --from-file=samples/certs/root-cert.pem \
    --from-file=samples/certs/cert-chain.pem
```

6. 다음으로 앞서 생성한 Helm 템플릿 출력 결과를 적용하자.

```
$ kubectl apply -f $HOME/istio.yaml
```

7. 클러스터 모두 자동 사이드카 주입을 사용하도록 보장하기를 원할 것이다(이미 그렇게 적용돼 있을 것이다).

```
$ kubectl label namespace default istio-injection=enabled
```

DNS 구성과 BookInfo 배포

이 예에서는 기본 이스티오 데모 앱인 Bookinfo를 두 클러스터에 배포한다. CoreDNS가 교차 클러스터 이름 확인을 위해 구성돼 있는지 확인하고 각 클러스터에서 예 13-1에 표시된 ConfigMap 업데이트를 적용하자(이 책 깃허브 저장소의 istiocoredns.yaml(https://oreil.ly/Dmy1v) 참조).

예 13-1 교차 클러스터 CoreDNS ConfigMap

```
apiVersion: v1
kind: ConfigMap
metadata:
  name: coredns
  namespace: kube-system
data:
  Corefile: |
    .:53 {
        errors
        health
        kubernetes cluster.local in-addr.arpa ip6.arpa {
            pods insecure
            upstream
            fallthrough in-addr.arpa ip6.arpa
        }
        prometheus :9153
        proxy ./etc/resolv.conf
        cache 30
        loadbalance
        loop
        reload
```

```
    }
    global:53 {
        errors
        cache 30
        proxy . $(kubectl -n istio-system get svc istiocoredns
            -o jsonpath={.spec.clusterIP})
    }
```

Gateway, ServiceEntry, VirtualService에 대한 이스티오 규칙을 설정하고 구성해보
자. 이스티오의 이러한 핵심 네트워킹 구성에 관한 자세한 설명은 8장을 참조하자. 먼저
예 13-2에 표시된 대로 각 클러스터, 클러스터 A 및 클러스터 B에서 **Gateway**를 작성해
야 한다. 두 클러스터에 관해 게이트웨이를 구성하자(이 책 깃허브 저장소의 ingress-gw.
yaml(https://oreil.ly/MCnpt) 참조).

예 13-2 클러스터당 Gateway 작성

```
apiVersion: networking.istio.io/v1alpha3
kind: Gateway
metadata:
  generation: 1
  name: ingress-gateway
  namespace: "default"
  resourceVersion: ""
  selfLink: /apis/networking.istio.io/v1alpha3/namespaces/default/gateways
            /ingress-gateway
  uid: ""
spec:
  selector:
    istio: ingressgateway
  servers:
  - hosts:
    - '*'
    port:
      name: http
      number: 80
      protocol: HTTP
  - hosts:
```

```
  - '*'
  port:
    name: https
    number: 443
    protocol: HTTPS
  tls:
    caCertificates: /etc/istio/ingressgateway-ca-certs/ca-chain.cert.pem
    mode: MUTUAL
    privateKey: /etc/istio/ingressgateway-certs/tls.key
    serverCertificate: /etc/istio/ingressgateway-certs/tls.crt
```

이 예의 인프라로 퍼블릭 클라우드 공급자를 사용하면 온프레미스 배포보다 두 클러스터에 퍼블릭 인그레스 게이트웨이를 더욱 신속하게 노출시킬 수 있다. 교차 클러스터는 서비스 트래픽이 공용 인터넷을 통과할 수 있도록 하기 위해 외부 IP가 필요하다. 또한 이스티오가 멀티 클라우드, 클러스터 통신을 우아하게 해결하는 방법을 보여준다.

외부 IP 주소를 사용해 컨텍스트를 클러스터 A로 설정하고 kubectl을 사용해 다음을 다시 적용하자. 예 13-3에 표시된 대로 엔드포인트 항목을 클러스터 B의 ingress로 채우고 host 항목을 원격 클러스터 서비스 이름으로 채워야 한다(이 책 깃허브 저장소의 egress-serviceentry-a.yaml(https://oreil.ly/ongFN) 참조).

예 13-3 클러스터 B를 가리키는 이그레스 ServiceEntry

```
apiVersion: networking.istio.io/v1alpha3
kind: ServiceEntry
metadata:
  generation: 1
  name: egress-service-entry
  namespace: "default"
  resourceVersion: ""
  selfLink: /apis/networking.istio.io/v1alpha3/namespaces/default
            /serviceentries/egress-service-entry
  uid: ""
spec:
  endpoints:
  - address: # <여기에 외부 IP 주소 설정>
```

```
hosts:
- svc.cluster-b.remote location: MESH_EXTERNAL
ports:
- name: https
  number: 443
  protocol: HTTPS
resolution: DNS
```

이제 컨텍스트를 클러스터 B로 전환하고 다른 클러스터에서 예 13-4의 `ServiceEntry`를 작성하자. 이를 수행하기 전에 **endpoints** 및 **hosts** 항목이 클러스터 A를 가리키도록 변경했는지 확인하자. 클러스터 내에서 엔드포인트에 도달할 수 있어야 한다(이 책의 깃허브 저장소 egress-serviceentry-b.yaml(https://oreilly/5Rq1o) 참조).

예 13-4 클러스터 A를 가리키는 이그레스 ServiceEntry

```
apiVersion: networking.istio.io/v1alpha3
kind: ServiceEntry
metadata:
  generation: 1
  name: egress-service-entry
  namespace: "default"
  resourceVersion: ""
  selfLink: /apis/networking.istio.io/v1alpha3/namespaces/default/serviceentries
           /egress-service-entry
  uid: ""
spec:
  endpoints:
  - address: # <여기에 외부 IP 주소 설정>
    hosts:
  - svc.cluster-a.remote
  location: MESH_EXTERNAL
  ports:
  - name: https
    number: 443
    protocol: HTTPS
  resolution: DNS
```

이제 두 클러스터에서 트래픽을 분할할 준비가 됐다. 이 예에서는 클러스터 A에서 클러스터 B로 트래픽을 분할한다. DestinationRule을 사용해 이 작업을 수행한다. 여기서는 Bookinfo의 Review 서비스를 예로 사용한다. 이 설정에서는 두 서비스가 두 클러스터에서 모두 실행 중이다(그러나 이전에 CoreDNS 구성을 업데이트한 것을 고려할 필요는 없다).

DestinationRule은 이스티오에 트래픽을 보낼 위치를 알려준다. 이 규칙은 다양한 구성 옵션을 지정할 수 있다. 다음 예에서는 포트 443에서 이그레스 트래픽에 대한 mTLS 발신을 허용하는 대상 규칙을 작성한다.

클러스터 A의 컨텍스트로 전환한 다음 예 13-5에 표시된 규칙을 적용하려고 한다. host 속성은 원격 클러스터 B를 정의한다. 트래픽은 443을 통해 외부 클러스터로 라우팅된다(이 책 깃허브 저장소의 reviews-destinationrule.yaml(https://oreil.ly/MQYBN) 참조).

예 13-5 DestinationRule은 Review 서비스의 트래픽을 클러스터 B로 라우팅한다.

```yaml
apiVersion: networking.istio.io/v1alpha3
kind: DestinationRule
metadata:
  generation: 1
  name: reviews-tls-origination
  namespace: "default"
  resourceVersion: ""
  selfLink: /apis/networking.istio.io/v1alpha3/namespaces/default/destinationrules
           /reviews-tls-origination
  uid: ""
spec:
  host: svc.cluster-b.remote
  trafficPolicy:
    portLevelSettings:
    - port:
        number: 443
      tls:
        caCertificates: /etc/certs/cert-chain.pem
        clientCertificate: /etc/certs/cert-chain.pem
        mode: MUTUAL
        privateKey: /etc/certs/key.pem
```

그런 다음 클러스터 A에도 **VirtualService**를 만든다. 트래픽을 A에서 B로 분할하려고 한다. 예 13-6에서 리뷰 서비스로 향하는 트래픽의 50%를 클러스터 B로 라우팅하고 나머지 50%는 클러스터 A에서 로컬로 실행되는 서비스로 이동한다(이 책 깃허브 저장소의 reviews-virtualservice.yaml(https://oreil.ly/hYYtb) 참조).

예 13-6 클러스터 간 Review 트래픽에 대한 VirtualService

```
apiVersion: networking.istio.io/v1alpha3
kind: VirtualService
metadata:
  generation: 1
  name: reviews-egress-splitter-virtual-service
  namespace: "default"
  resourceVersion: ""
  selfLink: /apis/networking.istio.io/v1alpha3/namespaces/default/virtualservices
           /reviews-egress-splitter-virtual-service
  uid: ""
spec:
  hosts:
  - reviews.default.svc.cluster.local
  http:
  - rewrite:
      authority: reviews.default.svc.cluster-b.remote
    route:
    - destination:
        host: svc.cluster-b.remote
        port:
          number: 443
      weight: 50
    - destination:
        host: reviews
      weight: 50
```

그런 다음 수신 트래픽이 실제로 리뷰 서비스에 도달할 수 있도록 **VirtualService**를 추가해야 한다. 즉, 사용자는 공용 인터넷에서 앱을 브라우징할 수 있다. 예 13-7은 이것을 작성하고 클러스터 A에서 수행해야 한다. 서비스의 URI뿐만 아니라 13장에서 앞서 만든 이전 게이트웨이를 정의한다(이 책 깃허브 저장소의 bookinfo-vs.yaml(https://oreil.ly/NkXU9) 참조).

예 13-7 인바운드 트래픽을 ProductPage에 매핑하는 클러스터 A의 VirtualService

```
apiVersion: networking.istio.io/v1alpha3
kind: VirtualService
metadata:
  generation: 1
  name: bookinfo-vs
  namespace: "default"
  resourceVersion: ""
  selfLink: /apis/networking.istio.io/v1alpha3/namespaces/default
          /virtualservices/bookinfo-vs
  uid: ""
spec:
  gateways:
  - ingress-gateway
  hosts:
  - '*'
  http:
  - match:
    - uri:
        prefix: /productpage
    route:
    - destination:
        host: productpage
```

마지막으로 클러스터 B에서 트래픽이 서비스에 직접 도달할 수 있도록 다른 Virtual Service를 생성한다. 예 13-8에서는 hosts 속성과 경로 대상에 원격 서비스를 정의한다 (이 책 깃허브 저장소의 reviews-ingress-virtual-service.yaml(https://oreil.ly/QZTLq) 참조).

예 13-8 트래픽을 Reviews에 매핑하는 클러스터 B의 VirtualService

```
apiVersion: networking.istio.io/v1alpha3
kind: VirtualService
metadata:
```

```
    generation: 1
    name: reviews-ingress-virtual-service
    namespace: "default"
    resourceVersion: ""
    selfLink: /apis/networking.istio.io/v1alpha3/namespaces/default/virtualservices
             /reviews-ingress-virtual-service
    uid: ""
spec:
  gateways:
  - ingress-gateway
  hosts:
  - reviews.default.svc.cluster-b.remote
  http:
  - route:
    - destination:
        host: reviews
```

이 시점에서 트래픽의 50%가 A에서 서비스에 도달하고 50%가 B에서 서비스에 도달하는 것을 볼 수 있어야 한다. 그리고 두 개의 서로 다른 클러스터에서 서비스 메시를 통합했다.

13장의 예를 사용하면 트래픽을 균등하게 분할하는 것 외에도 다양한 시나리오를 시도할 수 있다. 교차 클러스터를 사용하면 공급자나 리전의 서킷 브레이킹, 다른 곳의 저렴한 클러스터에서 카나리아 등을 수행하는 등 잠재적으로 페일오버에 비해 주목할 만한 다른 사례가 가능하다.

고급 토폴로지를 계획할 때 네트워킹 문제가 최전선에 놓인다. 이스티오 멀티 클러스터는 기본적으로 멀티 클라우드와 동일하지 않다는 점은 주목할 만하다. 모든 쿠버네티스 클러스터는 네트워크 겹침 없이 트래픽을 서로 라우팅할 수 있어야 한다. 제대로 계획하지 않으면 운영 팀은 이스티오와 같은 단일 서비스 메시에서 인프라 통합으로 나아가려고 할 때 두통을 겪을 수 있다. 따라서 이스티오 멀티 클러스터 채택을 시작하기 전에 먼저 현재 네트워크 설정과 토폴로지를 검토하자. 새 클러스터를 구축할 때마다 동일한 네트워크 주소 공간을 사용했는가? 그렇다면 클러스터를 다시 IP로 연결해야 할 수도 있다. 서비스 트래픽이 두 클러스터의 모든 서비스에 도달할 수 있는가? 그렇지 않다면 트래픽을 라우팅할 수 있는지 확인해야 한다.

찾아보기

이스티오 첫걸음

서비스 메시를 통한 연결, 보안, 제어 그리고 관찰

발 행 | 2020년 5월 27일

지은이 | 리 칼코트 · 잭 부처
옮긴이 | 이 상 근

펴낸이 | 권 성 준
편집장 | 황 영 주
편 집 | 임 다 혜
디자인 | 박 주 란

에이콘출판주식회사
서울특별시 양천구 국회대로 287 (목동)
전화 02-2653-7600, 팩스 02-2653-0433
www.acornpub.co.kr / editor@acornpub.co.kr

이 도서의 국립중앙도서관 출판시도서목록(CIP)은 서지정보유통지원시스템 홈페이지(http://seoji.nl.go.kr)와
국가자료공동목록시스템(http://www.nl.go.kr/kolisnet)에서 이용하실 수 있습니다.(CIP제어번호: CIP2020019803)

책값은 뒤표지에 있습니다.